公共基础课新形态系列教材

# "互联网+"项目式常用应用文写作教程

李春燕　林龙健　主　编

电子工业出版社
Publishing House of Electronics Industry
北京·BEIJING

## 内 容 简 介

本书以一家虚拟公司日常工作的应用场景为主线，选取该公司真实岗位中常用的应用文进行整理，将写作理论与工作实践紧密结合。同时，本书还注重结合互联网平台以辅助写作，从而提高工作效率。书中每个模块内容明晰、任务清晰、步骤合理、操作性强，突出培养读者的应用文写作能力及信息技术的应用能力。

本书可供高等职业院校的学生使用，也可作为各行业的管理人员、办公室文员、秘书及其他相关工作人员的参考用书。本书提供了丰富的电子课件、应用情景教学视频、案例及相关素材等，有利于读者学习与知识拓展。

未经许可，不得以任何方式复制或抄袭本书之部分或全部内容。
版权所有，侵权必究。

图书在版编目（CIP）数据

"互联网+"项目式常用应用文写作教程 / 李春燕，林龙健主编. —北京：电子工业出版社，2021.1（2025.2重印）

ISBN 978-7-121-39556-7

Ⅰ. ①互… Ⅱ. ①李… ②林… Ⅲ. ①汉语－应用文－写作－高等学校－教材 Ⅳ. ①H152.3

中国版本图书馆 CIP 数据核字（2020）第 175548 号

责任编辑：李　静　　　特约编辑：田学清
印　　　刷：三河市兴达印务有限公司
装　　　订：三河市兴达印务有限公司
出版发行：电子工业出版社
　　　　　北京市海淀区万寿路 173 信箱　　邮编：100036
开　　本：787×1092　1/16　　印张：16.25　　字数：436.8 千字
版　　次：2021 年 1 月第 1 版
印　　次：2025 年 2 月第 6 次印刷
定　　价：49.80 元

凡所购买电子工业出版社图书有缺损问题，请向购买书店调换。若书店售缺，请与本社发行部联系，联系及邮购电话：（010）88254888，88258888。
质量投诉请发邮件至 zlts@phei.com.cn，盗版侵权举报请发邮件至 dbqq@phei.com.cn。
本书咨询联系方式：（010）88254604，lijing@phei.com.cn。

# 前　言

在"互联网+"时代背景下，科学技术发展迅猛，应用文写作已经深入社会生活的各个领域，融入各行各业的实际工作，大到管理国家，小到工作、生活，都离不开应用文写作。可以说，应用文写作无处不在、无时不用。

应用文写作是综合性的脑力劳动。要想写出好的文章，不仅需要具备必要的写作能力，而且需要熟悉国家的方针、政策、法律、法规，熟悉本职工作及所在单位的工作情况，这就要求我们必须不断地学习、不断地思索、不断地实践。

大学生毕业走上工作岗位之后，要想成为一名称职的工作人员，必须具有运筹能力、办事能力、调查研究能力、组织协调能力、交际能力、文字表达能力和操作现代化办公设备的综合能力。而文字表达能力是其中最重要的、最基本的能力，也是实现其他能力的基础之一。如果应用文写作学得好、写得好，就能准确、科学、及时地反映出工作内容，这对于提高管理水平、提高工作效率是极为重要的。反之，如果应用文写作掌握得不好，写不出工作需要的文章，就会使工作陷入混乱，给工作带来损失。

随着社会经济、政治和文化的不断发展，信息网络逐渐系统化、全球化，信息传播更快捷、更高效，这使得各个领域的应用文从写作工具、写作形式到写作内容都呈现出多元化趋势，而应用文也以其多样的表现形式展示着丰富的经济、政治和文化内容。因此，重视应用文写作的学习，加强对应用文写作能力的培养，具有非常重要的现实意义。

本书紧紧围绕高等院校的教学特点来编写和设计，充分考虑高等院校学生学习的特点和需要。本书共包含五个模块，每个模块又分为若干任务，每个任务的结构都包括"情景导入""任务分析""知识准备""任务实施""知识拓展""总结提升"几个部分，首先以情景教学视频导入，并对情景任务进行分析，然后以"必要、够用"为原则介绍相关的理论知识，同时侧重对写作思路和步骤进行详细说明。本书亦附有丰富的案例帮助读者迅速理解和掌握，便于读者模仿写作，力求帮助读者在较短时间内学会相关应用文的写作技巧。

本书的特色表现在以下几个方面。

特色一：本书以一家虚拟公司日常工作的应用场景为主线，选取该公司真实岗位中常用的应用文进行整理，按照"提出问题—分析问题—解决问题"的思路，将相关的理论知识与写作实践紧密结合，重在梳理写作步骤和写作技巧，内容较新颖。

特色二：本书在传统应用文写作教学的基础上，结合当前信息技术的特点，提供相关的网络资源或软件平台以辅助写作，体现了应用文写作教学的时代性。

特色三：本书充分考虑各行业真实岗位实际工作的情况，将相关的应用文按照工作流程进行细致的整理，力求帮助读者掌握应用文的写作技巧。此外，本书还潜移默化地培养读者的职业素养和信息素养，以拓展读者的工作思维，提高读者的综合职业能力。

　　编者在编写的过程中参阅并引用了一些专著、教材、杂志和网络资料，在此谨向有关编者致以深深的谢意。

　　由于编者水平有限，书中难免存在不妥之处，敬请广大读者批评指正。

编　者

2020 年 3 月

# 目　录

绪论　走进应用文写作 ............................................................................................ 1
　　任务1　认知应用文 ........................................................................................... 2
　　任务2　掌握应用文的写作要素 ........................................................................ 5

## 模块一　职业规划文书写作 ............................................................................... 14
　　任务1　检阅学业，科研培养——毕业论文 .................................................... 15
　　任务2　求职面试，展现自我——求职简历 .................................................... 29
　　任务3　一展才华，竞争上岗——竞聘词 ........................................................ 40

## 模块二　上传下达公文写作 ............................................................................... 48
　　任务1　发布传达，周知执行——通知 ............................................................ 49
　　任务2　表彰先进，批评错误——通报 ............................................................ 60
　　任务3　汇报工作，反映情况——报告 ............................................................ 68
　　任务4　向上行文，请求批示——请示 ............................................................ 76
　　任务5　向下行文，答复事项——批复 ............................................................ 81
　　任务6　部门沟通，商洽工作——函 ................................................................ 88

## 模块三　会议工作文书写作 ............................................................................... 96
　　任务1　全面筹备，组织落实——会议筹备方案 ............................................ 97
　　任务2　考虑周详，组织部署——会议通知 .................................................. 109
　　任务3　记录档案，备存核查——会议记录 .................................................. 116
　　任务4　记载会议，传达精神——会议纪要 .................................................. 123

## 模块四　日常事务文书写作 ............................................................................. 131
　　任务1　思考缜密，未雨绸缪——工作计划 .................................................. 132
　　任务2　经验总结，理论提升——工作总结 .................................................. 139
　　任务3　关注动态，交流信息——简报 .......................................................... 149
　　任务4　按章办事，共同遵守——规章制度 .................................................. 159

## 模块五　商务经济文书写作 ............................................................................. 168
　　任务1　正确评估，指导管理——经济活动分析报告 .................................. 169
　　任务2　把握需求，决策经营——市场调查报告 .......................................... 176

任务 3　准确定位，直击效益——活动策划书 186
任务 4　创新创意，宣传推广——广告文案 193
任务 5　礼仪邀请，得体文雅——邀请函 202
任务 6　寻求合作，商务沟通——商务信函 212
任务 7　公平竞标，优化管理——招标书与投标书 220
任务 8　合法规范，细致严谨——经济合同 235
任务 9　依法诉讼，保护权益——经济纠纷起诉状 244

**参考文献** 252

# 绪论
## 走进应用文写作

## 任务1 认知应用文

**知识目标**

1. 了解和掌握应用文的定义。
2. 熟悉应用文的分类和特点。
3. 理解应用文的现实作用。

**能力目标**

能根据实际工作情况判断和运用所需的应用文。

**素质目标**

1. 培养步入社会的工作意识。
2. 培养严谨细致的思维方式。

在学习应用文写作之前,要先理解什么是应用文、应用文有哪些类别、应用文有什么特点,只有理解了这些基本理论,才能在今后写作的过程中有的放矢,灵活掌握。

### 一、应用文的定义

人们在社会生活中要处理许多事务,除用口头方式外,还会采用书面方式。人们利用书面方式来表达意图、记述情况、传递信息、沟通联系和处理公私事务的一种书面材料,就是应用文,即为实用而作之文。因此,可以这样给应用文下一个定义:应用文是指党政机关、企事业单位、社会团体或个人在表达意图、记述情况、传递信息、沟通联系和处理公私事务时所使用的具有某种惯用格式的实用性文章。

### 二、应用文的分类

应用文一般分为通用类和专用类两大类。通用类指人们在办公或办事时普遍使用的文书,专用类指专业性较强的文书。具体分类情况如图0-1-1所示。

通用类文书主要包括党政机关公文类、通用事务类和个人事务类三类文书。其中,党政机关公文是中国共产党机关和国家行政机关(以下简称党政机关)实施领导、履行职能、处理公务的具有特定效力和规范体式的文书。根据《党政机关公文处理工作条例》规定,党政机关公文包括决议、决定、命令(令)、公报、公告、通告、意见、通知、通报、报告、请示、批复、议案、函和纪要15个文种。

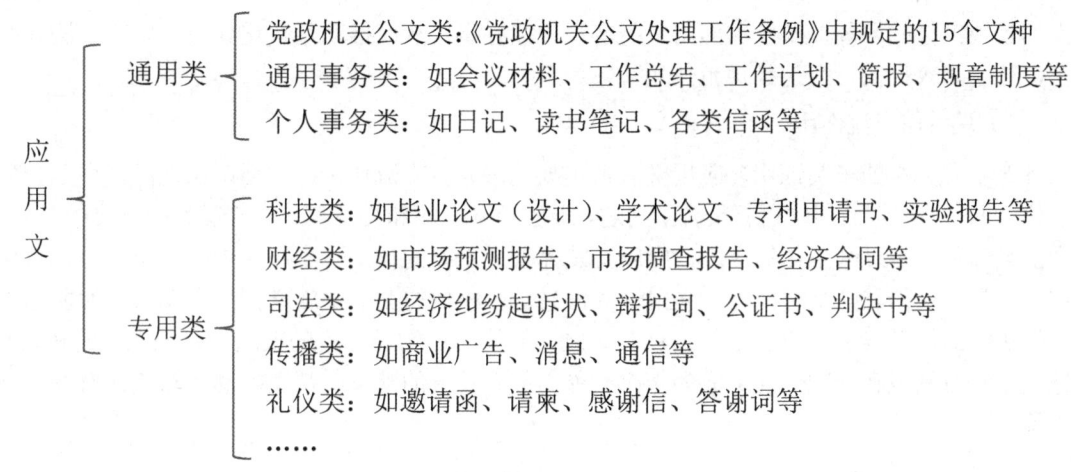

```
                  ┌ 党政机关公文类：《党政机关公文处理工作条例》中规定的15个文种
          通用类 ┤ 通用事务类：如会议材料、工作总结、工作计划、简报、规章制度等
                  └ 个人事务类：如日记、读书笔记、各类信函等
应
用 ┤
文         ┌ 科技类：如毕业论文（设计）、学术论文、专利申请书、实验报告等
           │ 财经类：如市场预测报告、市场调查报告、经济合同等
   专用类 ┤ 司法类：如经济纠纷起诉状、辩护词、公证书、判决书等
           │ 传播类：如商业广告、消息、通信等
           │ 礼仪类：如邀请函、请柬、感谢信、答谢词等
           └ ……
```

图 0-1-1

专用类文书则涵盖当今社会各行各业的应用文，包括科技类、财经类、司法类、传播类、礼仪类等。

### 三、应用文的特点

#### （一）实用性

应用文是人们在社会生活中为解决实际问题而写的"实用之文"。它不同于文艺作品，也不同于以理服人的议论文、以事感人的记叙文和以知授人的说明文，它旨在处理公私事务，因而其特点是内容务实、对象具体、要求明确。

#### （二）广泛性

应用文的使用范围在所有文体中最为广泛，它是各行各业在现代管理过程中的必要手段，管理工作需要相应的应用文来支撑，如制订工作计划、编写规章制度等。可以说，党政机关、企事业单位、社会团体甚至是个人在处理事务、传递信息等方面几乎都离不开应用文。

#### （三）规范性

随着人们的长期使用，应用文逐渐形成了的较为规范的惯用格式和写作程序，如果不按照这个格式和程序来写作，人们就会不习惯，甚至达不到行文的目的。因为较为规范的文体形式目的明确、功用性强，便于写作、阅读和处理，便于分类、归档和查询，有利于提高办事效率。

### 四、应用文的现实作用

我国应用文源远流长，已有数千年的历史，只是在历代的名称不同。它萌芽于殷商时期，发展于秦汉和南北朝时期，成熟于唐宋时期，到了明清时期，应用文文体已经相当稳定。在经历了近现代变革后，直至今天，应用文依然发挥着巨大的作用。

应用文是人们在社会生活中由于生产、生活的需要而产生的文书，其内容形式是随着生产的发展和社会的变革而发展的。它在不同历史时期，在管理社会事务和实现社会、政治、生活目标的活动中充当着必不可少的角色，发挥着极其重要的作用。大体来说，应用文的现实作用有以下几点。

#### （一）宣传和教育作用

党政机关经常通过相关应用文，向有关单位和人民群众广泛宣传路线、方针、政策，指导并推动各项工作的开展,以便各部门按照客观规律办事,从而推动现代化建设。如若是法规性文件,还会对人们的行为起到规范作用。

### (二)联系与交流作用

古今中外大量的事实证明,应用文有着重要的联系、交流作用。大至国家之间,小至企事业单位之间,都通过应用文进行交流、沟通,促进相互了解和相互信任,实现共同发展的目的。在经济全球化、信息网络化的今天,应用文发挥着更重要的作用。应用文中的每个文种,一经发布,就是一种信息,及时捕捉、利用这种信息,在激烈的竞争中就掌握了主动权,就能创造和把握更好的机遇发展自己、壮大自己。总之,应用文是沟通上下的渠道、联系左右的桥梁,它把上下左右联系在一起,使之成为一个有能力的、统一的整体,从而推动各项工作有序、顺利进行。

### (三)依据和凭证作用

应用文是发源于和服务于实际生活的文字工具,作为一种文字记录材料,它是各级各类单位今后检查和监督工作的依据。应用文的依据和凭证作用主要表现为两点:一是上级机关在制定方针、政策或做出决定、规定、计划时,有关领导除了通过深入实际工作开展调查研究,还会依据下级机关上报的总结、报告、纪要、简报等应用文来进行决策;二是下级机关在开展工作、处理问题及解决矛盾时,上级机关发布的有关决定、决议、条例等应用文不仅是他们办事的重要依据,还是他们解决矛盾、判断是非的凭证。

### (四)管理和指导作用

在进行有效管理时,制发公文、规章制度等是应用文惯用的主要渠道,尤其是应用文中的下行文,大都具有行政管理的作用。这是因为应用文不仅是党政机关领导、管理、指导、指挥各部门的有力工具,还是其方针、政策具体化的书面形式。

## 课外任务

1. 写出你接触过的应用文文种,以及你的工作岗位可能用到的应用文文种。
2. 阅读并分析下文《广东省人民政府关于调整我省企业职工最低工资标准的通知》,了解应用文的作用和特点。

**广东省人民政府关于调整我省企业职工最低工资标准的通知**

各地级以上市人民政府,省政府各部门、各直属机构:

根据《中华人民共和国劳动法》和《最低工资规定》(原劳动保障部令第21号),结合我省经济社会发展水平,省政府决定对全省企业职工最低工资标准进行调整。现将有关事项通知如下:

一、从2018年7月1日起,对我省企业职工最低工资标准和非全日制职工小时最低工资标准进行调整,具体标准附后。有条件的地市可在此基础上适当上调,并报省人力资源社会保障厅备案。

二、各地级以上市政府应及时向社会公布本地区最低工资标准,严格执行最低工资保障制度,并加大最低工资标准的宣传力度,加强监督检查,切实保障职工的合法权益。

附件:广东省企业职工最低工资标准表

广东省人民政府<br>2018年6月20日

# 任务2　掌握应用文的写作要素

### 知识目标

1. 理解应用文写作的构成要素。
2. 掌握应用文的写作思路和过程。
3. 熟知提高自身应用文写作水平的主要方法。

### 能力目标

1. 能熟练地构思并写作实际所需的应用文。
2. 自觉培养应用文的写作意识。

### 素质目标

1. 培养严谨细致的写作态度。
2. 培养科学的逻辑思维能力。

在学习和工作中该如何写好应用文？首先要了解应用文写作的规则，即知道"写什么"和"怎么写"。因此，必须对应用文进行结构剖析，理解并把握其写作的构成要素，同时厘清其写作思路和写作过程，只有这样才能根据实际情况构思并写作所需的应用文。

## 一、应用文写作的构成要素

应用文是以实用为目的的文书，要想写好应用文，很关键的一点就是把握应用文写作的共同规则，研究其"写什么"和"怎么写"。文章皆由主旨、材料、结构、语言四个基本要素构成，应用文也不例外。如果将应用文比作人，那么主旨是灵魂、材料是血肉、结构是骨骼、语言是细胞，只有具备这四个基本要素，应用文的整体质量才有保障。

### （一）应用文的灵魂——主旨的确定

主旨是指作者通过文章的具体材料所表达的中心思想、基本观点或要说明的主要问题。应用文的主旨就是通过文章的内容所表达的作者的写作意图、目的、思想和观点等。主旨贯穿全篇，在所有构成要素中居于统帅地位，发挥决定性作用。因此，主旨是应用文的灵魂，应用文中失去主旨，如同人失去思想、三军缺少主帅，文章材料的选择、结构的安排、语言的表达，甚至标题的选择、表达方式的运用，都会失去依据。

#### 1. 确定主旨的依据

应用文的种类很多，不同种类的应用文对主旨的确定依据不同，但一般有以下两种情况。

一是依据领导意图和工作需要确定主旨。应用文是管理工作中不可或缺的重要工具，它的撰写主要根据工作的实际需要，旨在"受领导之命，代单位立言"。因此，领导意图、工作需要就是应用文的写作目的，就是选择材料和确定主旨的依据。

二是依据实际材料确定主旨。应用文要求真实、实用，而丰富多彩的社会实践正是取之不尽、用之不竭的实际材料。深入分析这些材料，得出正确的判断，发现事物的本质，是确定主旨的主要依据和必要条件。换言之，确定主旨必须尊重事实，尊重事物本身的规律，不能凭空设想，生造主旨。

2．撰写主旨的要求

（1）正确、鲜明。主旨正确是指主旨必须符合国家法律法规的相关规定，符合党和国家的路线、方针、政策，符合领导的批示意图，能指引正确的方向；主旨必须符合客观实际情况，能反映客观事物的本质规律，帮助人们正确处理工作事务。主旨鲜明是指主旨所表达的观点和意图要清晰明确、旗帜鲜明、不容置疑；主旨必须能够抓住问题的实质；应用文肯定什么、否定什么、赞成什么、反对什么，要一目了然，不能似是而非、模棱两可，甚至前后矛盾、不知所云。

（2）集中、深刻。应用文要求内容单一，一文一事，"意多必乱文"，全篇内容由主旨统率，为主旨服务。要使主旨集中，首先要做到意在笔先，动笔之前要明确文章重点阐明什么思想、解决什么问题，不相干的问题要全部排除；其次主旨必须单一，最后分清主次，不能面面俱到。深刻，即应用文必须揭示事物的本质及其内部规律，体现原则性和指导性。例如，在撰写指示性通知时要明确指出发文的目的，在撰写工作总结时要提炼出规律性的认识和行之有效的工作措施。

3．主旨的表现形式

（1）标题点旨。它有两种形式。一是标题显旨，如《关于做好参加"加博汇杯"××省大学生电商创业大赛工作的通知》，标题直接点明写作目的。二是小标题显旨，其形式是将主旨分解成几个部分，每个部分用一个小标题来表示。一般来说，各个小标题的排序必须体现合理的逻辑关系。

（2）开篇现旨。它也有两种形式。一是开头出现主旨句。在应用文中，明白、准确地表达主旨的句子，叫作主旨句，其形式是"为了……"。二是开头不出现主旨句。有的应用文首句并不出现主旨句，而是直接阐述意义、主张或基本观点。

（3）转换揭旨。在文章的内容转换之处揭示主旨，同时起到承上启下的过渡作用。

（4）呼应显旨。文章的开头和结尾前后呼应，以突出主旨。

（5）篇末点旨。在文章的结尾点明主旨。

（二）应用文的血肉——材料的选择

材料是指作者为某一目的而收集、选取并在文章中使用的一系列事实或依据，包括事件、现象或数据、理论依据、公认的原则、公理等。而何时选择、怎样选择、应选择哪些材料，则要根据实际所需来思考处理。

1．材料的类别

文章的主旨需要通过材料表现，所以材料是确定主旨和构成文本的物质基础，也是表达主旨并获取认同的根本保证。为此，收集的材料应类型丰富、数量充足。

根据不同的分类标准，可将材料划分为许多不同的类型。

按来源划分：有历史材料和现实材料，本单位、本地区的材料和外单位、外地区的材料，直接材料和间接材料，第一手材料和第二手材料。

按性质划分：有事实材料和虚构材料，正面材料和反面材料，典型材料和一般材料。

按内容划分：有本体材料和背景材料，文字材料和数字、图表材料等。

2．材料的收集

（1）亲身经历。为保证材料的准确、真实，常常需要深入现场，亲身实践，亲自调查，观察事物现象，借用知情者的见闻得到确切的信息和数据。例如，要撰写单位开展活动的相关文章，就应该在现场收集相关的第一手材料，这样写出来的文章才更有吸引力。亲身经历是获取材料的重要途径。

（2）检索阅读。检索阅读也是获取材料的重要途径，包括读书看报、翻阅档案，从中查找同类问题或相关问题的现实材料及历史材料。检索阅读的选材一般从以下几个方面着手：一是熟悉和掌握图书分类，会查分类目录、书名目录和著者目录；二是学会利用书目、索引，快速、有效地获取更多的材料，熟练使用一些工具书，如字典、词典、百科全书、手册和文摘等；三是学会利用网络收集材料。

3．材料的选择

（1）扣旨选择材料。材料是服务于主旨的，在选材时要根据表现主旨的需要来决定对材料的取舍，在写作时则要紧紧围绕主旨，选择能直接、深刻表现主旨的材料，并对材料进行合理的加工和处理，安排好主次详略，这样才能突出重点、主题鲜明。

（2）选择真实材料。应用文为解决实际问题而作，所以材料必须确有其事，能反映事物的本质，而不是表象，同时要求准确无误，从大的事件到具体细节，一句引语、一个数据，都是实事求是的反映。

（3）选择典型材料。事物的本质往往通过个别的现象来表现，因此要使材料很好地表现文章的主旨，需要选择典型的材料。所谓典型的材料，是指能深刻揭示事物的本质特征，具有广泛代表性和说服力的材料。

（4）选择新颖材料。新颖是指写进应用文里的材料一定要有时代感，能够表现客观事物的发展变化趋势，反映客观事物的最新面貌及现实生活中人们最关心的那些新人、新事、新思想、新成果和新问题。

（三）应用文的骨骼——结构的安排

应用文的结构是指对应用文的谋篇布局，也就是对主旨和材料所做的合理、有序的组织和安排，使文章成为一个紧密、有机、统一的整体。

1．应用文结构安排的原则

（1）服从主旨的需要。应用文的结构要有助于突出主旨，能突出表明主旨的结构才是好结构，这主要表现在应用文的写作规范上，即一般在标题或开头点明主旨，再围绕主旨安排段落。有些文章还在结尾加以总结，升华主旨，照应开头。

（2）体现不同的文种特点。应用文因其使用的范围、条件、对象不同，结构形式也不相同，在写作时应该注意这些不同文种的特点，不同的文种必须有其相应的结构，不能随意混用。

（3）符合客观规律和人们的认识规律。客观事物自有其发展、变化的规律，人们对客观事物的认识也有一定的规律。因此，应用文的结构必须遵循这两条规律，反映客观事物的内在联系。

2．应用文结构的基本要素

应用文的结构布局因其实用性特点一般要求程式化、规范化，各种文种大多具有特定的惯用格式，但基本包括标题、正文和结尾三个部分。

（1）标题。标题一般有两种形式。一是公文式标题。这种标题由固定的要素构成，简洁明了。例如，《××公司关于做好第二季度的宣传工作的通知》，其形式是"发文机关+事由+文种"。若是单位正式的文件，格式上有发文机关标识，则在标题中可以省略发文机关名称。二是文章式标题。这种标题可以直接指明文章的内容、主题，多见于调查报告、讲话等，如《"皇帝的女儿"也"愁嫁"——关于××鱼滞销情况调查》。

(2) 正文。正文一般包括开头和主体两个部分。

① 开头。开头又称导语、前言、引言等，常用的开头方式有以下几种。

目的式——以"为了、为"开头阐述发文意义、行文依据、行文意图，如"依据……规定""根据……要求"。

直接式——开门见山揭示主旨，引起读者的注意。

概述式——概述文章的基本情况或背景，如时间、地点、范围和规模等。

提问式——将文章的主旨以提问的方式提出，然后在后文中解答。

引文式——在文章的开头用引述来文以表明态度、说明情况。

② 主体。正文的主体是应用文的核心部分，是体现文章主旨和材料、安排文章层次、表现文章思想内容次序的重要部分。其基本形式有以下几种。

以简单说明为序——简述"什么事""怎么做"，内容单一、格式固定、篇幅短小的应用文常用这种形式。

以时间先后为序——以一定时间内事物发生、发展及变化的过程为序。

以逐层递进为序——按事物的逻辑性来安排，即以提出问题、分析问题、解决问题的过程为序。

以因果关系为序——按事物的因果关系来安排，或由因寻果，或由果溯因，体现逻辑性。

以横向并列为序——或按事物组成的各个部分，或按问题性质的不同方面，或按轻重主次将材料横向排列。

以总分变换为序——围绕某一中心点总述—分述、分述—总述或总述—分述—总述，其中分述部分的内容呈并列形式。

(3) 结尾。应用文的结尾应简洁明了，与开头呼应，达到写作的目的。常用的结尾方式有四种：点明主旨，深化观点；发出号召，寄托希望；强调说明，要求执行；特定词语作结。

（四）应用文的细胞——语言的表达

1. 应用文的语言特点

（1）严谨。应用文的写作对语言要求较高，要求在写作时遣词造句要严谨。一篇文章写出来不能让人读了以后感觉既可以这样理解，又可以那样理解，这样读者就会在理解与解读上出现偏差，起不到上传下达、交流信息的作用。

（2）准确。准确，就是要正确地、恰当无误地表达出所要表达的内容，词语含义清楚、概念恰当明确，不产生歧义，不引起误会，无溢美之词，无隐恶之嫌。要做到语言准确，必须把握词语的分寸感和合适度，特别要区分同义词、近义词在适用范围、词义轻重、搭配功能、语体雅俗、词性等方面的细微差别。同时，还要注意语意鲜明，不能模棱两可、含糊其词，以免产生歧义，延误工作，如"大致尚可""有关部门""条件许可时""事出有因，查无实据"等表达含糊的词语应谨慎使用。

（3）简明。简明，指文字简洁、明白，用较少的文字清楚表达较多、较丰富的内容，要"有话则长，无话则短"。要做到语言简明，首先，要精简文意，压缩篇幅，突出主干，把无关或关系不大的内容删除；其次，要反复锤炼，提高概括能力，杜绝堆砌修饰语，适当使用缩略语，如"五讲四美"等；再次，要推敲词语、锤炼句子，一句话能说明白的就不要用两句话，一个词能概括清楚的就不要用两个词，要恰当地运用成语、文言词语等；最后，要注意用词通俗，不要用生僻晦涩的词语。应该指出的是，"简"要得当，不能苟简，要以不妨碍内容的表达为前提，绝不能为"简"而生造词语、随意缩略词语、滥用词语，不能让人产生歧义，造成误解。

（4）平实。应用文是为解决实际问题而写的，其语言重在实用，一个字、一句话，往往至关重要。为了便于读者理解，应用文语言应力求平实，行文时多用平直的叙述、恰当的议论、简洁明了的说明。例如，公文具有行政约束力和法定的权威性，因此用语必须朴素、切实，不能浮华、失实，不能乱用形容词或俚语。应用文写作要求用语平实，但平实不等于平淡。我国历史上保留下来的许多文章既是应用文，同时又是文学佳作。

（5）得体。应用文的实用性强，讲究得体。一方面要适合特定的文种，按文种要求遣词造句，保持该文种的语言特色，如公文宜庄重，调查报告要平实，学术论文应严谨，社交文书应有较浓的感情色彩，广告常用模糊的语言，使用说明书应具体实在，商业交际文书要委婉，合同书要精确等。另一方面要考虑作者的身份、阅读的对象、约稿的单位、行文的目的，甚至要与客观环境保持一致。例如，需要登报或张贴的文章，语言要通俗易懂；需要宣读或广播的文章，语言应简明流畅、便于朗读；书信的写作要根据远近亲疏、尊卑长幼的关系使用相应的语言；公文的写作要根据不同文种和行文关系使用相应的语言，否则就不得体。总之，应有针对性地运用得体的语言写作应用文，以求达到最佳的表达效果。

2. 应用文的专用语言

应用文有其独特的专用语言，常见的有以下 8 类。

（1）开头用语。一般用于说明发文缘由，包括意义、根据，或介绍背景材料及情况等。例如：

为、为了；

根据、按照、遵照、依照；

鉴于、关于、由于；

目前、当前；

兹（指现在）、兹有、兹将、兹介绍、兹派、兹聘。

（2）承启用语。一般用于连接开头与正文部分，起承上启下的作用。例如：

根据……决定、根据……特通告如下、依据……公告如下；

为了……现决定、为……通报如下、现就……问题请示如下；

现将……（情况）报告如下、现就……问题提出如下意见、经……批准（同意）将有关事项通知如下；

拟采取如下措施；

经……研究，答复如下。

（3）引述用语。一般用于批复或复函，作为告知收文处理情况的用语。例如，悉（知道）、收悉、电悉、文悉、敬悉、欣悉。

（4）批转用语。一般用于批转、转发或印发通知。例如，批示、阅批、审批、批转、转发、印发。

（5）称谓用语。一般用于对各机关称谓的简称。例如，我（部）、贵（局）、你（省）、本（部门）、该（处）。

（6）经办用语。一般用于表明工作的处理过程或情况。例如：

经、业经、兹经、未经；

拟、拟办、拟定；

施行、暂行、试行、可行、执行、参照执行、贯彻执行、研究执行；

审定、审议、审发、审批；

会议听取了、会议讨论了、会议认为、会议指出、会议强调指出、会议通过了、会议决定、会议希望、会议号召、会议要求、会议恳切呼吁。

（7）表态用语。一般用于表态的语言。例如，不同意、原则同意、同意；不可、可办、照办；批准、原则批准。

（8）结尾用语。

① 用于请示。例如，当否，请批示；如无不妥，请批转各地执行；妥否，请批复。

② 用于函。例如，请研究函复；盼复；请予复函；不知尊意如何，盼函告；望协助办理，并尽快见复。

③ 用于报告。例如，请指正、请审阅。

④ 用于批复、复函。例如，此复、特此函复、特函复。

⑤ 用于知照性公文。例如，特此公告。

3．应用文的语言表达

（1）表达方式。应用文的表达方式是指在写作中采用的表述方法和形式，由于不同文体的性质和写作目的不同，其表达方式也不尽相同。一般来说，应用文写作主要采用叙述、议论和说明三种表达方式。为了更直观地比较文学作品和应用文在运用这三种表达方式时的区别，请看下面的对比文段。

① 文学作品中的叙述：

我喜欢各种美丽的花。玫瑰花的凝重热烈、舒展奔放，令我为之心动神往；荷花的典雅脱俗、冷艳幽香，令我为之仰慕倾倒；菊花的雍容端庄、秀外慧中，令我为之赞叹敬重；牡丹花的妖娆多姿、国色天香，令我为之痴迷眷恋……然而，我最喜爱的还是梅花。

应用文中的叙述：

项目概况：千亩梅花园位于兴寿镇百合村境内，占地1000亩。梅花，常见于南方，在我国北方地区，观赏成片的梅花还是一个奇观。梅花园的梅花是用山桃树做砧木人工嫁接而成的，经过近两年的研究实践，现在接活2000多棵，目前每年春天已经有一部分梅花绽放。我们正在加快梅花园建设的步伐，使梅花苗木尽快走向市场……

② 文学作品中的议论：

咦，这是什么？金子！黄黄的、发光的、宝贵的金子！不，天神们啊，我不是一个游手好闲的信徒，我只要你们给我一些树根！这东西，只这一点点儿，就可以使黑的变成白的，丑的变成美的，错的变成对的，卑贱变成尊贵，老人变成少年，懦夫变成勇士。……这黄色的奴隶可以使异教联盟，同宗分裂；它可以使受诅咒的人得福，使害着灰白色的癞病的人为众人所敬爱；它可以使窃贼得到高爵显位，和元老们分庭抗礼；它可以使鸡皮黄脸的寡妇重做新娘，即使她的尊容会使身染恶疮的人见了呕吐，有了这东西也会恢复三春的娇艳。——莎士比亚《雅典的泰门》

应用文中的议论：

拜金主义思潮的泛滥，在精神方面的直接恶果就是道德规范的破坏和行为的失衡。在金钱的诱惑下，营私舞弊、行贿受贿、贪污盗窃、走私贩毒、卖淫赌博等腐败现象自然就会在社会上蔓延。莎士比亚用文学的语言向我们描述了一个事实：如果金钱脱离了社会道德的监控，就会颠倒是非、混淆黑白，搞乱社会的道德体系。

③ 文学作品中的说明：

荔枝生巴峡间。树形团团如帷盖，叶如桂，冬青；华如橘，春荣；实如丹，夏熟。朵如葡萄，核如枇杷，壳如红缯，膜如紫绡，瓤肉莹白如冰雪，浆液甘酸如醴酪。大略如彼，其实过之。若离本枝，一日而色变，二日而香变，三日而味变，四五日外，色香味尽去矣。——白居易《荔枝图序》

应用文中的说明：

荔枝属常绿乔木，野生树高可达30米，胸径1米；树皮灰褐色，不裂；偶数羽状复叶互生，小叶2~4对，长椭圆状披针形，长6~12厘米；花小，无花瓣，成顶生圆锥花序；果实球形或卵形，熟时红色，果皮有显著突起小瘤体，种子棕红色，花期3~4月，果5~8月成熟。荔枝喜光，喜暖热湿润气候及富含腐殖质之深厚、酸性土壤，怕霜冻。

荔枝是著名的岭南佳果，属亚热带珍贵水果，岭南四大名果之一。它原产我国南部，有2000多年的栽培历史。宋朝著名文学家苏东坡，对荔枝曾有"日啖荔枝三百颗，不辞长作岭南人"的赞誉。

通过上面文段的比较可以看出，文学作品中这三种表达方式的运用使其语言表达更加形象、生动、鲜明，而应用文中的叙述要求直截了当、平铺直叙，议论要求以法为据、就事论理，说明要求真实、准确、科学和平实。

（2）表达技巧。应用文中的表达技巧是指在写作中为了突出主旨、抓住受众而采用的艺术表现手段。概括地说，应用文的表达技巧有以下几点。

① 善于揣摩受众的心理。也就是说，在了解和分析受众的心理需求的基础上，选择必要的手段来打动其内心。例如，广告文案的写作就要站在消费者的角度，分析其心理需求，并运用有效的手段诱导其产生兴趣，如金嗓子喉宝的广告词"嗓子不舒服，来颗金嗓子"、万家乐的广告词"万家乐，乐万家"。

② 善于抓住诉求重心。一篇好的应用文，要么诉诸人们的理性，要么诉诸人们的情感。因此，在写作应用文之前，应该先进行策划，做到胸有成竹。

③ 善于综合有用信息。广泛收集、分析并采用各种材料、数据，使写出的文章更具说服力。

④ 善于借助表达形式。应用文的结构、语言一般都有其相应的要求，在写作时必须遵循。但也有许多应用文文种在形式上是可以借鉴文学作品的表达形式的，特别是一些商业策划活动、法律文书及个人事务应用文书。

## 二、应用文的写作思路和过程

思维是人类特有的一种精神活动，是在表象、概念的基础上进行的分析、综合、判断、推理等认识活动的过程。思路是人们思维活动的运行轨迹，而文章的思路是作者有规律的、有目的的、有条理的、连贯的思维活动的过程。在应用文写作中，选题立意的过程主要是对材料提炼、升华的过程，这个过程要凭借逻辑思维来实现；选择材料的价值与用途，也主要靠逻辑思维来判断；安排结构，主要按照应用文的特定要求和比较稳定的惯用格式及一定的逻辑顺序来完成；下笔行文，主要靠理性思维驱动笔端。

一般来说，应用文的写作思路和过程如图0-2-1所示。

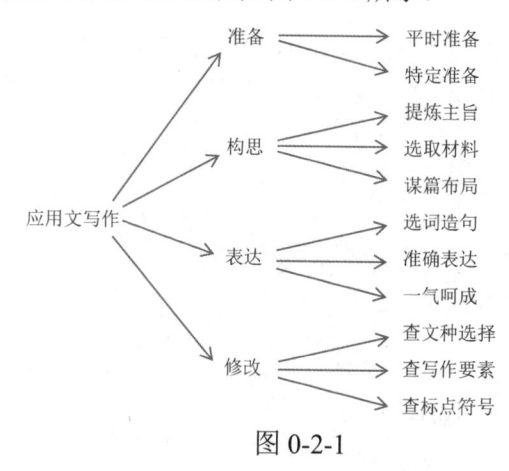

```
                          ┌─→ 平时准备
                  准备 ───┤
                          └─→ 特定准备
                          ┌─→ 提炼主旨
                  构思 ───┼─→ 选取材料
                          └─→ 谋篇布局
  应用文写作 ───┤
                          ┌─→ 选词造句
                  表达 ───┼─→ 准确表达
                          └─→ 一气呵成
                          ┌─→ 查文种选择
                  修改 ───┼─→ 查写作要素
                          └─→ 查标点符号
```

图0-2-1

### 三、大学生如何提高应用文写作能力

应用文是一种古老但充满活力的文体，应用文的写作融合了思维学、社会学、心理学、语言学等各学科的有关内容。

应用文写作能力是当代大学生的基本能力，它是由语言表达能力、想象能力及思维能力等多种能力综合而成的。在大学的学习、生活和工作中都离不开应用文写作，如制订学习计划、编写求职信、设计简历等，参加学生会、社团活动及兼职时要撰写的通知、活动方案、总结汇报、评选材料等也属于应用文。如果没有一定的应用文写作能力，是难以胜任这些工作的，尤其不能让人了解自己所取得的成绩。应用文写作能力还是现代职场人必备的基本技能之一，可以说具备了较强的应用文写作能力也就具备了较强的就业竞争力。

语言表达能力是应用文写作的基本功之一，因此努力提高自己的语言表达能力十分重要且不容忽视。

总而言之，大学生应提高自身的应用文写作能力，能熟练地构思并写作所需的应用文。具体方法如下：

（1）端正态度，培养兴趣。写作是一种复杂、精细的脑力劳动，并非轻而易举就能写好，甚至可以说是一件十分严肃而艰辛的事情。因此，在写作时一定要端正态度，培养兴趣，打好理论基础，方能厚积薄发。爱因斯坦曾言"热爱是最好的老师"，即兴趣是最大的动力，唯有充满兴趣地去做事，才能持之以恒、锲而不舍，从而不断进步。

（2）掌握规律，明确方法。应用文在其长期的应用过程中逐渐形成了一套比较规范的写作格式，各类应用文文种有大致相同或相似的布局和写法。因此，在写作时要把握应用文的写作格式和规律，明确写作的关键点，积累适合实际情况的写作经验。

（3）借鉴佳作，提高水平。借鉴别人的成功作品，以好的文章为"蓝本"进行仿造，也是提高写作能力的一个途径。借鉴只是从中汲取营养，经过消化后成为自己的东西，而不是生搬硬套、模仿抄袭。通过对不同文种、不同语言主体的反复模拟，使其格式和语言风格在头脑中固定下来，最后就会形成"条件反射"，以达到"形似其物""声似其人"的程度。

（4）勤于实践，坚持多练。应用文写作能力是一种技能，技能的提高需要实践的检验，所以多写多练是提高应用文写作能力最有效的途径。勤学苦练、坚持不懈，才会熟能生巧、运笔自如，真正提高写作能力。而应用文旨在应用，不为欣赏，其"文以辨洁为能"，其"事以明核为美"，故应用文写作要求准确、简练。一落笔就写出一份简练、准确的应用文确非易事，唯有反复修改才能达到这个要求。

在现实生活中，一份颇有独到之处的求职信、一个富有创意的广告策划文案、一份翔实有据的市场调查报告、一篇颇有启迪的产品说明书，乃至一张别出心裁的贺卡或名片、一份匠心独具的启事或信函，都体现着一个人的才华和能力。因此，当代大学生要努力学好应用文写作，提高自身应用文写作能力。而应用文写作说易也易，说难亦难，难就难在不仅要有较高的写作技巧，还要有较强的实际办事能力。因此，大学生在学习写作的同时，还要学习待人接物的方法，以此提高自己的实际办事能力，这样才能真正写好应用文。

**课外任务**

1. 谈谈应用文写作的四个构成要素。
2. 请叙述应用文的写作思路和过程。

## 任务情景设置

为了让读者更直观地学习应用文写作，本书虚设了一家公司，并以项目任务的形式在公司的运营过程中选取常见的应用文，按照应用文写作的流程进行分析和讲解。

公司简介如下：熙心贸易有限公司是一家从事国际品牌服饰的设计开发、生产加工、销售和服务的公司。公司拥有"幸运"牌商标专用权和"金盾"牌商标使用权，其经营的"幸运""金盾"品牌在国际上享有盛誉。公司拥有生产休闲系列、牛仔系列服饰的专业工厂。公司的最高权力机构是股东会，同时设有监事会。股东会下设董事会，董事会又下设"四个委员会"，即审计委员会、战略发展委员会、薪酬与考核委员会及提名委员会。公司的最高行政职务是总经理，最高行政部门是总经理办公室，下设"七部门五中心"。"七部门"分别是财务部、信息管理部、人力资源部、行政部、法务部、证券部和审计稽核部，"五中心"分别是品牌管理中心、设计研发中心、营销中心、电商中心、供应链管理中心。公司的具体组织结构如图 0-2-2 所示。

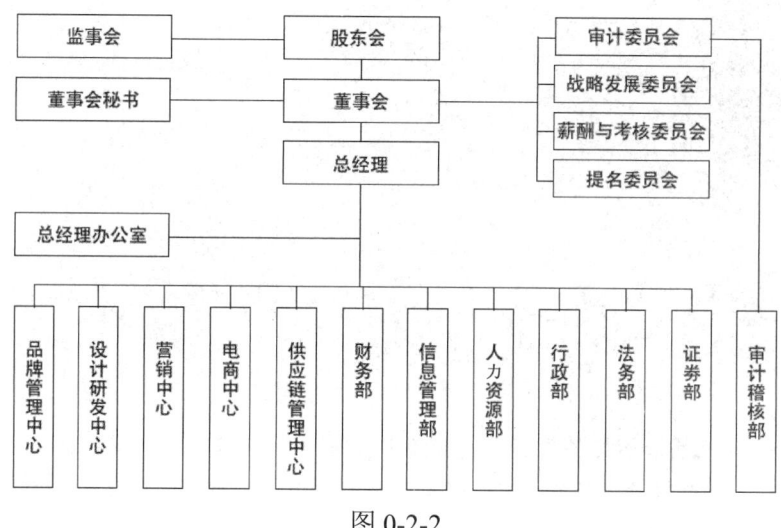

图 0-2-2

# 模块一

# 职业规划文书写作

  职业生涯规划是指每个人根据其自身的主客观因素和对客观环境的分析，确立自己的职业生涯目标，并采取必要的行动以实现其职业生涯目标的过程。而在这个过程中产生的一系列文书就称为职业规划文书。本模块主要介绍职业规划文书中的毕业论文、求职简历、竞聘词的撰写规范和要点。

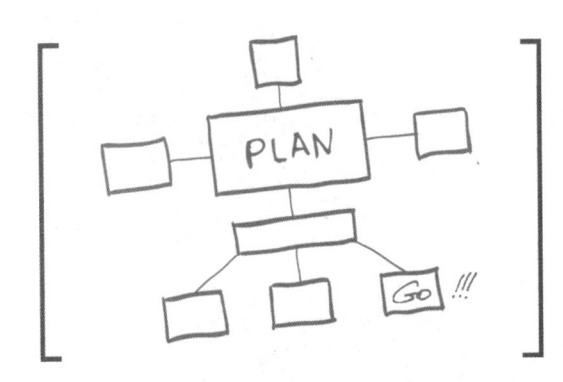

## 任务 1　检阅学业，科研培养——毕业论文

### 知识目标

1. 了解毕业论文的基础知识。
2. 掌握毕业论文的写作思路。
3. 掌握毕业论文的格式编排。
4. 熟悉毕业论文答辩的准备工作及流程。

### 能力目标

1. 能根据自己的专业写出比较规范的毕业论文。
2. 能熟练操作 Word 文档自动生成毕业论文目录。

### 素质目标

1. 培养严谨细致的写作态度。
2. 培养按规范办事的意识。

## 1.1.1　情景导入

情景描述：
　　李想、张扬是两位于 2018 年毕业的大学生。
　　李想：时间匆匆，转眼 3 年时间过去了，我们马上就要毕业了。
　　张扬：是啊，5 月我们还要参加毕业论文答辩，你准备得怎么样了？
　　李想：我还没有开始，毕业论文该从哪着手呢？

情景导入小视频观赏

## 1.1.2　任务分析

　　毕业论文是高校毕业生在毕业前必须完成的一份总结性的独立作业，也是检验高校毕业生能否运用在校期间学习的基本知识和基础理论来分析、解决实际问题的重要的指标。高校毕业生在着手准备毕业论文前，要先了解毕业论文的基础知识，掌握毕业论文的写作思路，以及毕业论文的写作内容和结构，最后结合自己的专业特点写出比较规范的毕业论文。

## 1.1.3 知识准备

### 一、毕业论文的基础知识

#### （一）毕业论文的定义

毕业论文一般是指高校毕业生在专业指导老师的指导下，综合运用所学专业的基础理论、基础知识和基础技能，针对某一问题独立进行分析和研究后写成的，反映自己学习成果和科研能力的，具有一定学术价值的论文。

毕业论文既是对高校毕业生学习水平与能力的测试，也是对高校教学质量的评估。毕业论文作为高校毕业生在校学习成果的综合性总结，是高校整个教学活动中不可缺少的重要环节。

#### （二）毕业论文的目的和意义

通过毕业论文的写作，毕业生能够得到诸多方面的初步训练，如有关科学研究选题，查阅、评述文献，制订研究方案，设计科学实验或进行社会调查，处理数据或整理调查结果，对结果进行分析、论证并得出结论，撰写论文等方面的训练。这些训练可以强化毕业生对基本知识和基本技能的理解与掌握，培养毕业生收集资料和调查研究的能力，帮助毕业生融会贯通几年来所学到的专业知识并综合运用所学的专业技能，提高毕业生独立分析问题和解决问题的能力，使毕业生具备科学的工作素质和严谨的治学态度。撰写毕业论文对于培养毕业生初步的科学研究能力、提高其综合职业能力有着重要意义。

#### （三）毕业论文的种类

毕业论文是学术论文的一种形式，由于毕业论文本身的内容性质、研究领域、研究对象、研究方法、表现方式不同，因此毕业论文有不同的分类方法。

通常，根据毕业生的学历层次可将毕业论文分为四种类型，即专科生毕业论文、本科生毕业论文、硕士生毕业论文、博士生毕业论文。

根据其内容性质和研究方法可将毕业论文分为理论性论文、实验性论文、描述性论文和设计性论文四种。后三种论文主要是理科生选择的论文形式，而文科生一般写的是理论性论文。理论性论文具体又可分为两种：一种是以纯粹的抽象理论为研究对象的论文，其研究方法是运用严密的理论推导和数学运算，有时也涉及实验与观测，来验证论点的正确性；另一种是以对客观事物和现象的调查、考察所得的观测资料及有关文献资料为研究对象的论文，其研究方法是对有关资料进行分析、综合、概括，再通过归纳、演绎、类比，提出某种新的理论和新的见解。

### 二、毕业论文的写作思路

#### （一）毕业论文的基本写作过程

毕业论文的基本写作过程一般包括以下几方面。

（1）准备。准备包括选题和选材、收集资料、填写相关文档。

（2）编写提纲。编写提纲即整理资料、设计构思的过程。

（3）撰写初稿。按照格式，根据提纲和框架组织材料，进行严密的论述。

（4）文稿修改。反复修改，最终定稿。

#### （二）完成毕业论文的几项重要准备工作

1. 选题

首先，在选题时要充分考虑自身特长或选择自己特别感兴趣的领域。其次，要关注选题本身的价值、意义。最后，要结合毕业论文的时间背景和容量要求，考虑自身研究水平的限制，选择适当的选题，不宜贪大求广。

（1）选题是毕业论文的关键。一个良好的选题，能强化理论知识及实践技能，使毕业生充分发挥其创造力，圆满地完成毕业论文。毕业论文的选题可从以下几方面综合考虑：选题应有利于综合所学知识；能结合专业学科特点；尽可能联系实际；有一定的研究和应用价值；要考虑个人的主客观条件；要量力而行，难度要适中；大小要适当。

（2）选题的两个关键点。一是选题要限定在专业范围内。毕业论文的选题不能超出自己的专业范围，在选题时要遵从指导老师的指导，选题拟定后原则上不能再改变。二是题目大小要适当。一般来说，题目宜小不宜大，宜窄不宜宽。例如，题目《论人力资源开发与管理》涉及的知识面较广，由于论文篇幅的限制，只能泛泛而谈，难以深入展开分析。又如，题目《对企业绩效考核的探讨》涉及的知识面窄，能深入展开分析，应用性强。

2．收集整理资料

首先，只有收集了大量的资料才能掌握本学科的研究现状，才能确定选题的方向。其次，选题研究必须在收集大量的资料的基础上，运用科学的方法分析资料获得结论。最后，提前收集资料，有利于毕业生及早了解专业动态和自己的专业兴趣及职业发展方向。

（1）如何收集资料。资料是形成观点的基础，也是证明观点的论据，因此确定选题之后，要立即着手积极、广泛地收集资料。

收集资料，首先要学会检索资料，还要学会使用工具书，其次要掌握资料。资料包括第一手资料，如企业实地调研、问卷调查资料等；第二手资料，即文献资料，如图书、杂志、报刊资料、互联网资料等。这些文献资料的形式包括科学学术期刊、会议论文集、学位论文、科学著作等。各类文献资料质量高低排序参考如图1-1-1所示。

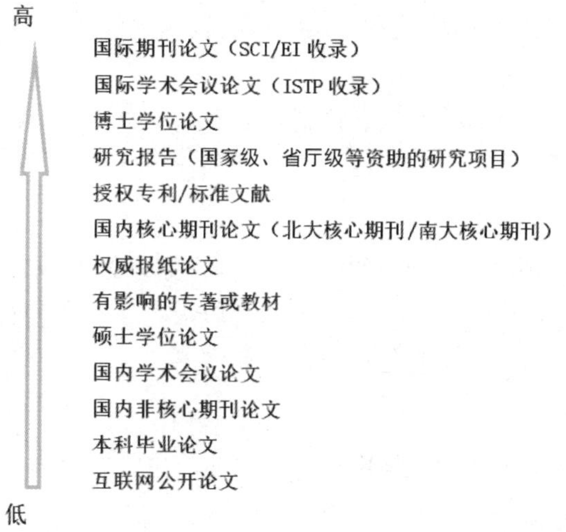

高
↑
国际期刊论文（SCI/EI 收录）
国际学术会议论文（ISTP 收录）
博士学位论文
研究报告（国家级、省厅级等资助的研究项目）
授权专利/标准文献
国内核心期刊论文（北大核心期刊/南大核心期刊）
权威报纸论文
有影响的专著或教材
硕士学位论文
国内学术会议论文
国内非核心期刊论文
本科毕业论文
互联网公开论文
低

图 1-1-1

常用文献资料的检索方法和途径有两种：一是通过图书馆文献资料库进行文献检索；二是通过计算机网络中的数据库进行文献检索。常用的中文期刊数据库包括中国知网 CNKI（www.cnki.net）、万方数据库（www.wanfangdata.com.cn）、维普网（www.cqvip.com）、百度学术（http://xueshu.baidu.com）。

（2）如何处理资料。正确选择与处理资料是完成毕业论文的关键。处理资料应遵照三条原则：熟悉、取舍和提炼资料。

第一，熟悉资料。熟悉资料是进行毕业论文写作的基础，是取舍和提炼资料的前提。阅读资料是熟悉资料的有效方式，其方法如下：先读中文资料，后读外文资料；先读综合资料，后读专题资料；先读近期资料，后读远期资料；先读摘要，后读全文；先粗读，后精读；先读已学过的知识，后读新知识；反复阅读重要的资料，一般浏览次要资料。

第二，取舍资料。在熟悉了资料后，要明确：哪些是重要的，哪些是次要的；哪些是有价值的，哪些是无价值的；哪些可以说明哪个问题，哪些可以证明哪个观点。在分析、比较完资料后，即可决定资料的取舍。

第三，提炼资料。提炼资料的作用包括两方面：一方面可以从取舍出来的资料中提炼出有用的且与自己的毕业论文相关的定理、公式、制图等佐证资料，使自己的论述有一定的理论支持，但要注意注明来源；另一方面可以从取舍出来的资料中提炼出毕业论文的关键词。

3. 撰写与修订

毕业论文有两种不同的写作程序：一种是根据选题，拟写提纲，收集研究资料，然后进行写作；另一种是根据选题，收集、分析资料，拟写提纲，然后进行写作。

那么，如何拟写提纲呢？论文提纲是毕业生在正式开始毕业论文初稿写作之前拟写的纲要，是文章全篇逻辑构成的写作设计图，用以体现论文的总体结构和基本观点。一般毕业论文的提纲要有以下几部分内容：毕业论文题目、主旨中心和结构安排。尤其是结构安排，要明确毕业论文写作的组织顺序，确定重点要写的内容，并用题目和题号反映毕业论文的结构框架和逻辑层次。而毕业论文的题目必须准确、清楚、合理地表达其涵盖的内容。

### 三、毕业论文的格式编排

毕业论文的格式编排是毕业生认真、严谨态度的体现，是指导老师对毕业生所提交的毕业论文的基本要求。

一份完整的毕业论文应包括封面及扉页、摘要、关键词、目录、标题、前言、正文主体、注释、致谢、参考文献、附录等，撰写时要按各高校的具体格式要求完成。

#### （一）封面及扉页

毕业论文的封面由各高校根据具体情况来设定，毕业生按照指导老师下发的要求执行即可。封面的内容一般包括题目名称、学生姓名、学号、班级、指导老师及提交日期。

扉页则是封面后的第一页，内容一般是毕业论文承诺书。

#### （二）摘要

摘要是对毕业论文的内容进行不加注释和评论的简述，它具有独立性和自明性，即不阅读毕业论文全文就能获得有关论文的必要信息。摘要的作用如下：一是让读者尽快了解论文的主要内容；二是为文献检索数据库的建设和维护提供方便。

摘要写作的注意事项如下。

（1）摘要不列例证，不讲研究过程，不用图表等。

（2）摘要的文字一般以200~300字为宜，比例不超过总字数的5%。

（3）摘要先写什么、后写什么，要按逻辑顺序来安排。

（4）摘要用第三人称，不使用"本文""我们""我""作者"等作为主语。

（5）摘要应使用规范化的名词术语，一般不用数学公式和化学结构，不出现插图、表格。

## （三）关键词

关键词又称主题词，它是从论文题目、层次标题和正文中选出来的，能反映毕业论文主题概念的词或词组。它以为文献检索提供方便为目的，用于反映毕业论文观点或主要内容。每篇毕业论文一般选取 3~5 个（最多不超过 8 个）词汇作为关键词，按词语外延层次从大到小排列。每个关键词之间用分号或空格隔开。关键词要另起一行，置于摘要之后。

一般而言，关键词应在毕业论文写作完成之后再挑选。选词的依据有三点：一是重要的词语；二是有代表性的词语；三是文中高频率出现的词语。

## （四）目录

目录是毕业论文的纲目，一般由序号、名称和页码组成。目录要求标题层次清晰，与正文标题一致。目录通常包括正文的主要层次标题、参考文献、致谢词及附录等。

## （五）标题

标题是毕业论文的眉目。各类文章的标题样式繁多，但无论何种形式，都要从侧面体现作者的写作意图、文章的主旨。毕业论文的标题一般分为总标题、副标题、分标题三种。

（1）总标题是毕业论文总体内容的体现。一般来说，毕业论文的总标题应揭示毕业论文的实质，高度概括全文内容，是全文的中心论点，如《关于经济体制的模式问题》。此外，可以以设问句的方式，隐去要回答的内容，实则十分鲜明地凸显作者的观点，如《家庭联产承包制就是单干吗》；也可以在标题中交代内容范围，对研究内容的范围做出限定，以引起读者的关注与共鸣，如《试论我国农村的双层经营体制》。

（2）在毕业论文的拟题中，为了点明论文的研究对象、研究内容、研究目的，对总标题加以补充、解说，有些论文还可以加副标题。此外，为了强调毕业论文所研究的某个侧重面，也可以加副标题，如《如何看待现阶段劳动报酬的差别——也谈按劳分配中的资产阶级权利》等。

（3）设置分标题的主要目的是清楚地显示文章的层次。分标题的具体写作形式较多，可以用文字将每一个层次的中心内容概括提出，也可以用顺序号标明顺序，起承上启下的作用。当然，无论采用哪种形式，都要紧扣所属层次的内容，保持上下文的紧密联系。

## （六）前言

前言又称引言，是毕业论文的开头部分，主要说明论文写作的目的、现实意义、对所研究问题的认识，并提出论文的中心论点等。前言要写得简明扼要，篇幅不要太长。

## （七）正文主体

毕业论文的正文主体主要包括研究内容与方法、实验材料、实验结果与分析（讨论）等。在主体部分要运用各方面的研究方法和实验结果，分析问题、论证观点，尽量反映出自己的科研能力和学术水平。

## （八）注释

注释是对毕业论文正文中某一特定内容的进一步解释和补充说明。注释一般采用脚注（将注文放在加注页的页脚），不可行中加注，注释编号选用带圈阿拉伯数字（如①、②……）。

## （九）致谢

致谢又称谢词，即以简短的文字对在毕业论文写作的过程中给予自己帮助的人（如指导教师、答疑教师及其他人员）表示谢意。这不仅是一种礼貌，也是对他人劳动成果的尊重，是治学者应有的风范。致谢的文字要简洁、实事求是，切忌浮夸和庸俗。

### （十）参考文献

参考文献又称参考书目，是指作者在撰写毕业论文过程中所查阅和参考过的文献书目，一般集中列于文末。参考文献的作用是表示对他人成果的尊重，便于读者研究和查找文献资料，反映作者对本课题的历史和现状的了解程度，使读者相信论文的水平，提高资料的可信度。

按照 GB/T 7714—2015《信息与文献　参考文献著录规则》，参考文献的标注形式如下。

#### 1. 专著

[序号]主要责任者. 题名：其他题名信息[文献类型标识/文献载体标识]. 其他责任者. 版本项. 出版地：出版者，出版年：引文页码[引用日期]. 获取和访问路径. 数字对象唯一标识符.

示例如下。

[1]张伯伟. 全唐五代诗格会考[M]. 南京：江苏古籍出版社，2002：88.

[2]徐光宪，王祥云. 物质结构[M]. 北京：科学出版社，2010.

#### 2. 专著中析出的文献

[序号]析出文献主要责任者. 析出文献题名[文献类型标识/文献载体标识]. 析出文献其他责任者//专著主要责任者. 专著题名：其他题名信息. 版本项. 出版地：出版者，出版年：析出文献的页码[引用日期]. 获取和访问路径. 数字对象唯一标识符.

示例如下。

[1]马克思. 政治经济学批判[M]//马克思，恩格斯. 马克思恩格斯全集：第 35 卷. 北京：人民出版社，2013：302.

#### 3. 连续出版物

[序号]主要责任者. 题名：其他题名信息[文献类型标识/文献载体标识]. 年，卷（期）-年，卷（期）. 出版地：出版者，出版年[引用日期]. 获取和访问路径. 数字对象唯一标识符.

示例如下。

[1]中华医学会湖北分会. 临床内科杂志[J]. 1984，1（1）-. 武汉：中华医学会湖北分会，1984-.

#### 4. 连续出版物中的析出文献

[序号]析出文献主要责任者. 析出文献题名[文献类型标识/文献载体标识]. 连续出版物题名：其他题名信息，年，卷（期）：页码[引用日期]. 获取和访问路径. 数字对象唯一标识符.

示例如下。

[1]袁训来，陈哲，肖书海，等. 蓝田生物群：一个认识多细胞生物起源和早期演化的新窗口[J]. 科学通报. 2012，55（34）：3219.

#### 5. 专利文献

[序号]专利申请者或所有者. 专利题名：专利号[文献类型标识/文献载体标识]. 公告日期或公开日期[引用日期]. 获取和访问路径. 数字对象唯一标识符.

示例如下。

[1]张凯军. 轨道火车及高速轨道火车紧急安全制动辅助装置：201220158825.2[P]. 2012-04-05.

#### 6. 电子资源

[序号]主要责任者. 题名：其他题名信息[文献类型标识/文献载体标识]. 出版地：出版者，出版年：引文页码（更新或修改日期）[引用日期]. 获取和访问路径. 数字对象唯一标识符.

示例如下。

[1]中国互联网络信息中心. 第 29 次中国互联网络发展现状统计报告[R/OL].（2012-01-16）[2013-03-26]. http://www.cnnic.net.cn/hlwfxzyj/hlwxzbg/201201/P020120709345264469680.pdf.

注：

（1）文献类型和标识代码：普通图书[M]，会议录[C]，汇编[G]，报纸[N]，期刊[J]，学位论文[D]，报告[R]，标准[S]，专利[P]，数据库[DB]，计算机程序[CP]，电子公告[EB]，档案[A]，舆图[CM]，数据集[DS]，其他[Z]。

（2）电子资源载体和标识代码：磁带[MT]，磁盘[DK]，光盘[CD]，联机网络[OL]。

（十一）附录

对于一些不宜放在正文中，但有参考价值的内容，可编入附录中。

以上格式编排示例如图 1-1-2～图 1-1-4 所示。

××大学

毕业论文

题目名称____________________

学生姓名：______________

学　　号：______________

班　　级：______________

指导教师：______________

提交日期：　　年　　月　　日

图 1-1-2

毕业论文承诺书

本人郑重承诺：

1．按照学院规定的时间完成毕业论文，逾期不能完成的，同意推迟毕业。

2．本人毕业论文系自己独立完成，被查属于剽窃、抄袭、请他人代写等情况，其后果由本人承担。

3．本人完全了解学院关于收集、保存、使用毕业论文的规定，学院有权保留、送交毕业论文的纸质版和电子版，允许毕业论文被查阅和借阅，学院可以公布毕业论文的全部或部分内容，可以采用影印、扫描等复制手段保存本毕业论文。

作者签名：__________

时　　间：__________

图 1-1-3

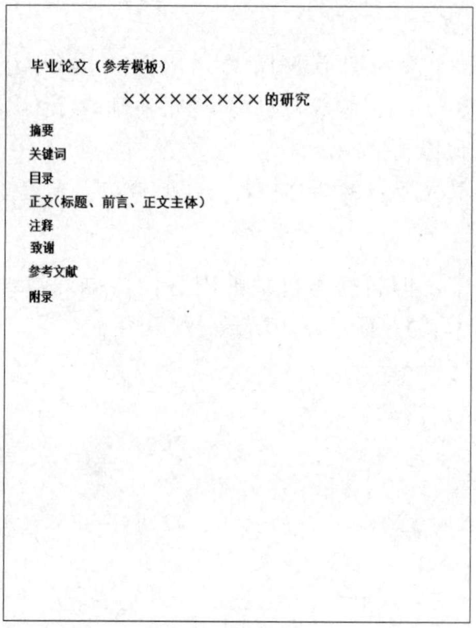

```
┌─────────────────────────────┐
│ 毕业论文（参考模板）        │
│     ×××××××××的研究         │
│ 摘要                        │
│ 关键词                      │
│ 目录                        │
│ 正文（标题、前言、正文主体）│
│ 注释                        │
│ 致谢                        │
│ 参考文献                    │
│ 附录                        │
│                             │
└─────────────────────────────┘
```

图 1-1-4

## 1.1.4 任务实施

李想所读的专业是财务管理，大三实习期间在一家企业中供职。他在工作中对企业财务管理工作进行了深入的思考与研究，而这部分内容也是财务管理专业的核心课程，所以他打算从这个方面确定毕业论文的研究方向。

李想围绕关键词"中小企业""企业财务管理"广泛收集资料，针对中小企业财务管理的发展历史、国内外有关中小企业财务管理的概况、当前中小企业财务管理的现状和存在的问题及如何加强中小企业财务管理工作等方面内容，利用学校图书馆及网络资源进行了查阅和筛选，最后确定毕业论文的标题是《加强中小企业财务管理工作的思考》，并拟写了论文提纲，见如下表述。

1 引言
1.1 研究背景
1.2 研究意义
1.3 研究方案
2 中小企业财务管理概述
2.1 中小企业财务管理的功能
2.2 中小企业财务管理的原则
2.3 中小企业财务管理的目标
3 中小企业财务管理的现状及存在的问题
3.1 中小企业财务管理的现状
3.2 中小企业财务管理存在的问题
4 加强中小企业财务管理工作的建议
4.1 革新中小企业财务管理理念

4.2 改善中小企业财务管理模式

4.3 加强中小企业财务管理工作的手段

在确定写作提纲后,李想还主动与指导老师沟通,及时汇报毕业论文的写作进度,听取指导老师的意见和建议,梳理毕业论文的写作思路,进一步完善毕业论文的框架。在这个基础上,李想深入分析、整理归纳典型材料,提炼中心观点,并开始着手毕业论文的写作。

经过认真撰写,李想将初稿如期提交给指导老师批阅,并根据指导的老师审阅意见进行二次修改,最终确定了毕业论文终稿。(注:因为毕业论文字数较多,因此不在书中展示全文。)

同时,在毕业论文的写作过程中,李想始终根据学校的相关要求填写有关文档,并按照学校的具体格式要求撰写毕业论文。因此,李想顺利进入答辩环节。

## 1.1.5 知识拓展

### 一、毕业论文答辩

#### (一)毕业论文答辩的定义

毕业论文答辩是一种有组织、有准备、有计划、有鉴定的比较正规的审查论文的重要形式。为了做好毕业论文答辩工作,在答辩会开始前,校方、答辩委员会、答辩者(撰写毕业论文的学生)三方都要进行充分的准备。在答辩会上,评委老师要判断论文中所提出的论点是真是假,而学生要证明自己的论点是正确的。

毕业论文答辩是检查学生毕业论文质量的一场"口试",主要考查学生的一些专业基础知识和基本理论,答辩的过程实际上也是帮助学生总结的过程。在这个过程中,评委老师要积极引导学生总结经验,分析研究成果,找出论文中的不足之处,帮助学生把实践经验转化成自己的知识和技能。通过答辩,学生可以提高自身的应变能力及自信心,为真正步入社会打下坚实的基础。

#### (二)毕业论文答辩的意义

毕业论文答辩具有以下三方面的意义。

(1)毕业论文答辩锻炼了学生的语言表达能力、组织能力、应变能力、实际加工制作能力、基本理论与专业知识的综合运用能力,进一步培养了学生综合表达及相互交流的能力。

(2)毕业论文答辩使学生全面回顾、认真总结、客观鉴定自己的毕业论文,帮助学生进一步学习、巩固基本理论知识和专业技能。

(3)毕业论文答辩是学生向参加答辩的老师学习、请教的好机会。

#### (三)如何做好毕业论文答辩的准备工作

答辩前学生的准备工作包括以下几项内容。

(1)完善毕业论文,按照学校的要求打印并装订好毕业论文,并向指导老师提交相关的纸质和电子资料。

(2)仔细了解有关答辩的程序和要求,弄清楚答辩时间、地点及分组情况。

(3)整理好相关资料,准备好陈述过程中所需的插图、表格、PPT等。

(4)提炼答辩提纲,认真编写答辩大纲。

(5)同学间相互进行试讲。

毕业论文答辩不同于一般的口语考试，答辩前除提前做好毕业论文底稿、参考文献等相关资料的准备工作外，还应提炼答辩提纲，这对学生厘清答辩思路、组织答辩语言、顺利完成毕业论文答辩工作很有帮助。毕业论文答辩提纲的主要内容包括以下几方面。

（1）毕业论文的主要内容，包括论文所涉及的核心内容、答辩者所持的观点、研究过程、实验数据、结果。

（2）所研究课题的背景和意义。

（3）课题研究的关键点和难点。

（4）答辩者在研究过程中所开展的具体工作、研究结果等要点。

（5）课题创新点。

（6）课题参考资料。

（7）自我评价，如经过此次实践锻炼，自己的专业水平有了哪些提高、取得了哪些进步，研究的局限性和不足之处，心得体会等。

### （四）毕业论文答辩的流程

（1）学生抽签决定答辩次序。

（2）答辩开始。

（3）学生依答辩次序逐一进行答辩，展示毕业论文成果。

（4）评委老师根据所阅毕业论文及学生情况提出问题。

（5）学生针对评委老师的问题进行陈述。

（6）答辩完后，学生可退场或旁听。

在毕业论文答辩的过程中，陈述的内容是重点，主要包括四项内容。一是自我介绍。简单明了地介绍自己的姓名、专业、班级，为答辩做一个有礼貌的开篇。在自我介绍时，态度应热情友好、彬彬有礼、文雅得体。二是简述选题的背景和意义，重点阐述解决问题的对策和论据。这样做的目的在于使评委老师对毕业论文有一个简单但全面的印象，这实际上也反映了学生对毕业论文的理解和把握程度。三是简明自评。用简明的语言做自我评价，包括研究的课题有何价值、研究的内容有何不足、对自己的设计有何心得等。四是把握时间。在答辩时要很好地把握时间，充分利用给定的时间把问题回答圆满。回答既不能过于冗长，超过规定的时间，也不能过于短促，词不达意，让人不知所云。

在学生做完答辩陈述之后，评委老师会针对毕业论文的内容提出 2~3 个问题，这些问题往往是毕业论文的重要部分或是没有注意到的薄弱环节和不足之处。一般来说，评委老师提出的大都是能够真实反映学生知识水平和论文水平的关键问题。

评委老师提出的问题具体包括以下几个方面。

（1）考查论文是否是学生本人所作，考查学生对毕业论文的理解、掌握情况及具体设计思路。例如，为什么选择这个课题？研究这个课题的意义和目的是什么？全文的基本框架、基本结构是如何安排的？全文各部分之间的逻辑关系如何？

（2）引导学生对论文中的创造性工作及新见解进行进一步阐述和发挥，指出学生未认识到的重要发现及专业发展前景。例如，在研究本课题的过程中发现了哪些不同的见解？对这些不同的见解，自己是怎样逐步认识的，又是如何处理的？

（3）询问论文中错误、含糊、未详细展开之处，以及学生本人未认识到的重要发现或工作。指出文中不清楚、不详细、不完备、不规范、不确切或不适当之处，启发学生寻找正确的设计思路和研究方法。例如，论文虽未论及，但与其较密切相关的问题还有哪些？自己还没有搞清楚，或在论文中论述得不够透彻的问题有哪些？

（4）提出有关毕业论文的问题，如工作原理、方案设计与比较、与课题相关的基础理论及专业知识等。主要考查学生对基础理论、基本知识和专业技能的掌握程度，以及运用知识解决问题的综合水平；考查学生的思维能力、应变能力、学习能力、发现问题及解决问题的综合能力、口头表达能力等。例如，在写作毕业论文时立论的主要依据是什么？

（5）请学生进行自我评价并谈谈今后继续开展此项工作的打算。

（6）帮助学生总结、掌握提高论文写作能力的技巧和方法，引导学生对研究方向或有关内容进行进一步的思考、探索和拓展。

### （五）毕业答辩的方法与技巧

（1）听明题意，把握题旨，紧扣要害。通常，评委老师会提出 2～3 个问题，学生要集中注意力认真听题，可将问题略记在纸上，切勿紧张。在听明并领会题意的基础上，经过仔细推敲找出问题的关键和本质，在头脑里勾画出回答问题的脉络，切忌在没有弄清楚题意之前就匆忙作答。如果没有听清楚评委老师提出的问题，或者对问题中的某个概念不大理解，可以请评委老师再说一遍或做一些解释和说明。

（2）先易后难，条理分明，切中主题。对评委老师提出的问题可不按提问的顺序进行回答，而是遵循先易后难的原则进行回答。在回答问题时，一要条理清楚、脉络清晰、层次分明；二要切中主题、突出重点、简明扼要；三要力求客观、全面准确、留有余地；四要文明礼貌、谈吐大方、语速适中。

（3）坦诚直言，失者莫辩，善于进退。对评委老师提出的问题，知道多少就回答多少，实事求是，切莫含糊其词。对不知道的问题不要张冠李戴、东拉西扯，更不要强词夺理。如果自己确实没有搞清楚某些问题，可以如实说明，并表示今后会认真研究这个问题。

（4）巧妙应对，谦虚大胆，求同存异。在回答问题时要表现得既谦虚又大胆，给评委老师留下一个好印象。对有些问题一时不好直接回答，可迂回应答，巧妙应对，注意分寸，采用委婉的语言、请教的语气，平和地陈述自己的观点，然后在会后再找评委老师交谈。

### （六）毕业答辩的注意事项

在答辩时需要注意以下几个问题。

（1）着装要整洁，调整心态，稳定情绪。

（2）制作好 PPT，在回答问题时语速适中。

（3）详略得当，突出重点。简述课题选择的目的、论文的主要特点、分析和计算的主要依据及结论，明确指出论文的使用价值和意义，以及写作过程中的体会、收获和改进方向等。

（4）礼貌用语，把握时间。

## 二、怎样自动生成毕业论文目录

毕业论文的格式排版很重要，尤其是目录的操作比较烦琐，可以借助 Word 自动生成目录。用 Word 自动生成目录不但快捷，而且在查找内容时也很方便，更重要的是便于今后修改。刚写完的文章难免要进行多次修改，倘若手动给目录标页，中间的内容一改，后面的页码全要改，这是一件很让人头痛的事情。而自动生成的目录，可以任意修改文章内容，最后更新一下目录就可以了。

用 Word 自动生成目录的操作步骤如下。

第一步，打开需要自动生成目录的文档，如图 1-1-5 所示。

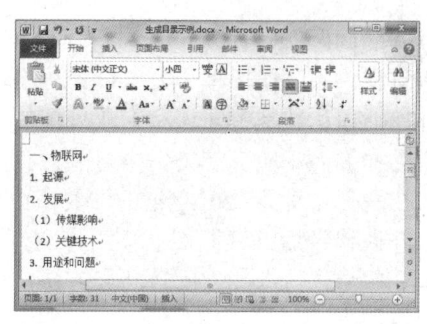

图 1-1-5

第二步，单击"视图"→"大纲视图"按钮，如图 1-1-6 所示。

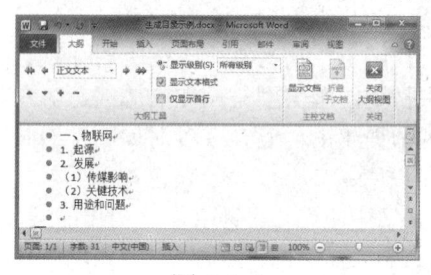

图 1-1-6

第三步，选择"一、物联网"文本，在"大纲级别"下拉列表中选择"1 级"选项，如图 1-1-7 所示，接着选择"1. 起源""2. 发展""3. 用途和问题"文本并设置为"2 级"大纲级别，选择"（1）传媒影响"和"（2）关键技术"文本并设置为"3 级"大纲级别，设置完成后如图 1-1-8 所示。

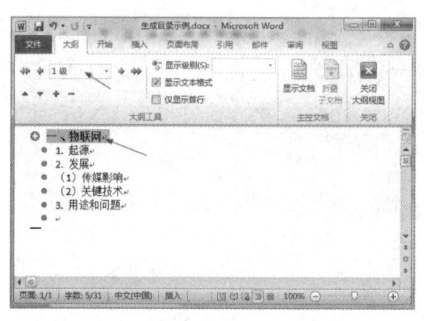

图 1-1-7

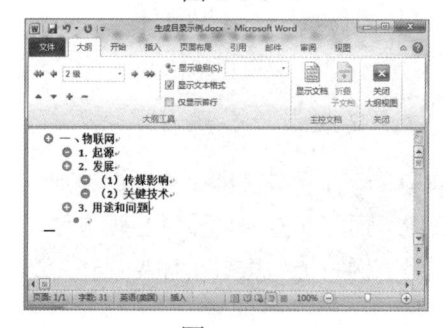

图 1-1-8

第四步，关闭大纲视图，把光标定位到需要插入目录的位置后，单击"引用"→"目录"按钮，在弹出的下拉列表中选择"插入目录"选项，弹出"目录"对话框，并按如图 1-1-9

所示设置相关参数。

图 1-1-9

第五步，在第四步中，完成设置后，单击"确定"按钮，将会得到自动生成的目录，如图 1-1-10 所示。

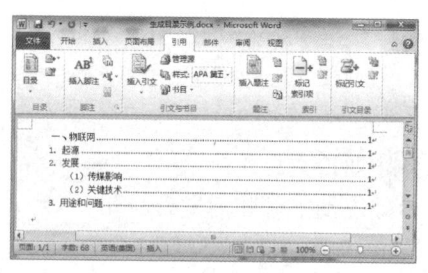

图 1-1-10

第六步，若正文内容有更新或页码有变化，只需把光标移到目录处右击，在弹出的快捷菜单中选择"更新域"命令，在弹出的"更新目录"对话框中，可根据实际，选中"只更新页码"或"更新整个目录"单选按钮，如图 1-1-11 所示。

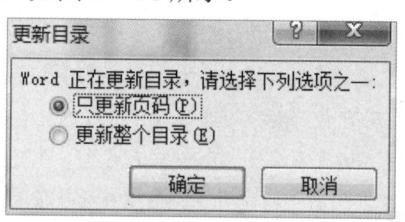

图 1-1-11

## 1.1.6　总结提升

毕业论文的撰写及答辩考核是毕业生顺利毕业的重要环节之一，也是衡量毕业生是否达到要求的重要依据之一。毕业论文的撰写可以分为两个步骤，即选择课题和研究课题。选好课题后，接下来的工作就是研究课题。研究课题的一般程序是收集资料、研究资料、明确观点，最后是执笔撰写、修改定稿。

（1）收集资料是毕业论文写作的基础工作。只有在收集大量的资料后才能掌握课题的研究现状和方向，明确要研究什么问题、要解决什么问题，继而才能在此基础上得出新的结论和观点。

（2）研究资料是毕业论文写作的重点工作。在着手写作毕业论文之前，要对所收集到的资料进行全面浏览，针对不同资料采用不同的阅读方法，如阅读、选读、研读等。通过归类分析、对比整合重要资料，可以获得毕业论文选题的结论和观点。

（3）明确观点是毕业论文写作的核心工作。在研究资料的基础上，根据毕业论文的选题，确定研究的基本结论并提出自己的观点。如果观点没有确定，那么在接下来的写作中会越写越迷惑，甚至出现写不下去的情况。

（4）执笔撰写是毕业论文写作的关键工作。在写作毕业论文的过程中，首先要拟定写作提纲，按照完整的写作提纲一步步撰写，这样可以更顺利地完成全文写作。同时，还要注意毕业论文的规范格式。在写作时如何运用选定的资料来准确表述结论和观点，这是毕业论文写作的难点。

（5）修改定稿是毕业论文写作的保障工作。通过这一环节，可以看出毕业论文的写作意图是否表达清楚，基本结论和观点是否准确、明确，材料的安排与论证是否有逻辑性，通篇结构是否完整、衔接自然，语言表达是否正确妥当，文章是否合乎规范。当然，修改定稿工作需要撰写者具备耐心和细心，很少有毕业论文只写作一次即能定稿，通常要提交至少三次修改稿方能定稿。

## 课外任务

1. 谈谈你将怎样着手准备毕业论文。
2. 从下面的案例材料中，你得到了哪些启发？

### 珠海一大学生因毕业论文直读世界名校博士

北京师范大学—香港浸会大学联合国际学院（简称 UIC）22 日对外宣布，该校学生曹若一因毕业论文成果，获世界著名学府耶路撒冷希伯来大学脑科学研究中心录取，并提供五年全额奖学金直接攻读认知神经科学博士学位。

据 UIC 副校长张聪介绍，曹若一是该校应用心理学专业大四学生，她针对儿童的智力和心理测试进行研究，撰写毕业论文《追踪工作记忆发展模式：一个基于新皮亚杰主要信息加工理论的电脑化测量》。

据了解，该项测试源于 20 世纪 70 年代，其指导理论来自著名的儿童心理学流派新皮亚杰理论。这个理论提出，工作记忆的发展是儿童认知能力的发展原因，而工作记忆是以跳跃的形式发展的。测量范式用复杂的数学模型可以将儿童的答题结果转化成工作记忆的能力，这个能力的数值为整数。加拿大、美国、以色列等地曾进行类似的测量，令人惊讶的是，在世界各地，儿童工作记忆都呈现出相同的发展模式，即两年增加一个单位。

而在近 10 年内，由于实验的难度和相关因素不可控性的干扰，此测量模型被其他模型取代，没有更多新的研究进展。

为何想要继续此项研究？曹若一说："在导师何义炜博士的指导下，我们发展出一个新的电脑化测量方法，这是首次在国内实施类似的研究。"曹若一希望完善测验，使之成为一个适用于中国儿童的标准化测量工具。

据了解，录取曹若一的耶路撒冷希伯来大学是以色列首家大学，也是犹太民族的最高学府，在 2012 年世界大学学术排名中居第 53 位，爱因斯坦和弗洛伊德都曾参与该校的创建。该大学脑科学研究中心是全球五大脑科学研究中心之一，以跨学科的脑科学研究著称。

据悉，国外直读博士对学业成绩要求比较高，并且看重研究经历。曹若一凭高水平的本科毕业论文申请，即获得耶路撒冷希伯来大学的青睐。

## 任务 2　求职面试，展现自我——求职简历

### 知识目标

1. 理解求职简历的内涵及组成部分。
2. 掌握求职信的写作。
3. 掌握个人简历的写作。
4. 掌握求职简历中其他资料的处理与完善。

### 能力目标

1. 会根据自身情况撰写求职信。
2. 会撰写独具个性的个人简历。
3. 能设计一份极具吸引力的求职简历。

### 素质目标

1. 培养严谨细致的思维方式。
2. 使用规范得体的文字，正确表达求职意愿。

## 1.2.1　情景导入

情景描述：
　　李想、张扬是两位于 2018 年毕业的大学生。
　　李想：这周末咱们学校广场将有一场大型的招聘会，你去看看吗？
　　张扬：哎呀，我的简历还没有做好，怎么办？

情景导入小视频观赏

## 1.2.2　任务分析

　　提起求职，很多人马上会想到简历。很多人在求职前都会认真准备简历，他们一般通过网络途径搜索简历模板，再将自己的相关信息填入其中，有些人还讲究外观装饰，让简历看上去精美无比。但这种简历只注重形式而不精心挖掘内容，在竞争激烈的职场中很快就会石沉大海。那该怎样制作求职简历呢？这是每位求职者求职前必须重视的事情。关于求职简历，首先要厘清求职简历的内涵及组成部分，其次要掌握求职信和个人简历的写作，最后能根据自身情况设计一份极具吸引力的求职简历。

## 1.2.3 知识准备

### 一、求职简历的内涵及组成部分

在用人制度市场化和双向选择的情况下,求职简历已成为一种必不可少的媒介。求职者通过它表达自己的意愿,展示自己的能力,争取得到招聘者的初步认可;招聘者则通过它初步了解求职者的概况,从而筛选出符合需要的人选,进一步好中选优。

求职简历是求职者证明自己具有胜任求职岗位的知识和能力的书面材料,其重要性不言而喻。它是毕业求职的敲门砖,好的求职简历可以使求职者脱颖而出,能为其赢得面试机会。因此,求职者需要从内容上深度匹配、从形式上高度吻合,精心制作求职简历。

事实上,很多人将求职简历等同于个人简历,实则不然。从狭义上看,通常所说的求职简历就是个人简历;而从广义上看,个人简历只是求职简历中的一部分。一份完整的求职简历应该包括以下几个部分:封面、求职信、个人简历、就业推荐表及佐证材料。

在互联网时代,求职简历可以打印装订成册,也可以制作成电子文件,或者建立自己的个人主页。但不管哪种形式,其制作的思路和方法是一致的。

### 二、求职简历的制作

#### (一)封面

封面是求职简历的门面,就像一个人的脸面,它折射出一个人的喜好和素养。一份精心包装的求职简历封面能起到吸引招聘者眼球的作用,从而极大地提高求职成功率。

**1. 封面的内容**

封面的内容包括图案和必要信息(包括学校名称、专业名称、学历、姓名、性别、联系方式、地址等)。

**2. 封面的制作方法**

(1)色彩吸引法。众所周知,鲜明的色彩可以吸引眼球,因此可用色彩鲜明和搭配合适的图案来设计简历封面,以展示自己的个性与风格,让招聘者有兴趣翻开简历。

(2)标志认同法。此制作方法是指在设计的封面上突出母校的标志 Logo,或在合适的地方放置母校有代表性的照片,这样可以吸引校友招聘者的注意。

(3)格言抒意法。此制作方法旨在以一句朴实的格言并配以简洁明了的图案来展现求职者的志向和追求,并以此来获得招聘者的好感和认同。

(4)创意设计法。对于求职设计类工作的求职者可以用创意设计法,通过简历封面可以让招聘者直观感受求职者扎实的专业功底,从而给招聘者留下深刻的印象。

值得注意的是,求职者可以做一份活页式的求职简历,事先多设计一些简历封面,针对不同的招聘者和招聘岗位插入相应的简历封面,这样会大大提高求职成功率。另外,必须针对不同的岗位和行业,采用不同的简历封面,否则会事倍功半。

#### (二)求职信

**1. 求职信的定义**

求职信是指求职者向用人单位介绍自己的情况以谋求某一岗位的书信,其特点主要是自我推销。因为求职者与招聘者从未谋面,互不相识,故在写作求职信时要突出写明求职者能胜任这个岗位的特长、优势及个性，实事求是，客观评价。在求职信中要体现求职者谦虚、诚恳的态度，求职信的篇幅不宜太长，语言要简洁得体。

2．求职信的类别

按求职者的身份划分：有毕业生的求职信、社会人员的求职信、在岗者换岗的求职信。

按求职者的情况划分：有目标求职的求职信，即在知道用人单位要招人的情况下所写的求职信，常称应聘信；有广泛求职的求职信，即在不知道用人单位是否要招人的情况下所写的求职信，常称自荐信。

以下欣赏两篇求职信例文。

**例文1**

**应聘信**

尊敬的移动公司领导：

您好！我是一名即将毕业的××学院专科生，非常高兴在中华英才网、中国人才指南网和我们的校园网站上看到中国移动广东分公司的招聘信息，特别是看到广州和中山分公司都在其中。如果能在自己的家乡加入移动，对我这个喜爱移动、喜爱广州的人来说是绝妙的。

但是您一定想知道我这个学旅游酒店管理的人却想应聘市场营销岗位的原因。关于这个问题，我想进行如下说明。

1．在学科知识上我并不逊于市场营销专业的学生。我平时除学习市场营销的一系列课程外，还专注于消费者心理的研究，正如移动所说的"沟通从心开始"，把握消费者心理对于营销策划更为重要。另外，我还广泛阅读了《定位》《忠诚的价值》等众多营销论著。

2．市场营销中许多具有艺术性、技巧性和因地制宜的知识，都无法从书上学到。大卫·奥格威在成为广告教父前只是一个被牛津退学的厨师，策划狂人史玉柱也不过是一个整天计算数学方程式的平凡学生。在这点上，我已经证明了我的天赋，我的营销案例分析课程是全院最高分，而且从我的简历中您能看到，我曾经成功地参与了企业的策划活动。

在广州移动的业务中，我很中意"12580移动秘书服务"，我觉得这是一项非常好的增值服务，工作人士及像我们这样正在找工作的大学生就非常需要此项业务。我知道，最关键的问题是，如何将这项服务推广给顾客。假如我有幸能够加入移动，我会采取如下方法进行推广。

1．在大学校园内设立咨询台进行推广。我们可以联系学校的就业辅导中心，强调我们这项服务可以帮助大学生不错过任何一家企业的面试通知，那么学校很可能会免费提供场地让我们进行宣传。

2．免费、免操作为顾客提供半个月的"12580移动秘书服务"。所谓免操作，是指顾客不需要到营业厅办理，不需要自己打10086开通，也不需要设定密码，一切都和短信息一样，是自行开通的。因为顾客对于任何一项业务都是非常怕麻烦的，所以我们要做到"零麻烦"。当顾客已经习惯这项业务时，我们就可以要求顾客通过任何方式开通此项业务了！

当然，目前我对于移动的业务完全是门外汉，您可能会对我的"幼稚"哑然失笑，不过，我只是想让您了解我对通信业务的热情和喜爱。同时，我相信自己能够为广州移动的发展贡献一点力量。就像"全球通"的广告词一样，我相信"我能"！

感谢您的阅读，忠心期待您的回复。

祝您身体健康，一切顺意！

求职人：×××
××××年××月××日

例文2

## 自荐信

尊敬的领导：

  您好！感谢您在百忙之中阅读我的自荐信。

  我叫×××，是××工贸职业技术学院商务英语专业的××××年毕业生。与其他莘莘学子一样，我毕业在即，收获在望，等待着时代的选择，等待着您的垂青。怀着对贵单位的尊重与向往，我真挚地写了这封自荐信，向您展示一个完全真实的我，希望贵单位能接纳我成为其中一员。

  三年来，在师友的严格教导及个人的努力下，我掌握了扎实的专业知识，对国际贸易流程、国际商务单证和商务函电等有了比较深入的了解。在英语学习中，我十分注重口语和发音练习，经过不断的探索和学习，我已具备较好的英语听、说、读、写能力，并且利用课余时间广泛阅读了大量书籍，不但充实了自己，还培养了很多方面的技能。我还时刻注意德、智、体的全面发展，注意理论和实际相结合，着重工作实践能力的锻炼，学习之余积极投身各种社会实践活动。我曾多次参加广州交易会，担任外商随身翻译，并负责全程的采购、谈判翻译工作。在校期间，我曾担任系学生会学习部副部长和班级通信员，工作积极、负责，深受老师好评。我还因成绩优秀，多次获得奖学金并被授予"系三好学生"荣誉称号。三年的学习和实践，提高了我适应环境和解决问题的能力，更重要的是，严谨的学风和端正的学习态度塑造了我朴实、稳重、创新的性格特点。

  我渴望展现才华，期望在实践中得到锻炼和提高。我相信如果能加入贵单位，我一定能在实现自我价值的同时竭诚为贵单位做出贡献，达到双赢。若有机会成为贵单位的一员，将是我莫大的荣幸。

  请相信我！我会努力的！期盼佳音！

  此致

敬礼！

自荐人：×××

××××年××月××日

### 3. 求职信的格式和一般写法

  求职信的格式一般包括标题、称谓、正文及落款几个部分。

  （1）标题。求职信的标题通常是"求职信"或"应聘信"，位于首行正中间，加粗，字号比正文大一些，以美观为准。

  （2）称谓。称谓的写法要区分是目标求职的求职信还是广泛求职的求职信。有明确目标的求职信，称谓一般是针对该用人单位的相关部门或人员，如"尊敬的移动公司领导"；而没有目标的求职信，则可以统称为"尊敬的领导"。

  （3）正文。正文的写法可以根据是目标求职的求职信还是广泛求职的求职信而有不同。

  ① 目标求职的求职信的写法可以归纳为七个步骤：步骤一，介绍消息来源；步骤二，表明求职心愿；步骤三，介绍个人简历；步骤四，摆出求职优势；步骤五，提出获职打算；步骤六，请求答复联系；步骤七，表明感激之情。（如例文1）

  ② 在写作广泛求职的求职信时要"三清一列"。一写清"你是谁"——姓名、性别、年龄、民族、籍贯、文化程度、所学专业、业余爱好及特长、性格特点、英语水平、计算机水平、写作水平、组织管理及领导能力等，以有用为准。二写清"做过什么事"——在班委、团委、学生会、社团等任职的经历及组织活动的经历，参加各种竞赛、表演、展览、考试、评选时获证、获奖的经历，参加志愿者服务、勤工俭学、社会公益服务等校外活动的经历，参加见习、实习获得用人单位好评的经历等，要求概括简练、重点突出。三写清"有什么见解"——可以表述

自己的能力和求职意向，可以针对用人单位及其所在行业的有关问题恰如其分地阐述自己的认识和见解，可以表明自己对社会、人生、事业等的基本态度等，要求不能过多、适宜得体。四列出“具体证据”——尽量将自己的经验具体化、数字化。若曾担任过项目经理，不要一笔带过，要写详细，如“担任项目经理期间，用 6 个月的时间实现了工资单应用系统的开发工作，为公司节省预算××元”。若掌握某种与工作相关的知识或技能，也要尽可能写得详细一些，并表明将如何把这些知识和技能运用到工作中，这样可以表现出自己善于学习新知识，为自己博得印象分。（如例文 2）

（4）落款。在求职信正文下一行右下部分写上求职者署名，再在署名下一行写上完成的日期。

## （三）个人简历

### 1. 个人简历的定义

个人简历是求职者给用人单位发的一份简要介绍，包含自己的基本信息，即姓名、性别、年龄、民族、籍贯、政治面貌、学历、联系方式，以及自我评价、工作经历、学习经历、荣誉与成就、求职愿望、对这份工作的简要理解等，以简洁、突出重点为最佳标准。现在找工作主要通过网络进行投递，因此撰写一份独具个性的个人简历对于获得面试机会至关重要。

### 2. 个人简历的格式

个人简历的格式一般包括条文式和表格式。

条文式个人简历示例如图 1-2-1 所示。

表格式个人简历示例如图 1-2-2 所示。

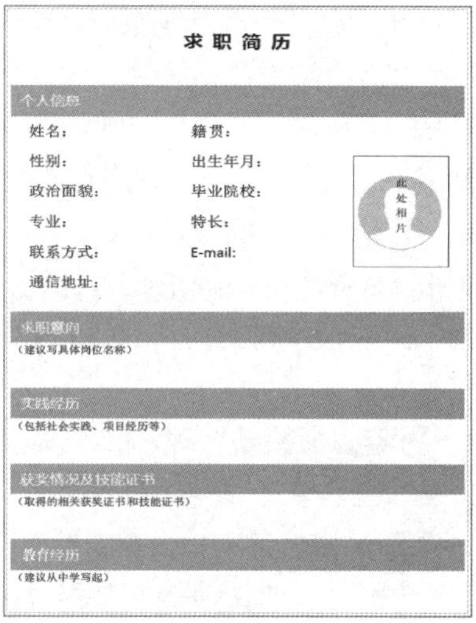


图 1-2-1

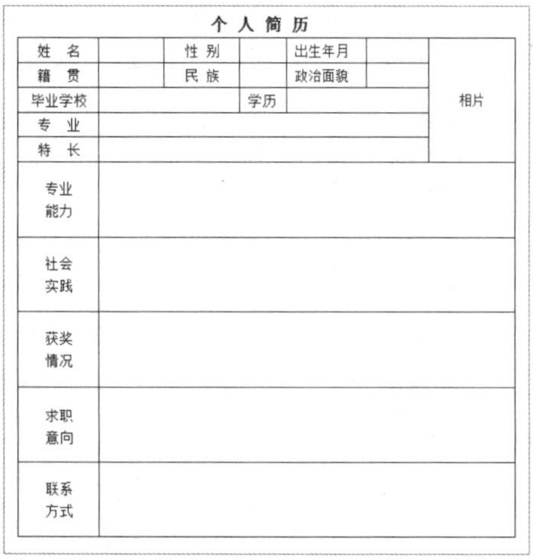

个人简历

| | | | | | | |
|---|---|---|---|---|---|---|
| 姓　名 | | 性 别 | | 出生年月 | | 相片 |
| 籍　贯 | | 民 族 | | 政治面貌 | | |
| 毕业学校 | | | 学历 | | | |
| 专　业 | | | | | | |
| 特　长 | | | | | | |
| 专业能力 | | | | | | |
| 社会实践 | | | | | | |
| 获奖情况 | | | | | | |
| 求职意向 | | | | | | |
| 联系方式 | | | | | | |

图 1-2-2

### 3. 个人简历的主要内容

标准的个人简历主要由四个基本内容组成。

（1）基本情况：包括姓名、性别、出生日期、民族、婚姻状况和联系方式等，以有用的信息为准。

（2）教育背景：按时间顺序列出初中至最高学历的学校、专业和主要课程，以及所参加的各种专业知识和技能培训。

（3）实践经历：按时间顺序列出在校期间参加的校内或校外社会实践、相关工作经历等，包括公司/单位名称、岗位、就任及离任时间，应该突出所任每个岗位的职责、工作性质及取得的成绩、评价等，此为个人简历的精髓部分。

（4）其他：包括个人特长及爱好或其他技能等。

个人简历是求职者学习、工作的简短介绍，也是求职者自我评价和认定的主要材料。它是一扇窗户，能使用人单位透过它了解到求职者的部分情况，也能激起用人单位与求职者进一步接触的浓厚兴趣。

个人简历一定要写得充实、有内容、有个性，至少能在一定程度上反映出求职者的真实情况。个人简历不可太长，1～2页即可。个人简历的格式应便于阅读，有吸引力，并使用人单位对求职者有一个良好的印象。在个人简历中要充分展示求职者的专业特长和一般特长，强调过去所取得的成绩，最好能写出三种以上的成绩和优点，且讲究材料的排列顺序。在写作时还要注意不要写那些对求职者的择业不利的情况，也不要面面俱到地展示求职者的才能，这样用人单位会抓不住重点。建议不要在个人简历中写明最低薪资要求及岗位要求，否则求职者可能失去面试的机会；也不要给自己设定一个过高的门槛，这样更容易失去面试的机会。

4. 个人简历的写作要求

（1）针对性强。用人单位对不同岗位的职业技能与素质需求是不一样的。因此，建议在写作个人简历时最好能先确定求职方向，然后根据用人单位的特点及岗位的要求进行量身定制，从而撰写出一份针对性较强的个人简历，忌一份个人简历"行走江湖"。

（2）言简意赅。一个岗位可能会收到数十份甚至上百份个人简历，导致招聘者查看个人简历的时间相当有限。因此，建议求职者的个人简历要简单而又有力度，大多数岗位的个人简历的篇幅最好不超过两页，尽量制作成一页（技术相关工作岗位可制作成2～3页），一般在1200字以内，表达要简洁，让招聘者在几分钟内看完，并留下深刻的印象。

（3）突出亮点。个人简历要突出亮点，可从两处着手：一是目标要突出，即应聘何岗位，如果个人简历中没有明确的目标岗位，则有可能直接被淘汰；二是突出与目标岗位相关的个人优势，包括职业技能与素质及经历，尽量量化工作成果，用数字和案例说话。

（4）方便阅读。毕竟每位求职者的情况不一样，网络平台提供的模板未必适合每一个人。因此，建议求职者慎用网络上提供的简历模板及简历封面，而应根据自身的情况进行合理设计。个人简历一般应打印出来，保证其整洁性，方便阅读。

（5）条理清晰。要注意语言表达、描述要严密，上下内容的衔接要合理，教育及工作经历可采用倒叙的表达方式，重点部分可放在简历最前面。

（6）客观真实。诚信是做人之根本、事业之根基，一个不讲诚信的人，很难在社会上立足。同理，如果求职者在个人简历中弄虚作假，将会失去更多的机会。即使他侥幸获得面试机会，但有经验的招聘者在面试过程中一般都可以看穿，只要被发现有一处作假，他就会被拒之门外。因此，建议求职者在写个人简历时一定要做到客观、真实，可根据自身的情况结合求职意向进行纵向挖掘，合理优化内容，而非夸大其词，弄虚作假。

（四）就业推荐表

1. 就业推荐表的定义

就业推荐表，是"毕业生双向选择就业推荐表"的简称，是学校向用人单位推荐毕业生的书面材料，主要包括基本情况、学业情况、本人简历、本人特长、爱好、社会表现及社会活动能力、在校奖惩状况、本人就业意愿、学校推荐意见、备注等信息，而这些是用人单位选择人才的重要依据，直接关系毕业生的切身利益。

一般情况下，就业推荐表为各学校统一规定模式，再交由毕业生根据自己的实际情况填写表格内信息，之后要有学校盖章方为有效。

2．就业推荐表的管理规定

为保证毕业生推荐材料的真实性、严肃性、唯一性，对就业推荐表的管理规定主要有以下几条。

（1）此表供毕业生向用人单位应聘时使用，由学校招生就业处统一制作并印发，每人一份，复印有效，学校只对按此统一格式制作的就业推荐表进行审核盖章。

（2）此表原则上只进行一次审核后加盖一次公章，并由毕业生所在系、部把关核实，毕业生在交到系、部盖章前认真检查核对，以免造成不必要的麻烦。

（3）此表的各项内容要认真、如实、用黑色钢笔或签字笔填写，字体要工整、清晰。毕业生的基本情况由本人如实填写，若存在错误和遗漏，责任自负。

（4）由毕业生所在的系、部的负责人根据毕业生日常表现，对毕业生进行综合评价，提出推荐意见并盖章确认，再交学校招生就业处审核盖章。

（五）佐证材料

佐证材料是指在求职简历中提供能证明自己资质的材料，包括学历证书、英语过级证书、计算机过级证书、技能培训证书、参赛和获奖证书等。一般在求职信或个人简历中提到的信息都要提供相应的证书或证明。通常的做法就是复印或扫描并将图片在 Word 文档中进行编辑后附在求职简历最后部分。

## 1.2.4　任务实施

张扬所读的专业是商务英语，毕业在即，他准备谋求一份与国际贸易有关的工作。他在校园招聘宣传海报上看到一家外资公司正招聘相关岗位，于是开始准备求职简历材料。

第一步，制作简历封面。制作完成后的简历封面如图 1-2-3 所示。

图 1-2-3

第二步，撰写求职信。

求 职 信

尊敬的领导：

　　您好！非常感谢您在百忙之中翻阅我的求职信。

　　我叫张扬，是××职业技术学院外语学院商务英语专业国际贸易方向的应届毕业生。在校园招聘宣传海报上，我看到贵公司正在招聘国际贸易相关工作，所以真诚地写了这封自荐信，向您展示一个积极向上的我，希望贵公司能接纳我成为其中的一员。

我爱好广泛，能胜任各种工作，所以我认为自己是能胜任该工作的。首先，我拥有扎实的专业知识。大学三年里，我系统地学习了国际贸易实务、国际商务单证和商务函电等专业课程。通过理论的学习和课程实训的实践，我掌握了国际贸易工作流程，并擅长各种商务信函的写作。大三实习期间，我在××××外贸进出口公司担任报关员一职，在工作中我积极主动，出色地完成了公司安排的任务，受到领导和同事的好评。其次，我具备较高的综合素质和很强的团队合作能力。在校期间，我积极向上、奋发进取，不断从各个方面完善自己，提高自己的基础能力，全面提高自己的综合素质。我在大一第二学期参加学生会换届竞选，成功竞聘为生活部干事并担任宣传委员一职。我在工作中认真负责，配合部长和其他干部精心组织各项活动，锻炼了自己的沟通协调能力，培养了吃苦耐劳、乐于奉献、团结协作的精神，因而得到老师的赞赏和肯定。最后，在课余时间里，我还喜欢阅读各类书籍，从书中汲取知识来充实自己，更新观念，开阔视野。

现在，我怀揣着梦想和自信，诚挚地向您推荐自己，如果有幸成为贵公司的一员，我一定会更加努力工作，虚心尽责，为贵公司的发展尽一点力量。若有机会成为贵公司的一员，将是我莫大的荣幸。

感谢您在百忙之中给予我的关注，衷心期待您的回复。

此致

敬礼！

求职人：张扬

2018 年 6 月 3 日

第三步，撰写个人简历。撰写完的个人简历如图 1-2-4 所示。

**张扬个人简历**

| 姓名 | 张扬 | 性别 | 男 | |
|---|---|---|---|---|
| 民族 | 汉 | 籍贯 | ××× | |
| 出生日期 | 1995 年 2 月 | 婚姻状况 | 未婚 | |
| 学历 | 大专 | 政治面貌 | 中共预备党员 | |
| 专业 | 商务英语 | 健康状况 | 良好 | |
| 求职意向 | 报关员、外贸翻译、外贸文员等 | | | |
| 毕业院校 | ××职业技术学院 | 邮编 | ×××××× | |
| 联系电话 | ×××××××××× | 居住地 | 广东惠州 | |
| 资格证书 | 普通话二级乙等证书、大学英语四级证书 | | | |
| 相关课程 | 国际贸易实务、国际商务单证、商务函电等 | | | |
| 职业技能 | 1. 熟练掌握 Excel/Word/PPT 软件应用<br>2. 外贸英语口语交流熟练 | | | |
| 奖惩情况 | 1. 获 2015 年第六届大学生活设计大赛决赛一等奖<br>2. 获 2015—2016 年学院二等奖学金<br>3. 在 2016 年第七届大学生活设计大赛中获得"工作积极分子"称号 | | | |
| 工作经历 | 1. 2015 年 8 月在××××贸易有限公司担任客户接待一职<br>2. 2016 年 5 月在××××百货商场担任导购员一职<br>3. 2017 年 11 月至 2018 年 3 月在××××外贸进出口公司担任报关员一职 | | | |
| 兴趣爱好 | 广泛，如阅读、爬山、茶艺 | | | |
| 自我评价 | 本人性格开朗、为人诚恳、乐观向上，办事成熟稳重，拥有较强的组织能力和适应能力，并具有较强的亲和力与组织管理协调能力 | | | |
| 另附 | 经验是积累出来的，希望贵公司能给我一个展现的平台，我相信通过自己的努力会把工作做到最好 | | | |

图 1-2-4

张扬的这份求职简历，和很多人的一样，看似比较完整，实则还存在诸多问题。从求职简历的组成部分来看，这份求职简历缺少学校提供的就业推荐表和佐证材料，这部分应根据本校提供的毕业材料及自身已有的相关证明补充完整。从求职简历的具体制作来看，主要有以下几个问题。

（1）封面设计方面，缺少必要的信息，如毕业院校、专业、联系电话。另外，可以根据自己的专业特色来设计封面，如商务英语专业的封面背景可以与全球化有关等。

（2）求职信的写作方面，要注意以下事项：一是根据用人单位的需求选择陈述内容，突出自己的技术专长，不泛泛而谈，如"我爱好广泛，能胜任各种工作"等语句就太过笼统；二是务必实事求是，不能夸大其词，更不能虚构编造，如没有在名校学习或培训的经历，则不可蒙混写上；三是在语言表达方面宜谦和自信，情真意切，忌骄傲自负，而惹人生厌；四是忌出现错别字、文面涂改等情况，以免影响求职效果，给招聘者留下不好的印象。

（3）个人简历的写作方面，应避免过度包装及"注水"简历等问题。例如，"很强的团队合作能力"，这样的表达容易引起招聘者的怀疑。团队合作精神是大多数企业都很看重的一个品质，所以企业在面试时，会有针对性地设计一个无领导小组讨论环节，以五六位求职者为一个小组，要求他们围绕某个问题进行讨论并确定解决方案。通过这个环节，招聘者可以观察每位求职者在团队合作中担任的角色及与别人配合的情况，以此来评价他们是否具有"很强的团队合作能力"。又如，"曾任主席一职"也是求职者常用的表述。大多数企业倾向于招聘曾担任过一定职务的求职者，所以很多求职者在撰写个人简历时，常常会"提拔"自己——学生会干事改为主席，活动参与者则改为组织者等。再如，在大学里很多学生会参与各种各样的社会实践活动，有些求职者为了证明自己曾经参与过某项活动，会在简历中夸大事实，并把当时拍的现场照片放到个人简历中，这样的做法也是不妥的。真正参与过的活动或实践，可以在个人简历中详细地写出，而没有参与过的活动或实践不能强行写进个人简历中。

## 1.2.5 知识拓展

求职简历是求职者展示自己、给用人单位留下良好印象的重要材料，因此求职者应根据自身的情况进行精心、合理的设计。一般手写的求职简历较少，除非要凸显求职者的书写优势。通常，求职者会选择制作电子版的求职简历，然后在求职过程中投递，常用方法有以下两种。

### 一、Word 软件

如果求职者熟悉 Word 软件，可以直接用 Word 软件制作求职简历。

按照求职简历的组成部分，先设计封面，具体做法包括两种：一是可以在网络上搜索适宜的图片；二是可以结合所学的专业自由设计个性化的封面。

求职信可以直接用 Word 软件写作并编辑。

个人简历可以根据需要，在 Word 软件中制作成表格并填写相应的信息，也可以在网络上下载喜欢的且适合自己情况的表格模板进行填写。

就业推荐表一般是学校在毕业前下发的资料。如果有电子版本，可以将表格内容复制到个人简历之后，填写好相关信息，打印出来后再找学校相关部门签字盖章；如果只有纸质版本，可以在已做好的求职简历打印出来后再附上。

佐证材料部分，建议将获得的证书和奖状进行扫描，依据重要程度在 Word 软件上进行编辑，一般一页版面编排 1~2 张图片即可，最多不超过 3 张。其他相关佐证材料可以扫描后依序编排，或直接附上复印件。

## 二、在线制作求职简历平台

目前,在线制作求职简历的平台有很多,如知页简历、五百丁简历、简历本等平台。这些平台都提供一定数量的免费简历模板,可以直接在线操作,且简单方便。值得注意的是,这些平台提供的模板不一定完全适合自己,求职者需要根据自身实际情况灵活运用。如何借助在线制作平台设计求职简历呢?以下主要介绍知页简历制作平台的制作过程。

知页简历的操作方式简单,只需四步即可生成一份既专业又好看的求职简历,具体操作步骤如下。

第一步,打开知页简历官网(https://www.zhiyeapp.com/),注册并登录知页简历账号,如图 1-2-5 所示。

图 1-2-5

第二步,完善简历内容,如图 1-2-6 所示。

图 1-2-6

第三步,选择简历模板,如图 1-2-7 所示。

图 1-2-7

第四步，一键导出到本地，如图 1-2-8 所示，或发送至邮箱，如图 1-2-9 所示。

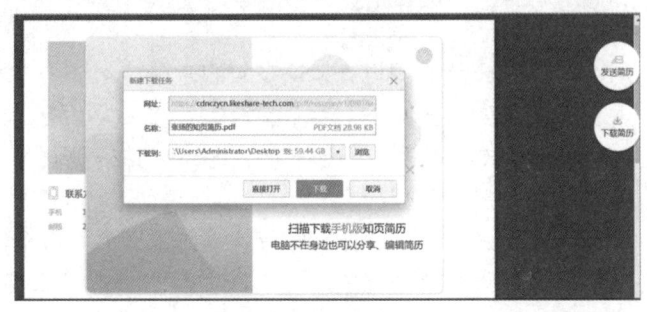

图 1-2-8

图 1-2-9

不管是一键导出到本地还是发送至邮箱，制作出来的简历都可以直接打印，简历效果如图 1-2-10 所示。

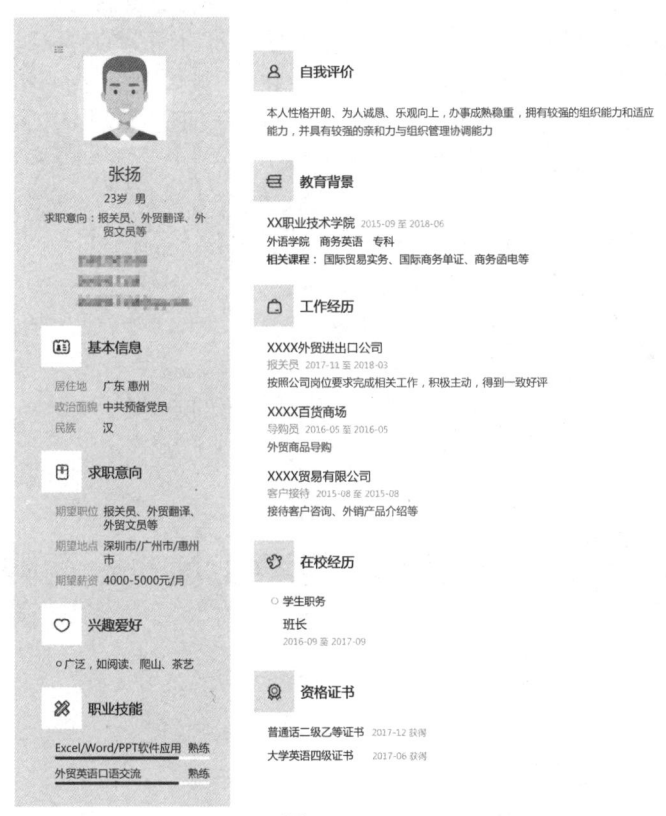

图 1-2-10

## 1.2.6 总结提升

如何通过求职简历获得面试或就业的机会，这是求职者最想得到的答案。有一则故事，讲的是三个姑爷回家给岳父大人过生日，每个人手里都拎着礼物。大姑爷是老板，手里拎的是四瓶五粮液；二姑爷是老师，手里拎的是两瓶当地产的白酒；三姑爷是农民，手里拎的是一筐自己地里产的土豆。问：谁的礼物最好？为什么？

在求职过程中，岳父大人就好比用人单位，姑爷就好比求职者，每个姑爷的情况不同，拿出的礼物也不同，而岳父大人最喜欢哪个姑爷的礼物，也因他的喜好不同会有不一样的答案。所以，求职者主要考虑的因素有两个：一是用人单位的需求，即招聘条件和岗位要求；二是求职者自身的知识能力和技术能力能否胜任所应聘的岗位工作。因此，在求职过程中，求职者要做的事情，就是把自己的能力和发展潜力凸显出来，而不是任其埋没在汪洋大海中。

还有一则成功的案例，讲的是一位刚毕业的大学生李文，当初应聘网络公司时，她所学的经济专业和对方要求的计算机专业可谓风马牛不相及。她在求职简历中对自己的教育情况只用了一句话概括，反而花了很多篇幅来描述自己在校期间参加学校网页设计大赛的情况。她详细叙述了自己确定创意、收集素材、进行设计的过程，强调自己具有扎实的设计功底，能熟练使用各种网络软件，最后还附上了获奖作品。正是通过该作品，李文得到了公司老总的赏识，从而应聘成功。

从上述案例可以看出，求职简历重在精心制作。在制作求职简历时，还需要注意以下几点。

第一，求职简历制作出来后，要反复检查几遍，从格式编排，到文字表述，再到标点符号及图例标志，都需要细心完善，不出现任何纰漏。尤其注意逻辑性与合理性，如专科上两年、普通本科上五年或三年、教育经历与工作经历完全重叠等时间上的错误。

第二，切勿一份求职简历"打天下"，要根据应聘的不同行业、不同岗位有针对性地制作独具个性的求职简历。当然，适当投入成本制作精美的求职简历就好比在职场上画淡妆一样，是对用人单位的一种尊重，也能塑造自己良好的形象。

第三，在投递求职简历时，切记不能抱着"广种薄收"的心态，一看到招聘信息就随便投递，尤其在招聘会现场，甚至还把求职简历从夹缝中递给招聘者，这种盲目撒网的做法往往收效甚微。

### 课外任务

1. 根据自己的专业和求职意向，制作一份独具特色的求职简历。
2. 网投求职简历时应注意哪些问题呢？

## 任务 3　一展才华，竞争上岗——竞聘词

### 知识目标

1. 了解竞聘演讲的定义和特点。
2. 掌握竞聘词的结构与写法。

### 能力目标

1. 能根据竞聘的岗位写作竞聘词。
2. 善于用富有激情和感染力的文字润色竞聘词。

### 素质目标

1. 培养自信心。
2. 掌握竞聘演讲的礼仪和素养。

## 1.3.1 情景导入

情景描述：

张扬、李想毕业时一起进入熙心贸易有限公司工作，一年后，有一个主管岗位等待竞聘。

张扬：李想，你打算去竞聘销售主管一职吗？

李想：有这个想法，但是我不知道该怎样准备。

情景导入小视频观赏

## 1.3.2 任务分析

李想打算竞聘主管一职，首先要准备竞聘词。因此，必须了解竞聘演讲的定义和特点，掌握竞聘词的结构与写法，能根据竞聘的岗位写作竞聘词，并善于用富有激情和感染力的文字润色竞聘词。

## 1.3.3 知识准备

### 一、竞聘演讲的定义和特点

（一）竞聘演讲的定义

所谓竞聘演讲，是指竞聘者针对某一岗位，为了实现竞争上岗，本着对个人、对企事业单位负责的态度，面对听众介绍自己、展示自己、推荐自己，就自我竞聘条件、未来的工作目标和构想所发表的公开演讲。

在现代的企事业单位里，公开招聘人才已经成为一种趋势。由于选拔人才的一条重要原则是"公开、平等、竞争、择优"，所以企事业单位更多采用竞聘演讲的形式公开招聘人才。竞聘演讲既是竞聘者对自身素质的评价，也是人事部门和听众了解竞聘者情况的渠道。这个过程既为企事业单位择优选聘提供依据，也有利于竞聘者自身素质的提高。

（二）竞聘演讲的特点

1. 目标的明确性

竞聘演讲不同于其他演讲的主要特征是竞聘者一上台就要鲜明地亮出自己所要竞聘的目

标，如主管、经理、秘书、助理等；同时，竞聘者在演讲过程中所选用的一切材料、运用的一切手法，其目的都是要赢得听众的选票，从而让自己竞聘成功。

### 2. 内容的竞争性

竞聘演讲的过程就是听众在候选人之间进行比较的过程，所以竞聘者要想让自己脱颖而出，必须得"八仙过海，各显其能"，始终围绕竞聘的岗位凸显自己的优势，另外还要展示自己的施政方略，尽最大可能表现自己"人无我有""人有我强""人强我新"的优势。

### 3. 演讲的技巧性

竞聘演讲的"竞争"，并非谁的表达能"吹"、谁的语言更"甜"就可以获选，听众一边听着演讲，一边会"掂量"着竞聘者话语的可靠性与可行性，只有那种发自肺腑的表达才最受听众欢迎。另外，演讲的思路甚是重要，即先讲什么、后讲什么，竞聘者要根据现场状况灵活调整，与听众保持眼神交流和互动等。

## 二、竞聘词的结构与写法

如何在竞聘演讲中脱颖而出呢？关键要重视竞聘词的写作，把握竞聘词的结构与写法，能运用相关的写作技巧表达自己的真实想法。

在竞聘演讲中要赢得听众的肯定，首先要有清晰的思维脉络，叙述真诚、有条理，且切实可行。一般来说，竞聘词的写作可分为五步进行：第一步，开门见山地指出所竞聘的岗位和竞聘的缘由；第二步，简洁地介绍自己的基本情况，如年龄、政治面貌、学历及现任职务等；第三步，摆出优于他人的竞聘条件，如业务水平、工作能力及所获成绩等；第四步，提出假设获选后的施政方略，重在具体、翔实、可行性强；第五步，用最简洁的语言表明决心和请求。例如，可参考以下写作模板。

×××部长竞聘词

各位领导、同事们：

　　大家下午好！今天，非常荣幸能有这样一个机会让我展现自己。拿破仑曾说，"不想当将军的士兵不是好士兵"，本人虽然算不上是好士兵，但是也愿谨遵"巨人"教诲，当个好"将军"，故此登台亮相，毛遂自荐。我要竞选的是×××部长。（引言：竞聘岗位、竞聘缘由）

　　×××××××××。（个人简介）

　　×××部主要的职能是××××。（对竞聘岗位的理解及独到的认识）

　　我认为自己竞选×××部长是够条件的。首先，×××××。其次，×××××。最重要的是，我有×××××××××××。（自评、自荐自己的竞聘条件，如工作经历、能力等）

　　假如大家信任我，我上任后将和×××部的同人们认真做好如下几项工作。

　　一、××××××××××××。

　　二、×××××××××××。

　　三、××××××××××××。（提出施政目标、构想和措施）

　　今天您给我一个舞台，明天我还给大家一份成就！（表达决心、信念）

　　最后，再次感谢领导给我这个难得的竞聘机会，感谢各位评委和在座的所有听众对我的支持和鼓励。（说完最好给大家深深地鞠一躬）

　　竞聘词一般包括标题、开篇、主体和结尾几部分。此外，在竞聘演讲时，还要注意神态。竞聘词的写作技巧主要有以下几点。

### （一）简洁的标题

标题一般包括竞聘的岗位和文种等要素，如《储备干部岗位竞聘词》《竞聘行政部主任一职的演讲词》《竞聘演讲稿》等。

### （二）精彩的开篇

精彩的开篇是竞聘成功的一半，竞聘演讲的时间有限，所以要求竞聘词要简洁、精练，以引起听众的关注。常见的开篇方式有三种：感谢式，用诚挚的态度表达谢意，如"非常感谢贵公司给我这次宝贵的竞聘机会"；概述式，概括叙述自己竞聘的岗位及竞聘演讲的主要内容，如"今天我充满自信到贵公司竞聘文秘岗位，凭之立足的基石是我十几年不懈的努力及所掌握的知识和技能。现在，我向各位考官简述我的基本情况及对竞聘岗位的认识"；简介式，即简要介绍自己的经历、性格特征，让听众对自己有个初步的了解，如"我叫李××，2018 年毕业于××大学新闻系，出身于农家、成长于××的我，既有农民的朴实，又有诗人的气质，自信能胜任新闻工作"。

### （三）丰富的主体

主体部分是竞聘词的重点，也是写作的难点。主体部分主要凸显的内容包括三个方面：一是陈述竞聘的主要优势，针对竞聘的岗位，叙述与竞聘岗位相关的经历和业务能力，以积极的态度，力求让听众认可自己确实适合这份工作并具备不断发展的潜力；二是对竞聘岗位职责的认识，竞聘前要充分了解竞聘岗位的情况，只有明确该岗位的职责，才能有的放矢地提出该岗位的工作目标、施政方略；三是表明自己当选后的打算，紧紧围绕听众关心的热点、难点问题，提出切实可行的措施，方能有效地提高竞聘成功率。

### （四）凝练的结尾

结尾部分要求画龙点睛，加深听众对竞聘者的良好印象，从而有利于竞聘成功。常见的结尾方式有三种：表达愿望式，表示自己热切地期望得到认可和接纳，如"如能蒙贵公司不弃，有幸成为贵公司的一员，我将竭尽所学，为贵公司的发展贡献自己的一点力量"；表明态度式，坦诚地表达自己参与这次竞聘的感受，如"参加这次竞聘，对我来说也是一个学习和提高的过程，是对自我的一种挑战，无论竞聘成功与否，我都将一如既往，堂堂正正做人，踏踏实实做事"；请求支持式，表达自己对竞聘上岗的信心，恳请得到大家的支持和帮助，如"各位评委，请大家投我一票，我将交上一份让你们满意的答卷"。

### （五）得当的神态

竞聘者不仅要把握好竞聘词的写作结构，还必须注意适合竞聘演讲的场合。因此，需要做到以下几点。第一，态度诚恳。竞聘演讲是向听众毛遂自荐、展示才华和德行的过程，因此在写作竞聘词的过程中要仔细揣摩，把握好尺度，态度诚恳、实事求是。第二，充满自信。在竞聘演讲时要胸有成竹、表情自然，学会与听众进行互动与交流，学会微笑，给人以亲切感，尤其注意身体语言，上下台注意抬头挺胸、步伐矫健。第三，语言质朴。竞聘演讲不宜刻意追求气氛的烘托和渲染，多用符合口语表达习惯的句子，特别在展示自己优势的时候，要善于归纳和总结，再辅之以事实和数据。第四，篇幅适宜。竞聘演讲一般有时间限制，控制为 5~10 分钟即可，所以在撰写竞聘词时要把握好字数，其内容既要考虑听众，又要记住自己竞聘目的。

## 1.3.4 任务实施

李想在竞聘前先了解了竞聘岗位的情况，然后结合自身实际，撰写了一份竞聘词。

尊敬的各位领导、各位同事：

大家好！今天，我非常荣幸能站在这里参加公司本年度的竞聘演讲。首先感谢领导们一年来对我的培养，并且给予我这次宝贵的竞聘机会，同时借此感谢和我一起工作的各位同事，感谢他们在工作中对我的支持和帮助！我今天要竞聘的岗位是销售主管。

在一年多的工作中，我积累了不少的工作经验，我认为自己具备了销售主管这个岗位应该具备的各方面素质和要求。如果此次竞聘成功，我将会在今后的工作中更加努力，加强自身业务学习，不断提高自身素质。我的工作宣言是"激情销售，注重效益"。我会在公司领导的带领下，团结同事，共同做好各项工作。

我非常珍惜此次竞聘机会，无论竞聘结果如何，我认为能参与这次竞聘其本身就意义重大。希望通过这次竞聘，我可以得到锻炼，使自己的工作能力和综合素质得到提高！谢谢！

李想的这份竞聘词虽然思路较清楚，但缺少标题，正文主体内容也不够详细。首先，缺少个人简介内容。其次，在叙述自己的竞聘条件及施政方略与构想方面的内容时，只是笼统地概述，不够具体。在与张扬交流之后，李想进一步完善了自己的竞聘词。

销售主管竞聘词

尊敬的各位领导、各位同事：

大家好！今天，我非常荣幸能站在这里参加公司本年度的竞聘演讲。首先感谢领导们一年来对我的培养，并且给予我这次宝贵的竞聘机会，同时借此感谢和我一起工作的各位同事，感谢他们在工作中对我的支持和帮助！我今天要竞聘的岗位是销售主管。

我是李想，木子"李"，梦想的"想"，2018年6月毕业于××职业技术学院，同月进入公司销售部工作。我在一年多的工作中，积累了不少的工作经验，我认为自己具备了销售主管这个岗位应该具备的各方面素质和要求。我竞聘的优势有：

第一，我具备一定的销售实战经验，熟悉公司产品销售的体系架构和管理流程，并且建立了一定的新媒体网络客户群，销售业绩突出，去年9月至11月连续三个月获得"月度网络销售之星"称号。

第二，我具备良好的人际交往能力和沟通能力。一年来的销售工作锻炼了我的心理素质，提高了我与领导、同事、客户的交往沟通能力。我时常与有经验的同事一起交流产品销售心得，向有经验的前辈学习销售技巧，因此积累了一定的处理客户投诉等的方法和经验。

第三，我具备较强的开拓创新能力。今年是我参加工作的第二年，精力充沛的我对市场有敏锐的观察力，思想活跃，敢于开拓创新，愿意接受新事物，有雷厉风行的作风，并能根据实际情况，大胆设想管理方法，具有较高的办事效率。

第四，我具备较好的心理素质，能够适应销售部较强的工作压力。

如果此次竞聘成功，我将会在今后的工作中更加努力，加强自身业务学习，不断提高自身素质。我的工作宣言是"激情销售，注重效益"。我会在公司领导的带领下，团结同事，共同做好以下工作：

第一，从提升销售业务员的思想认识着手，统一思想，统一认识，形成合力，展示活力。

第二，以制度化建设和常规检查工作为基础，规范上岗前的检查制度，对业务员的上班情况进行合理排班，严格执行考勤制度，落实各项管理规定。

第三，从提高销售业务员素质方面寻求突破，带领业务员熟悉销售岗位职责，不断提高其业务能力、应变能力，增强其服务意识和敬业意识。

第四，重点打造新媒体客户群，准确定位目标客户，精准营销，不断完善客户档案，和客户保持良好的联系。

我非常珍惜此次竞聘机会，无论竞聘结果如何，我认为能参与这次竞聘其本身就意义重大。希望通过这次竞聘，我可以得到锻炼，使自己的工作能力和综合素质得到提高。

最后，再次感谢各位领导给予我这个难得的展示自我的机会，感谢各位评委和在座的所有听众对我的支持和鼓励。谢谢！

经过修改和完善，李想的这份竞聘词更能凸显其优势，可以大大提高竞聘成功率。

## 1.3.5　知识拓展

竞聘演讲一般要辅之以 PPT，那么岗位竞聘的 PPT 怎样做才更具个性和吸引力呢？在制作 PPT 的过程中，首先要对所撰写的竞聘词谙熟于心，在此基础上进行进一步提升和总结。具体做法是在网络上搜索竞聘演讲 PPT 模板，如第一 PPT（http://www.1ppt.com/xiazai/），再根据自己的需要找到最适合自己竞聘岗位的模板进行下载，然后按照竞聘演讲的思路制作 PPT 即可。

李想先下载了一个 PPT 模板，然后整理竞聘词中的内容，制作成的演讲 PPT 如图 1-3-1 所示。

图 1-3-1

## 1.3.6　总结提升

竞聘词要根据竞聘的岗位来写，并善于用富有激情和感染力的文字润色竞聘词。一份优秀的竞聘词要做到自信而不妄自尊大、自谦而不妄自菲薄，以诚恳、热情的语言感染听众，充分展示自身的才能。在制作竞聘演讲 PPT 时，还要注意以下几点。

（1）整体 PPT 版面风格要一致，色彩搭配适宜，以简约为好。

（2）每张 PPT 上的内容不宜太多，标题编序号，层次分明，主要内容需提炼总结关键语句。

（3）每张 PPT 字体一般用黑体或微软雅黑等粗体更好，字号不小于 24 号。

（4）每张 PPT 图片与文字合理设计，凸显竞聘演讲要达到的效果，还须注意版面与文字颜色的对比鲜明。

## 课外任务

请根据以下材料，代陈成撰写一篇办公室副主任竞聘词。

陈成想参加××有限公司办公室副主任的竞聘。他首先感谢公司给他提供这样一个良好的机会，让他有幸参加今天的竞聘。他参与竞聘的目的是通过竞聘来展现自我、挑战自我、超越自我、追求进步，主动给自己更大的压力，并积极化压力为动力，勇挑更重的担子，敢负更大的责任，更好地为本部门做出贡献，同时也通过自己的勤奋工作来实现新的人生价值。他今天参加办公室副主任的竞聘，认为自己主要的优势有以下几点。

一是思想上进，具有较高的政治思想觉悟。他能积极参加各项政治学习，不断提高政治觉悟和思想境界，始终以一个党员的标准严格要求自己，以身作则、模范带头、依法办事。

二是努力工作，具有较丰富的办公室管理经验。他自 2009 年参加工作以来，先后从事文员工作三年、行政助理工作两年、行政管理干事工作三年、办公室秘书工作两年。无论做什么工作他都能恪尽职守、敬业奉献，做到干一行、爱一行、钻一行，并能认真总结经验，积极肯干，力求把每一项工作做得更出色，尽量把领导交代的任务完成得更好。在最近四年的考核中，他有两年被评为"优秀员工"。

三是勤奋学习，较熟悉文秘工作。自 2016 年调入办公室后，公司先后三次选送他参加文秘工作培训，使他系统地学习了新闻报道和公文写作知识。同时，他也自学了大量文秘相关的书籍，并认真做了两大本读书笔记。更为重要的是，他在日常的写作实践中，得到了领导和同事大量的指导和帮助，从而使他的业务水平提高很快，从采写信息到编辑简报，从写一般通知到写重要报告，从撰写领导讲话到起草公司工作计划，他几乎写过所有的公文文种和日常事务文书，他的写作能力得到了很好的锻炼，他写的材料多次获得领导和同事的好评。

四是热爱写作，具有扎实的文字基本功。他平常能较好地把读书与写作相结合，勤奋练笔，积极宣传公司的好事新风，曾在《南方日报》《羊城晚报》《党风》等报纸和杂志中发表过各类文章近 10 篇。

当然，成绩和经历只能说明过去，现在要做的在于如何开创未来。"雄关漫道真如铁，而今迈步从头越。"如果这次竞聘能够如愿以偿，他将努力做到以下几点。

一是摆正位置。办公室副主任只是一个"副手"，要找准自己的位置，把握好自己的角色。首先要增强正职的核心意识，明确自己的从属地位，在办公室主任的领导下开展工作。其次要牢固树立配合意识，积极主动，全力以赴支持办公室主任的相关工作。

二是理顺关系。正确处理好为领导服务、为部门服务、为同事服务之间的关系，做到急事急办、特事特办，遵守部门各项规章制度和办事流程，妥当处理各种事务，让大家感到可靠、可信。

三是加强修养。办公室角色复杂、任务艰巨，作为办公室领导，要特别加强个性修养，感受压力，敢担责任，不怕苦、不怕累、不怕委屈，磨炼坚强的意志，培养良好的性格。多与领导交心，多沟通、多交流，做到配合默契、工作得力。懂得理解人、宽容人，与下属和谐相处、团结一心。

四是规范办文。重点把握好"两关"：第一关是公文审核关，坚持实事求是、精简高效原则，做到行文确有必要、用语规范、结构合理、重点突出；第二关是公文制作关，严格按照公文制作新标准，进一步规范公文格式，加强文秘人员公文制作学习培训，确保有关人员熟练掌握公文制作知识，共同促进部门公文规范化和标准化。

五是勇于创新。为领导当好参谋，不仅要善于领会领导意图，还要深入进行调查研究，多为领导提出新思路、新对策，做到创造性地开展工作，与时俱进、求实创新，善于发现新问题、积极采取新措施、努力开创新局面。

最后，他向各位领导、各位评委表示：说得好不如做得好，实践出真知，学习长才干！无论这次竞聘成功与否，他都真诚地感激大家对他的鼓励、支持和帮助，胜不骄、败不馁，忠于职守，不断进取，努力在今后的工作中做得更好！

# 模块二

# 上传下达公文写作

公文,即党政机关公文,是法定机关与组织在公务活动中,按照特定的体式、经过一定的处理程序形成和使用的书面材料。无论是从事专业工作,还是从事行政工作,都要学会通过公文来传达政令政策、处理公务,以保证协调各种关系,使工作正确、高效地进行。这里讲的"上传"是指及时向领导和上级传达本单位信息,"下达"是指将领导和上级的部署与意图传达给应知对象。本模块主要介绍通知、通报、报告、请示、批复、函。

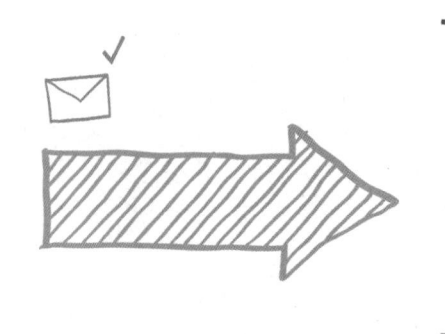

## 任务 1  发布传达，周知执行——通知

### 知识目标

1. 熟悉通知的适用范围。
2. 掌握通知的主要类型。
3. 掌握通知的结构与写法。

### 能力目标

1. 能读懂通知的内容与要求，会按流程处理各类通知。
2. 会写常用的通知。

### 素质目标

1. 养成按程序办事的习惯。
2. 善于利用通知发布信息。
3. 培养信息化素养。

## 2.1.1 情景导入

情景描述：

王明是熙心贸易有限公司行政部主任，张扬是行政文员。

王明：小张，"五一"劳动节马上到了，拟一则放假通知下发到各部门。

张扬：主任，今年"五一"放假有特殊安排吗？

王明：公司没有特殊安排，按照国家有关规定执行即可。

张扬：好的，主任。

情景导入小视频观赏

## 2.1.2 任务分析

张扬接到了上级交代的写作任务——草拟一份放假通知。要拟写通知，首先要弄清楚通知的适用范围，其次要掌握通知的主要类型，最后要掌握通知的结构与写法，做到快速、准确地拟写通知。

## 2.1.3 知识准备

### 一、通知的适用范围

通知用于传达要求下级机关执行和有关单位周知或执行的事项，批转、转发公文，任免人员（任免通知），发布规章制度（生效，印发通知）。通知是使用频率最高、使用范围最广的一种党政机关公文。

### 二、通知的主要类型

根据通知的内容性质和作用，可将其分为以下几种类型。

（一）发布性通知

发布性通知一般是指向下级机关发布的不宜用"命令"来行文的有关行政法规、制度、措施等的公文。在写法上，发布法规、制度用"颁发""发布"来行文，发布内部产生的一般材料用"印发"来行文，如例文1。

例文1

××公司关于印发职业技能提升行动方案（2019—2021年）的通知

各部门、各直属有关机构：

《职业技能提升行动方案（2019—2021年）》已经董事会同意，现印发给你们，请认真贯彻执行。

××公司<br>2019年××月××日

（二）批转性通知

批转性通知包括批转和转发两种形式。

批转用于上级机关认为其下级机关上报的报告或其他文件，具有普遍意义或按照程序需要上级批转，于是对下级机关的文件加上批语，用通知的形式发给各下级机关，作为下级机关工作的借鉴、参考或要求，如例文2。

例文2

××总公司关于批转××区分公司财务报告制度改革方案的通知

各部门、各直属有关机构：

公司董事会联席会议同意××区分公司的《财务报告制度改革方案》，现转发给你们，请认真贯彻执行。

××总公司<br>××××年××月××日

转发则是上级机关、同级机关或不相隶属机关发来的公文，对本机关的下级机关具有指示、指导或参考作用，于是加上按语，用通知的形式转发给下级机关，如例文3。

例文3

××市教育局转发××市人民政府安全生产委员会办公室
关于进一步做好暑期水上安全工作的紧急通知

市、区所属各级各类学校、幼儿园及相关教育机构：

现将××市人民政府安全生产委员会办公室《关于进一步做好暑期水上安全工作的紧急通知》转发给你们，请结合实际，认真抓好贯彻落实工作。

××市教育局办公室<br>××××年××月××日

## （三）指示性通知

指示性通知是指上级机关就某项工作对下级机关有所指示和安排，而又不宜用"指示""决定"来行文的公文。这种通知的内容通常是上级机关向下级机关布置的工作或下级机关必须周知的事项，如例文4。

例文4

关于进一步做好当前森林防火工作的通知

各市、区林业局（农业局、自然资源局、城乡发展局），局有关单位：

根据《关于开展全市安全生产工作大督查的通知》（市委办〔20××〕第××号）要求，经研究，决定组织开展全市森林防火工作大督查。现将有关事项通知如下：

一、督查时间

3月28日至4月30日。

二、督查内容

1．责任制落实是否到位。是否落实森林防火行政领导负责制和部门分工责任制；是否层层签订森林防火责任状；主要领导是否亲自组织召开森林防火工作会议，亲自安排部署森林防火工作；预防和扑救工作责任是否真正落实到人、落实到山头地块。

2．宣传教育开展是否到位。重点部位、重点林区、主要路口宣传标牌、标语、宣传杆是否到位；是否在林区、景区入口等人员密集区开展森林防火宣传；是否对森林公园、风景名胜区、自然保护区相关人员组织森林防火安全常识培训。

3．防控措施落实是否到位。是否定期或不定期进行火灾隐患排查和整改；是否制定了野外火源管理措施，重点区域和地带是否安排人员和设备监控，是否进行可燃物清理；是否制订森林火灾应急预案，是否清楚启动应急预案的程序。

4．森林消防队伍建设是否到位。是否按要求组建专业森林消防队；专业队队员是否落实全时备勤和集中住宿；扑火物资装备储备是否到位；专业队经费是否列入财政预算并拨付到位；专业队训练、演练、扑火等日志记录是否齐全。

5．森林防火值班是否到位。森林防火值班和带班制度是否健全；是否严格执行森林火灾报告和归口管理制度；是否坚持24小时值班和领导带班（有交接班记录、值班记录、值班安排表）；有无瞒报、迟报森林火情（灾）现象。

6．护林员管理是否到位。护林员是否按标准配备，是否确定管护范围；是否按规定巡山，有无巡逻检查记录；护林点和检查站是否合理设置和落实检查措施。

7．防火基础设施建设是否到位。重点林区已规划的防火通道和以水灭火工程是否建设到位；已规划的森林防火视频监测预警设施是否实现全覆盖；已建成的防火设施是否维护保养到位，监测预警和通信设施运行是否正常。

三、督查方式

根据防火期各阶段的特点，采取定期与不定期相结合、自查与督查相结合、明察与暗访相结合的方式，深入有森林防火任务的市、区重点林区、国家级森林公园、国有林场、风景名胜区等区域，对森林防火工作的落实情况进行监督检查。对"三月三"、清明节、劳动节等关键时段，有针对性地开展督促检查，切实查找当前森林防火工作存在的隐患并指出亟待解决的问题。

自查工作由各市、区林业主管部门和林区相关单位负责，深入一线、掌握实情、排查隐患，如实报告存在的问题。督查将采取听取汇报、查阅资料、实地查看、紧急拉动等相结合的方法。

1．听取被检查单位关于森林防火工作开展情况的汇报。

2．查阅会议记录、责任状签订、火险隐患排查、值班登记、应急预案制订等情况。

3．检查防火基础设施建设、扑火物资装备储备、野外火源管控、护林员配备等情况。

4．采取不打招呼的方式，临时设定目标，对各森林消防队进行紧急拉动抽查。

四、督查人员

督查组长：市园林和绿化管理局（林业局）陈××局长。

督查副组长：市园林和绿化管理局（林业局）华××副局长。

组成人员：林××、郁××、曹××。

五、相关要求

1．加强组织领导。各市、区林业主管部门要成立由主要负责同志为组长的大督查领导小组，明确责任分工，抓好组织落实，切实做到横向到边、纵向到底。

2．严肃追责问责。对大督查过程中检查责任不落实、自查自改不认真、隐患整治不彻底的，将按有关规定严肃追究责任。

3．构建长效机制。要把开展森林防火工作大督查与抓好日常工作有机结合，建立健全自我约束、持续改进的长效机制。

4．各单位自查情况于4月15日前报市园林和绿化管理局林业处。

××市委办公室<br>××××年××月××日

## （四）告知性通知

告知性通知是指上级机关告知下级机关有关事项或一些新情况的公文，如人事、机构的任免、变动等，如例文5。

例文5

××××关于2019年劳动节假期安排的通知

各部门、各直属有关机构：

根据《国务院办公厅关于调整2019年劳动节假期安排的通知》精神，结合我单位实际情况，现将2019年劳动节放假事宜通知如下：

一、2019年5月1日至4日放假调休，共4天。4月28日（星期日）、5月5日（星期日）上班。

二、各部门要抓紧做好劳动节假期调整落实工作，采取有效措施，强化综合调控，确保平稳运行。

三、劳动节期间，要妥善安排好值班和安全、保卫等工作，遇有重大突发事件，要按规定及时报告并妥善处置，确保祥和、平安地度过节日假期。

××××

2019年4月22日

## （五）会议通知

会议通知是指组织召开会议的机关向参加会议的机关单位行文，告知会议内容、时间、地点和会议要求的公文，如例文6。

例文6

**××体育总局关于召开2018年体育宣传工作会议的通知**

各直属单位：

为深入学习贯彻党的十九大精神，做好体育宣传思想文化工作，定于2018年4月在××召开体育宣传工作会议。现将有关事项通知如下：

一、会议时间

2018年4月24日（星期二）至4月25日（星期三），会期2天。

4月23日（星期一）报到，26日（星期四）离会。

二、会议地点

××体育总局办公楼302会议室。

三、会议主题

高举习近平新时代中国特色社会主义思想伟大旗帜，深入学习宣传贯彻党的十九大精神，围绕体育事业改革发展大局，努力开拓体育宣传思想文化工作新局面。

四、会议主要议程

总局领导讲话；新体育网推介；专家授课；分组讨论；会议总结。

五、参会人员

1．总局领导。

2．各直属有关单位负责人，每个单位2人。

3．主要新闻单位体育部门，各1人。

六、食宿安排及费用

参会人员就餐安排在××饭店；原则上不安排住宿。相关费用由会议负担，交通费自理。

七、会议报名

请各单位填写"××体育宣传工作会议报名表"，于4月13日前通过传真（加盖印章）及电子邮件报名。报名表可从总局政府网站公告栏目中下载。

八、会议报到

会议代表请于4月23日（星期一）到××饭店一层大厅报到。地址：××市××区××路。4月24日（星期二）8:30前到××体育总局办公楼302会议室报到并参会。地址：××市××区××路。

联系人：×××  ×××
电　话：××××-××××××××
传　真：××××-××××××××
邮　箱：××××××××
附件：××体育宣传工作会议报名表

××体育总局办公厅<br>
2018 年 4 月 8 日

### 三、通知的结构与写法

通知的类型比较多，各种通知有不同的写法，但其主体的结构一般都包括标题、主送机关、正文、发文机关署名和成文日期几部分。

#### （一）标题

通知完整的标题形式包括三部分：发文机关+事由+文种，如《国务院关于部委管理的国家局设置的通知》《××县人民政府转发国务院办公厅关于深化安全生产专项整治工作的通知》。一般由两个以上机关联合发文的通知，标题不能省略任何一部分。如若机关单位按照党政机关公文规范格式发文，为避免标题太长，可省略发文机关，如《关于做好参加"加博汇杯"广东省大学生电商创业大赛工作的通知》；如若通知发放的范围很小，内容很简单，甚至可以张贴，这样的通知标题可以省略发文机关和事由，只有文种"通知"二字。

#### （二）主送机关

通知的主送机关是下级机关，行文时一般不能省略主送机关。主送机关应该是机关单位的名称，因此不能主送给个人。另外，如"广大市民""各位同学"这样的写法也是错误的。主送机关的写法有以下两种情况：一是当只有一个或者不超过三个主送机关时，可以直接书写或按照惯例排序，如"××部门""××电台、××频道节目中心、××电视台"等；二是当有三个以上主送机关时，通常采用概称，如"各单位、各部门""各区、县人民政府，市政府各委、办、局"等。

#### （三）正文

通知的正文包括原因、事项、要求三部分。各种通知的写法区别就在于正文部分。

1. 发布性、批转性通知的写法

发布性和批转性通知的正文写法大致相同，可以把这两种通知的正文称为"批语"，把被发布、批转的文件（或称源文件）看作通知的主体内容，称为"批转件"。这两者缺一不可，但这两者也不能单独作为一份文件。

因此，批语的写法一般包括以下两项内容。

（1）被发布或批转的文件名称。

（2）结束语"请遵照办理""请认真贯彻执行""请按照执行""自××××年××月××日起施行（执行）"等。但也有结束语在最后提出一些希望和要求，或提出一些带有指示性的意见。

这两种通知的写法如下。

××××关于发布××××的通知

××××：

  《××××》，已经××××××同意，自××××年××月××日起施行。现转发给你们，请认真贯彻执行。

××××
××××年××月××日

  2. 指示性通知的写法

  指示性通知的正文写作思路是先写通知的缘由和目的，说明为什么要发此通知，其目的是什么；然后重点叙述事项部分，把通知的具体内容一一列出，把布置的工作或必须周知的事项阐述清楚。也就是说，此类通知应主要写清楚目的、要求、措施、办法等，务必写得具体明确、切实可行，使下级机关清楚自己应处理或解决的问题是什么、应达到什么要求、需要采取什么措施等。

  这种通知的写法如下。

××××关于××××的通知

××××：

  根据××××××××，为××××××××××××，现通知如下：

  一、×××××××。

  二、×××××××。

  三、×××××××。

  特此通知。

××××
××××年××月××日

  3. 告知性通知的写法

  告知性通知的写法较简单，把通知的事项写清楚即可。关于发布方式，此类通知比较灵活，重要事项可用正式文件印发，一般事项如在单位内部要求各级单位需要知悉的放假、政治学习、简单的工作通知等，可以用现行办公平台或常用联系方式进行通知，或者张贴出来，让大家看到即可。对干部的任免也用告知性通知行文，只要按任免决定写明任免时间、任免机关、任免人员的具体职务便可。其写法与指示性通知相似。

  4. 会议通知的写法

  一般的会议通知只要把参加会议应知事项写清楚即可。范围较广、内容较重要的会议通知，则应按照正式文件印发，其内容包括会议名称、会议时间（报到时间和开会时间）、地点（报到地点和开会地点）、议题、参加人员（数量及职务）、食宿交通安排、需携带的材料或发言的准备、联系方式等。这部分内容将在模块三进行详细讲述，在此不再赘述。

  （四）发文机关署名

  一般要在正文下一行右下部分写上发文机关的全称，或者直接加盖发文机关的印章或签署人姓名。印章或签署人姓名是党政机关公文生效的标识和证明，除了会议纪要和以电报形式发出的文件，其他文件都必须加盖印章，否则视之无效。

### （五）成文日期

成文日期是指党政机关公文生效的法定时间。党政机关公文的成文日期，若是本单位单独制发的公文，以本单位领导人签发的日期为准；会议通过的公文，以会议通过的日期为准；几个机关的联合行文，以最后一个机关的签发日期为准；电报以发出日期为准。而印章一般要盖在成文日期上，因此成文日期必须居右空四字，用阿拉伯数字标注。

## 2.1.4 任务实施

张扬接到写作任务后，查阅了《国务院办公厅关于调整 2019 年劳动节假期安排的通知》后，草拟了如下文稿。

放假通知

公司各单位：

  根据上级有关精神，2019 年"五一"劳动节放假时间安排如下：
1．2019 年 5 月 1 日至 5 月 4 日放假共四天。
2．2019 年 4 月 28 日、5 月 5 日正常上班。
  特此通知。

行政办公室<br>2019 年 4 月 18 日

  张扬将文稿打印出来后，先呈递给王主任过目。王主任审阅后，在文稿上提出了如下修改意见。

  （1）正式下发的通知，标题写作要规范，不能像"口头通知"那样只写文种。

  （2）通知的正文部分，一般要写明所发通知的根据和目的；通知的事项要交代清楚，尤其在写作时需充分考虑公司各部门的实际情况，层次分明地列出具体可行的要求或执行内容，不能含糊其词或有所缺漏，让下级各部门不知所措，难以开展工作。

  （3）发文机关署名一般写发出通知的单位全称，成文日期则要根据实际情况确定文件生效时间。

  张扬根据王主任提出的修改意见，对文稿进行了完善，具体内容如下。

**熙心贸易有限公司关于 2019 年"五一"劳动节放假的通知**

公司各部门：

  根据《国务院办公厅关于调整 2019 年劳动节假期安排的通知》精神，结合我公司实际情况，现将 2019 年劳动节放假事宜通知如下：

  一、2019 年 5 月 1 日（星期三）至 4 日（星期六）放假调休，共 4 天。4 月 28 日（星期日）、5 月 5 日（星期日）正常上班。

  二、假期原则上不安排加班。不能停止工作的部门应将值班安排一式两份报主管领导批准，人力资源处备案。

  三、各单位要根据本部门的实际情况，认真做好假期安全教育工作，并对所管辖的区域进行一次安全检查，做好安全防范工作，杜绝安全事故发生。

四、劳动节期间，要妥善安排好值班和安全、保卫等工作，遇有重大突发事件，要按规定及时报告并妥善处置。

附件：熙心贸易有限公司2019年劳动节期间值班安排表

熙心贸易有限公司<br>2019年4月20日

张扬将修改好的文稿又呈递给王主任，王主任阅览后随即让张扬按文件处理程序交由文印部门印发。张扬长吁一口气，心里想着：看来一份简单的放假通知也要考虑周全，严谨行文。

## 2.1.5 知识拓展

### 一、党政机关公文概述

党政机关公文是传达贯彻党和国家方针政策，公布法规和规章，指导、布置和商洽工作，请示和答复问题，报告、通报和交流情况等的重要工具。

根据中共中央办公厅、国务院办公厅于2012年4月16日联合印发的《党政机关公文处理工作条例》的规定，党政机关公文共有15种，分别是决议、决定、命令（令）、公报、公告、通告、意见、通知、通报、报告、请示、批复、议案、函和纪要。企事业单位、社会团体都可以酌情比照使用这些党政机关公文。本模块正是以此为出发点，选取在日常工作中常用的文种进行整理。

按照GB/T 9704—2012《党政机关公文格式》的规定，党政机关公文一般由份号、密级和保密期限、紧急程度、发文机关标志、发文字号、签发人、标题、主送机关、正文、附件说明、发文机关署名、成文日期、印章、附注、附件、抄送机关、印发机关、印发日期、页码等要素组成。而又按各要素划分为版头、主体、版记三部分：党政机关公文首页红色分隔线以上的部分称为版头；红色分隔线（不含）以下至末页首条分隔线（不含）以上的部分称为主体；末页首条分隔线以下、末条分隔线以上的部分称为版记。

每一篇党政机关公文并不一定都包含以上提及的要素，但必要的要素包括发文机关标志、发文字号、标题、主送机关、正文、发文机关署名、成文日期、印章、印发机关、印发日期及页码。党政机关公文的格式，常用的有"命令式""信函式""纪要式"三种，格式式样可查阅政府网站上发布的GB/T 9704—2012《党政机关公文格式》的具体内容。

### 二、党政机关公文制作软件

党政机关公文的格式要求比较严格，作为行政或文秘人员，其工作的基本功之一就是对党政机关公文的制发与处理。以往，通常按照《党政机关公文处理工作条例》的格式要求，在Word文档中进行编辑，而如今在互联网时代，已有专门研发的公文制作软件，使用非常便捷。这里介绍其中的一款软件——公文宝。

公文宝是肇庆市公文宝软件科技有限公司研发的一款公文制作软件。其界面直观明了，遵循GB/T 9704—2012《党政机关公文格式》的要求，精确定位、格式规范。如需使用，可在网页中搜索"公文宝"软件下载并安装。电脑桌面上的软件图标如图2-1-1所示。

图 2-1-1

其具体操作步骤如下。

第一步，双击桌面上已安装好的图标，打开的界面如图 2-1-2 所示。

图 2-1-2

第二步，单击界面右上角的"系统设置"按钮。如果电脑没有安装有关字体，则会提示下载安装，按照提示操作即可；如果不需要安装则可进入"常规设置"界面，如图 2-1-3 所示。

图 2-1-3

第三步，完成常规设置后单击"确定"按钮，返回图 2-1-2 界面，根据所要编辑的文件进行相应的设置，之后单击"下一步"按钮进入内容编辑界面，如图 2-1-4 所示。

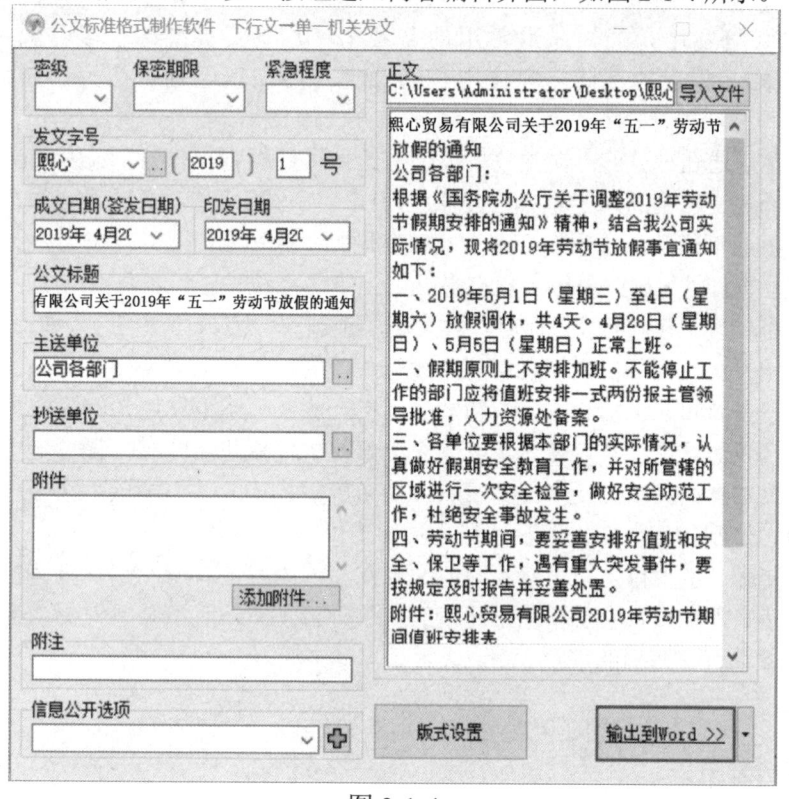

图 2-1-4

第四步，填写完内容便可单击"输出到 Word"按钮，自动导出全部内容，如图 2-1-5 所示。

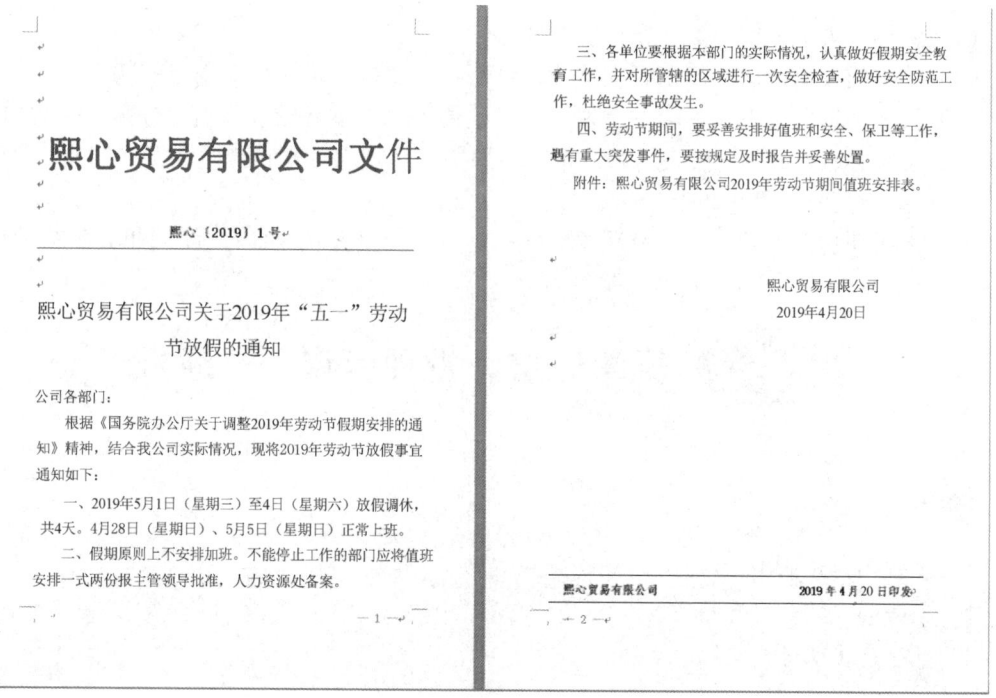

图 2-1-5

## 2.1.6 总结提升

在党政机关公文中，通知是最常用的文种之一，且其类型比较多，应用比较广泛。不同种类的通知写作目的不同，写作内容当然也需要加以区别。在写作通知时应注意以下几点。

（1）避免滥用通知。目前，在党政机关公文的使用过程中，有一个较为突出的现象，即滥用通知，表现为发文机关超越了本单位的职权范围，向不相隶属机关或个人发放通知。例如，某公司向一家事业单位及一位项目评审专家寄发通知，要求收文机关或收文者前往该公司参加项目评审。这里的公司与事业单位各自有自己的上下级系统，它们之间不构成"上下级"关系，该公司的行为不仅属于越权行文，而且对收文机关或收文者有失尊重。这种情况不能用"通知"来行文，而应用"函"来行文，后面会详解"函"文种。

（2）写明下发通知的缘由和事项。通知的正文一般要写明下发通知的缘由和目的，让下级机关知道为什么要做这些工作，使其更能体会上级机关的意思。同时，务必交代清楚通知的事项，让下级机关知悉相关信息及变动情况，或者明确需执行的工作事项是什么，使其知道要做什么、怎么做、做到什么程度，便于其开展具体工作。

（3）条理清晰，主次得当。虽然不同的通知在写作内容上有所区别，但是各类通知的写作思路类似，都要条理清晰、主次得当，让下级机关一目了然，而不会因为文字表述含糊其词而读不懂，最后难以执行通知的事项。

**课外任务**

1．请修改下列标题。
（1）××县关于召开春耕支农会议有关事宜的通知
（2）人事局关于调整工资补充说明的通知
（3）关于招收退休退职职工子女就业，进行合理安排，确保社会稳定的通知
（4）县××局办公室关于转发《××市财政局关于人事聘任改革制度方案》的通知
（5）××县财政局关于转发《××市财政局关于转发支持畜牧养殖业发展的通知》的通知

2．根据下面的情景写通知。
请代你所在的学院转发省教育厅关于组织学生参加"互联网+"创新创业大赛的通知。

## 任务 2 　表彰先进，批评错误——通报

**知识目标**

1．了解通报的适用范围。
2．掌握通报的分类和特点。
3．掌握通报的结构与写法。

**能力目标**

会写作各类通报。

**素质目标**

1. 善于写作不同类型的通报。
2. 培养严谨细致的写作态度。
3. 培养信息化素养。

## 2.2.1 情景导入

情景描述：

在 2019 年"五一"劳动节到来之前，熙心贸易有限公司为表彰先进、树立榜样，开展了"五一劳动模范"评选活动，并将于 2019 年 4 月 30 日举行表彰仪式。

王明：小张，在"五一劳动模范"表彰仪式举行之前，要拟写一份表彰通报，你负责一下。

张扬：主任，评选结果出来了吗？

王明：已经出来了，人力资源部助理李飞上午下班前会把名单及相关资料发给你。表彰仪式将于 4 月 30 日举行。

张扬：好的，主任，我这就去办。

情景导入小视频观赏

## 2.2.2 任务分析

通报作为一种宣传教育、传递信息的工具，很受企事业单位的欢迎。要拟写通报，需了解通报的适用范围、掌握通报的分类和特点、掌握通报的结构与写法，能写作不同类型的通报。

## 2.2.3 知识准备

### 一、通报的适用范围

通报是各级党政机关、企事业单位、社会团体用以表彰先进、批评错误、传达重要精神或通报有关情况的一种党政机关公文。通报的应用也比较广泛，可以用于表扬好人好事、新风尚；也可以用于批评错误、总结教训，告诫人们警惕类似问题的发生；还可以用来互通情况、传达重要精神、沟通交流信息、指导推动工作。

### 二、通报的分类

根据内容不同，通报可以分为表彰性通报、批评性通报和情况通报三种。

## （一）表彰性通报

表彰性通报主要用来表彰先进，介绍单位或个人成功的经验或事迹、做法，以树立典型、鼓励先进、弘扬正气、号召学习，从而达到教育相关人员的目的，如例文1。

例文1

××省人民政府关于授予郑××同志"舍己救人英雄"荣誉称号的通报

各地级以上市人民政府，各县（市、区）人民政府，省政府各部门、各直属机构：

郑××，男，××省××市潮阳区人，系武警××支队四大队副教导员。20××年3月1日14时左右，陈××、徐××夫妇和朋友吴××来到珠江西堤码头游玩拍照，陈××在后退取景中不慎被铁链绊腿掉入珠江，此时妻子大声呼救，吴××随即脱衣准备下水救人。就在此时，途经此处的武警警官郑××疾速跑到事发地，发现一名男青年在水中挣扎，他一边止住吴××救人，一边迅速脱掉鞋子和上衣，一头扎进江中，奋力托起陈××往岸边游。由于陈××不会游泳，拼命在水里挣扎，郑××艰难地将他朝岸上托。这时，吴××丢下一个救生圈，郑××拿到救生圈后，让落水者趴在救生圈上，他自己却被江水冲走。此时，岸上的民众找来一根绳丢给落水者，随后合力将陈××救上岸，而郑××却因体力不支被流水冲走了。

郑××在危急时刻奋不顾身，挺身而出，用年轻的生命换取了他人生命安全。他的英雄事迹生动地诠释了"雷锋精神"的时代内涵，展示了新时代青年无私奉献的价值追求。郑××的英雄壮举充分体现了舍己为人、见义勇为的崇高精神，体现了××武警官兵和人民群众的鱼水情深，展现了××市精神文明建设的时代新风貌，是广大人民群众学习的楷模。为弘扬郑××无私无畏、不怕牺牲的英勇气概和舍己救人的崇高精神，经省政府党委会议研究决定授予郑××同志"舍己救人英雄"荣誉称号。

希望各地市级单位及广大市民以郑××等英雄为榜样，以助人为乐为荣，常怀利人之心，常做助人之事，从身边的事做起，从自己做起，支持见义勇为，参与见义勇为，努力使助人为乐、见义勇为、急难相助的优良传统在全社会蔚然成风。

××省人民政府<br>20××年3月28日

## （二）批评性通报

批评性通报主要用来批评错误或以重大事故警示有关人员，揭露错误事实和不良倾向，分析问题发生的原因，指出造成的严重后果，提出解决办法或处理意见，从而引起有关方面的重视，如例文2。

例文2

××化学学院关于给予廖××警告处分的通报

各系（部）、处（室）、委、办，直属分校：

廖××，男，1995年5月出生，现为我院后勤玻璃室工人。由于廖××在现任岗位上承担的工作量较少，最近学院决定自5月16日起临时安排他到丰盛堂自行车棚值班一段时间，主管负责人于5月15日下午找他谈话，他口头表示同意服从安排。但5月16日廖××未按要求在临时岗位工作，学院主管负责人发现该情况后又于5月17日上午再次通知他如无正当理由必须服从组织的工作安排，廖××当时也再一次答应。可在行动上廖××依然没有执行：5月17日下午下班时，他没有打考勤卡；直至5月20日，他多次没有打上下班考勤卡。虽然玻璃室有时敞着门并开着收音机，但经常见不着人，或者发现他在玻璃室干些与工作无关的个人事情。更为严重的是，廖××目无组织纪律，多次擅自涂改考勤卡：3月14日上午将11:42涂改为7:40，5月16日上午将10:15涂改为7:15，5月18日下午将14:13打到上午计时位置。

廖××长期工作散漫，责任心不强，并且经常脱岗，给学院造成极不良影响。根据化院〔20××〕18号文件《化学学院院办、后勤、图书分馆工作人员考勤实施细则》的精神，学院决定给予廖××通报批评，并扣除其5月份的奖金和业绩津贴。

望全院所有工作人员引以为戒，忠于职守，服从安排，严守纪律，尽心尽力共同将学院各项工作做好。

××化学学院<br>20××年5月25日

## （三）情况通报

情况通报主要用于传达上级重要精神或重要情况，以沟通信息、互通情况，进而推动本单位或全局工作，如例文3。

例文3

××大学关于考风考纪巡查情况的通报

各学院：

20××年6月8号至10号，教务处组织考风考纪巡视与评估组对全校231个考场考试情况和各学院考试组织管理情况进行了巡视。现将有关情况通报如下：

一、总体情况

各学院高度重视考风考纪工作，考试组织有序、领导巡视到位、教师监考认真负责、学生诚信守纪，从整体上看各考场秩序井然。在考试管理和考场环境布置上，有的学院在考场张贴"温馨提示"或"考生须知"，悬挂"端正考风、严肃考纪"等宣传标语，提醒和教育学生遵章守纪；有的学院考场证件管理到位，摆放整齐；有的学院召开多次会议，明确考试管理和监考要求；有的学院开展"期末考风考纪先进班级"评选活动，引导学生自觉维护考试纪律；有的学院精心制作了可循环使用的考场座位牌，学生进场前先抽号，之后对号入座，规范座位排序。

二、存在的问题

巡视中也发现了一些问题需要加以改进。大学英语考试中，部分考试放音时间未进行明确提示，一些××级新生对耳机使用不熟练，听力成绩受到一定影响；一些学生没有携带考试证件，回去取证耽误部分考试时间；部分师生对考试重视不够，存在迟到现象；少数教师责任心不强，监考过程中存在玩手机、离开考场等现象；部分考场监考教师分工不明确，收卷时秩序较为混乱。

三、相关要求

希望各学院进一步加大巡视力度，强化考试组织和管理；加强对监考人员的培训和组织，提高监考人员的责任心和业务能力；继续做好学生考试纪律宣传教育工作，引导学生自觉诚信考试。学校将继续通报考风考纪情况，不断促进我校考风考纪再上新台阶。

××大学<br>20××年6月××日

## 三、通报的特点

### （一）典型性

通报的事实应该具有一定的普遍性、代表性、针对性，有典型教育意义。并非任何人和事都可以作为通报的对象来写，通报的人和事必须具备一定的典型性，能够反映、揭示事物的本质规律，具有广泛的代表性和鲜明的个性。这样的通报发出后，才能使人受到启迪、得到教益。

### （二）真实性

通报的任何情况、事例和数据都必须是完全真实的，不能有任何差错。无论是表彰性通报、批评性通报，还是情况通报，其目的都在于通过典型的人和事引导人们辨别是非、总结经验、吸取教训、弘扬正气、树立新风。

### （三）教育性

通报的教育性体现在其重在树立榜样或提供借鉴，使收文机关及个人能够总结经验、吸取教训，思想上受到启迪、得到教益，从而推动工作。

### （四）时效性

通报针对当前工作中出现的情况和问题而发，它的典型性、教育性都是就特定的社会背景而言的。随着客观情况的变化，一件在当时看来具有典型意义的事实，时过境迁，未必仍具有典型性。因此，通报作用的发挥与抓住时机适时通报是分不开的，通报必须迅速、及时发出才能促进工作，否则就没有通报的意义和价值了。

## 四、通报的结构与写法

### （一）通报的结构

通报的主体结构一般包括标题、主送机关、正文、发文机关署名和成文日期几部分。

#### 1. 标题

标题的形式主要有两种：一种是完整式，由发文机关名称、事由和文种组成，如《国务院办公厅关于对少数地方和单位违反国家规定集资问题的通报》；另一种是省略式，即省略发文机关名称，直接由事由和文种构成，如《关于表彰2018年度政绩突出单位的通报》。此外，有少数通报的标题是在文种前冠以发文机关名称，如《中共××市纪律检查委员会通报》。也有的通报标题只有文种名称。

#### 2. 主送机关

除普发性通报外，其他通报应该标明主送机关。

#### 3. 正文

通报正文通常由开头、主体和结尾几部分组成。开头说明通报缘由，主体说明通报决定，结尾提出通报的希望和要求。不同类别的通报，其正文写法有所不同。

#### 4. 发文机关署名

一般在正文下一行右下部分写上发文机关的全称。若已在通报标题中标明发文机关名称，这里就不必再写。

#### 5. 成文日期

通报成文日期的写法与通知相同，这里不再赘述。

## （二）通报的写法

### 1. 表彰性通报

表彰性通报正文主要包括三方面内容。一是先进事迹。这部分主要概括介绍表彰单位或个人的先进事迹或经验，特别注意应认真核实事迹或经验的可靠性，在叙述时尽可能简明扼要，把人物、时间、地点、事情的主要经过和结果交代清楚，不必叙述详细过程。在介绍完事迹和经验后，通常还要进行简要的评价并指出其重大意义。二是表彰决定。这部分主要写表彰的目的和表彰的具体项目与内容，常用的表达用语是"为表彰先进，经……决定，对……给予表彰，奖励……"。三是希望号召。这部分主要写希望被表彰的单位和个人发扬成绩，戒骄戒躁、再接再厉，号召人们向先进单位和个人学习。

表彰性通报的写法如下。

××关于授予××称号/对×××表彰的通报

××、××：

　　一、先进事迹
　　二、表彰决定
　　三、希望号召

××<br>××××年××月××日

### 2. 批评性通报

批评性通报的写法与表彰性通报大致相同，正文主要包括四方面内容。一是错误事实。批评性通报要求实事求是地反映事实真相，不能夸大或歪曲事实。这部分作为批评的依据，在叙述时应尽量详细具体，特别是一些重要情节，更要交代清楚。二是危害后果。在叙述完事实之后，一般应对错误进行分析，指出错误的原因，点明危害后果。这部分应写得准确、中肯。三是处分决定。在摆明事实、分析原因的基础上，恰如其分地提出处分决定。但需注意的是，处分要有依据、慎重严肃，务必做到有理有据、令人信服。四是告诫要求。通过做出处理决定，要求当事者正确对待错误，希望有关单位或人员吸取教训，引以为戒。

批评性通报的写法如下。

××关于给予××处分的通报

××、××：

　　一、错误事实
　　二、危害后果
　　三、处分决定
　　四、告诫要求

××<br>××××年××月××日

### 3. 情况通报

情况通报主要起着沟通情况的作用，旨在使下级机关了解某阶段的工作情况或某重大事件、活动的情况，以便统一认识、统一步调，推动全局工作的开展。正文主要包括两方面内容：一是通报有关情况，即把重要精神或情况简明扼要地叙述清楚，并指出其性质是什么，以引起高度重视；二是申明领导机关的态度和意见，起到通报、指导工作的作用。情况通报一般是在通报事关大局、带有倾向性的重要问题时才用的，因此不要把此类通报写成批评性通报，而应在通报情况、申明领导机关态度上多着笔墨。

情况通报的写法如下。

××关于××的通报

××、××：

　　一、通报有关情况

　　二、申明领导机关的态度和意见

××<br>××××年××月××日

除此之外，内容复杂的通报也可按问题分成若干部分。

## 2.2.4 任务实施

张扬重新梳理了通报文种的写作要点，在收到人力资源部助理李飞发来的资料后，马上拟写了一份文稿，具体内容如下。

熙心贸易有限公司关于授予林可2019年度"五一劳动模范"荣誉称号的通报

各部门：

　　今年是我公司的创新发展年，在公司全体员工的共同努力下，较好地完成了各项任务。广大员工在各自的工作岗位上兢兢业业、无私奉献，涌现出了一批爱岗敬业、无私奉献、奋力拼搏、开拓创新的先进模范人物。

　　为表彰先进，激励公司广大干部员工奋发向上、建功立业，进一步推动公司全面、科学、快速、健康发展。根据公司规定，经各部门推荐，公司董事会研究决定，授予林可2019年度"五一劳动模范"荣誉称号。

　　希望受表彰的先进个人珍惜荣誉、再接再厉、与时俱进，继续在公司生产经营中发挥模范作用，为公司做出更大贡献。同时，希望全体员工以受到表彰的同志为榜样，坚持爱岗敬业、奋勇拼搏、争当先进，为推动公司的全面发展而努力奋斗。

熙心贸易有限公司<br>2019年4月25日

　　写完后，张扬自我感觉良好，认为这一次自己写得不错，就直接将文稿发给了王主任。王主任在阅读后，随即将文稿打回来，要求张扬重新修改。张扬再次认真地审阅了文稿，这才发现文稿中没有叙述清楚受表彰人员的先进事迹，因而不能为公司上下信服。张扬羞愧不已，利用加班时间查找并整理事迹材料，进一步完善通报文稿，直至晚上十点方才完稿。完整文稿如下。

熙心贸易有限公司关于授予林可2019年度"五一劳动模范"荣誉称号的通报

各部门：

　　今年是我公司的创新发展年，在公司全体员工的共同努力下，较好地完成了各项任务。广大员工在各自的工作岗位上兢兢业业、无私奉献，涌现出了一批爱岗敬业、无私奉献、奋力拼搏、开拓创新的先进模范人物。

林可，销售部 A 组组长，2015 年进入销售部工作，2017 年至今任 A 组组长。任职以来，林可带领团队奋力拼搏，销售业绩突出。尤其在 2018 年公司开展的"6·18"及"双 11"销售活动中，林可带领小组成员采用"1+1"组合销售的方式创新销售渠道，取得了非常显著的成绩，为公司增加销售利润达 50 万元。同时，在过去一年的销售业绩排行榜中，A 组成员一直排在前三名。林可作为组长，经常组织小组成员研讨策划、协调沟通，落实各项工作，并以"优质服务"赢得客户信赖，在公司年度客户满意度统计中被授予"金牌销售"荣誉称号。

　　为表彰先进，激励公司广大干部员工奋发向上、建功立业，进一步推动公司全面、科学、快速、健康发展。根据公司规定，经各部门推荐，公司董事会研究决定，授予林可 2019 年度"五一劳动模范"荣誉称号。

　　希望受表彰的先进个人珍惜荣誉、再接再厉、与时俱进，继续在公司生产经营中发挥模范作用，为公司做出更大贡献。同时，希望全体员工以受到表彰的同志为榜样，坚持爱岗敬业、奋勇拼搏、争当先进，为推动公司的全面发展而努力奋斗。

熙心贸易有限公司<br>2019 年 4 月 25 日

## 2.2.5　知识拓展

　　机关单位在行文时，选择适当的文种是很重要的，其选择的依据一般需要综合以下三点来判断。一是公文的内容、目的。如果公文的内容是发布、传达要求下级机关执行和有关单位周知或执行的事项，就用通知行文；如果公文的内容是传达有关重要的精神或情况，就用情况通报行文。而做出这一判断的前提是厘清每种党政机关公文的适用范围。二是发文机关的权限。有些文种对使用者的权限有明确规定，如不具备法定的权限，则不能使用这些文种，如命令、议案等，除国务院、国务院各部委及县级以上人民政府使用外，其他单位一般不宜采用。三是发文机关与收文机关之间的关系。一般来说，上级机关只有向其直接下级机关发文时才能使用规定性、指导性、公布性的下行文种，如通知、通报等。

　　若要正确使用通报这一文种，首先应厘清其适用范围和性质，尤其厘清与其他文种的区别，如通知与通报的区别梳理如下。

　　（1）两者告知的内容不同。通知一般告知的主要是工作的情况，以及共同遵守或执行的事项；通报则是告知正反面典型，以及有关重要的精神或情况。

　　（2）两者的目的要求不同。通知更多要求收文机关了解要办理什么事、该怎样办理，要求收文机关遵照执行；通报的目的在于传达、告知，一般无须收文机关办理或执行，其主要为了交流、了解情况，起教育宣传的作用。

　　（3）两者的表达方式不同。通知主要运用叙述的方式，告知人们做什么、怎样做，叙述的内容较具体；通报则兼用叙述、分析和议论的方式，有较强的感情色彩。

　　（4）两者的内容和范围不同。通知的内容事实一般尚未发生；而通报则以事实为前提。通报的范围大于通知。

## 2.2.6　总结提升

　　通报是各级党政机关、企事业单位、社会团体均可以使用的知照性公文。虽然其使用范围比较广泛,但是这种公文只限于本单位或本系统使用。使用通报最主要的目的是让人们在知晓内容的同时,从中接受表彰先进事迹精神的教育,或警戒错误的行为,以引起注意并吸取教训,通过正面典型的带动、真切的希望和感人的号召力,使本单位或本系统的所有成员树立正确的认识,知道应该这样做、不应该那样做。

在写作通报时应注意以下几点。

(1)通报的写作要注意时效性。通报具有较强的时效性,因为通报的内容都是当前新发生的事件和情况,与推动当前中心工作密切相关,因此必须不误时机及时写作,否则就失去了通报的价值。

(2)通报的内容必须真实、典型。通报的事实、所引的材料,都必须真实无误,因此动笔前要先进行调查研究,认真核对有关情况和事例,并客观、准确地分析、评论。同时,要选择新颖、典型且具有代表性的人与事,选择与中心任务有关的重大情况和事项来写,方能引起人们的关注、警惕和重视,从而对各部门的工作有所启示和帮助。

(3)通报的决定事项要恰如其分。无论哪种通报,都要做到态度鲜明、分析中肯、评价实事求是、结论公正准确、用语把握分寸,否则通报不但会缺乏说服力,还有可能产生副作用。

(4)通报的语言要简洁、庄重。其中,表彰性和批评性通报还应注意用语分寸,力求文实相符,不讲空话、套话,不讲过头的话。

### 课外任务

1. 病例会诊。

表彰通报

市××化工厂,采取有力措施,切实贯彻《建设工程安全生产管理条例》,建立安全生产岗位责任制,实现全年生产无事故,成为市第一家安全生产年企业,为此,政府决定对××化工厂通报表彰。

××市政府<br>20××年1月20日

2. 20××年4月15日15时37分左右,位于××市××区的××有限公司在对冻干粉针剂生产车间地下室的冷媒水(乙二醇溶液)系统管道改造过程中发生重大事故,造成10人死亡、12人轻伤。经初步调查分析,××有限公司"4·15"重大着火中毒事故发生的直接原因是承包商××建设集团有限公司施工人员在受限空间内动火切割冷媒水系统管道过程中,引燃附近堆放的冷媒缓蚀剂(为易燃固体,属危险化学品,存储要求远离火源),燃烧时产生氮氧化物等有毒烟雾,导致现场人员中毒。请代××市应急管理部门拟写该事故的情况通报。

## 任务3 汇报工作,反映情况——报告

### 知识目标

1. 了解报告的适应范围。

2. 理解并掌握报告的特点及类型。
3. 掌握报告的结构与写法。

### 能力目标

1. 能撰写规范的报告。
2. 能在具体公务中正确选用报告文种。

### 素质目标

1. 能较熟练地利用材料进行写作。
2. 培养严谨细致的写作态度。

## 2.3.1 情景导入

情景描述：
　　熙心贸易有限公司为了应战 2019 年"6·18"促销狂欢节活动，要求各部门做好充分的准备工作。其中，电商中心是主要负责部门，钟奇是电商中心的经理。按照公司规定，凡属大型活动，电商中心必须定期向董事会上报阶段工作报告。

情景导入小视频观赏

　　李玲是电商中心的行政助理，部门内的所有文书皆由她负责处理。这一天，张扬催促电商中心上交阶段工作报告。
　　张扬：李助理，请于 5 月 10 日之前上交关于 2019 年"6·18"促销狂欢节活动的筹备工作报告。
　　李玲：好的，张秘书，工作报告我已经在撰写了，可是钟奇经理出差了，要 5 月 10 日才回到公司，可能要延迟一天上交了。
　　张扬：请最迟于 5 月 11 日上午 11:30 前上交，5 月 11 日下午 3 点要召开董事会进行审议。
　　李玲：好的，保证完成任务。

## 2.3.2 任务分析

　　报告是各级党政机关、企事业单位、社会团体均可使用的报请性公文。报请性公文是指向上级机关报告、请示相关事项的公文，在 15 种党政机关公文中，只有报告与请示属于报请性公文。在实际党政机关、企事业单位、社会团体工作中，报告与请示已成为维系上下级机关日常工作的常用公文形式。
　　电商中心行政助理李玲要完成报告，首先要了解报告的适用范围，然后理解报告的特点及类型，在掌握报告的结构与写法的基础上，快速、准确地拟写报告。

## 2.3.3 知识准备

### 一、报告的适用范围

报告是下级机关在向上级机关汇报工作、反映情况、回复上级机关的询问时使用的一种党政机关公文。

报告的使用范围很广。按照上级机关的部署或工作计划，下级机关每完成一项任务，一般都要向上级机关提交报告，其内容反映工作中的基本情况、工作中取得的经验教训、工作中存在的问题及今后的工作设想等，以取得上级机关的指导。

### 二、报告的特点

#### （一）内容的汇报性

报告是下级机关向上级机关或业务主管部门汇报工作，让上级机关或业务主管部门掌握其基本情况并及时对自己的工作进行指导的一种文书，因而其具有汇报性。下级机关向上级机关或业务主管部门做出汇报一般是在事情做完或发生后，因而报告是事后或事中行文。

#### （二）语言的陈述性

下级机关通过报告向上级机关汇报有关工作，需要陈述清楚做了什么工作，或工作是怎样做的，有什么情况、经验、体会，存在什么问题，今后有什么打算等，所以报告一般运用叙述或说明的表达方式。

#### （三）行文的单向性

报告是下级机关向上级机关行文，是为上级机关的宏观领导提供依据，一般不需要上级机关的批复，属于单向行文。但值得注意的是，报告虽然不需要批复，却是下级机关取得上级机关的支持和指导的桥梁，同时上级机关通过报告可以获得相关信息、了解具体情况，以此作为决策指导和协调工作的依据。

### 三、报告的类型

根据《党政机关公文处理工作条例》对报告的适用规定，可将之分为工作报告、情况报告和答复性报告三种。

#### （一）工作报告

工作报告是指汇报本机关工作的报告，包括汇报例行工作（从时间上有日报、周报、旬报、月报、季度报告、半年报告及年度报告等）、成绩经验、问题教训、专项工作，以及汇报上级机关要求执行的工作的进度等事项，如例文 1。

例文 1

××区人民政府关于发展特色文化村的报告

××县人民政府：

根据县政府《关于进一步发展特色文化村的决定》精神，我区积极探索山区新农村建设的途径。根据考察所属各村的实际情况，确定以×××、×××、×××这 3 个村为我区重点发展的特色文化村，并将之打造成民俗文化旅游项目的典范。现将我区发展特色文化村的计划报告如下：

一、具体发展思路和进度

（一）培育特色文化村

我区力求在三年内将现在的"一村一艺"发展为"一家一艺"。从历史角度来看，这3个村均具有村艺文化传统：×××善于钩织丝品，×××善于剪纸，×××善于制作竹笛。因此，我区拟合理引导与培训，规范管理，把这3个村建设成独具特色的民俗文化村。

（二）整体规划文化村

从村容村貌情况来看，我区还应对这3个村进行整体规划。在培育发展特色文化村的同时，我们将实行"治脏、治污、治乱"和"净化、绿化、硬化、亮化、美化"的"三治五化"村容村貌综合整治，提出具体村庄环境标准与家庭卫生标准，从而进一步提升文化村的整体环境水平，为打造区民俗旅游项目奠定坚实基础。除此之外，至20××年年底逐渐完成村落标志改造，对这3个村现有的沿线广告牌、指示牌和其他标识进行规范整理，以适应游客的文明需求，使之出行方便。

（三）深入开发采摘园

这3个村盛产水果，每年果农都因不能及时将水果运出山村而蒙受经济损失，因此建设采摘园是有利于果农与游客的双赢措施。我区计划在5年内，在采摘园区进行合理设计，划出专属区域来建设停车场、公厕等公共设施，修建步道、草亭、指示牌等方便游客采摘、休息的设施，并增加果树种类，扩大采摘面积。

（四）重点挖掘艺术特色

我区已安排专项人员深入调查，努力挖掘这3个村的乡村传统文化，整理民间留下来的各类表演活动，丰富民俗旅游内容。

二、预期目标

通过实施此项建设工程，推进我区民俗旅游业的发展，帮助这3个村先富起来，完成特色民俗接待、餐饮、观光采摘和农副产品销售等各项目标，力争做到人均年增收3000元，特色文化村每户年收入达到5万元，3个村年接待游客80万人次，实现综合收入5000万元，从而带动我区经济发展和农民增收。

特此报告。

××区人民政府

20××年××月××日

### （二）情况报告

情况报告一般是反映本机关、本地区情况的报告，包括反映本机关、本地区发生的重大事件，带有倾向性的新问题、新现象、新动向等，多在发生新情况、较大事故或突发事件时采用这种报告，如例文2。

**例文2**

××银行××市××区分行关于发现变相货币的报告

市人行：

最近，我区××局用计划外收入资金，发给职工每人600元购物券。据了解，这是该局与××百货商场商妥，用支票付给××百货商场60000元，职工凭该局发放的购物券到××百货商场选购商品。据了解，该购物券共印100张，上有编号和该局财务专用章，但未标明具体金额，购物有效时间为12月15日至12月25日。因购物券已在规定时间内购齐商品而被销毁，故我们未见到实样。

为此，我们先后向区××局和××百货商场指出，上述购物券虽未标明具体金额，但仍属于变相货币，是违反国家现金管理规定的。这两个单位表示承认错误，并保证今后不再发生此类问题。

根据总行关于禁止发行变相货币的规定，特此报告。

××银行××市××区分行<br>××××年 12 月 28 日

## （三）答复性报告

答复性报告是指回复上级机关询问事项的报告，这种报告是被动行文，行文时应针对上级机关来文所询问的内容或交办的事项进行答复，如例文 3。

例文 3

××股份有限公司关于计算机系统管理工作的报告

市商务局：

20××年 1 月 10 日，局巡视组对我公司计算机系统管理工作进行考察，根据巡视组要求，现将我公司计算机系统管理工作情况报告如下：

作为市政府命名的龙头企业，我公司按照《××市商务局关于做好企业计算机系统管理工作的意见》（××〔20××〕90 号）要求，率先启动计算机系统管理工作，已于 20××年 1 月全面完成了更换新一代计算机系统的工作。

我公司将大量纸上数据和旧有计算机系统数据输入新计算机系统中，实现了管理工作上的一次飞跃。公司从过去的 10 个商品部，发展到现在的 14 个商品部、9 万多种商品，每天营业额达数千万元、交易几十万笔，同时开通了网络购物服务。

计算机管理为我公司的连锁配货管理提供了极大的方便，公司可以通过计算机系统对库存进行实时监测，各分店现存货物状况、进货明细等，都在计算机上得到了明确显示。

在商业电子化的今天，公司的不断调整对计算机系统管理工作提出了更高的要求。我公司已经专门配备了计算机系统管理团队，以针对公司调整规律，不断开发适应公司需求的相对稳定的软件，不断检验计算机系统的可靠性，对计算机处理的结果进行细致检查。

我公司作为市商业老名牌企业，在计算机管理上起步较早，但遇到的问题也较多，我们体会到做好计算机系统管理工作是长期的任务。我们会把计算机管理系统作为重要组成部分进行规划改造，利用计算机进行优化管理，按照市场化、商业化原则推动公司持续健康发展。

专此报告。

××股份有限公司<br>20××年 1 月 16 日

## 四、报告的结构与写法

报告的结构一般包括标题、主送机关、正文、发文机关署名及成文日期几部分。

### （一）标题

标题的形式有以下两种。

（1）完整式：发文机关+事由+文种，如《××银行××市××区分行关于发现变相货币的报告》。一般而言，下级机关向上级机关行文，应当采用完整式标题以示尊重。

（2）省略式：事由+文种，如《关于××省 2018 年预算执行情况与 2019 年预算草案的报告》。在实际的文书处理过程中，因为文书本身有版头部分，在版头中已有发文机关标识的，可在标题中省略发文机关。

（二）主送机关

报告的主送机关应是具有隶属关系的上级机关或业务主管部门，原则上只有一个主送机关，但可根据需要同时抄送相关上级机关和同级机关，但不抄送下级机关。如有双重领导的机关在行文时必须确定一个上级机关为收文机关，而另一个上级机关必要时可抄送。

（三）正文

报告的正文通常包括发文缘由、报告的事项和结尾三部分。

报告正文的第一段一般写发文缘由，主要写明发文的依据、背景、意义或事项提要，在段落结尾处会采用"现……报告如下"此类承启语衔接下文。

报告正文的主体部分要写清楚报告的事项，不同类型的报告则有不同的写法。工作报告的事项主要包括各方面或某方面工作所取得的成绩、经验与问题；情况报告则需将突发情况或某事项的原委、经过、结果、性质等表述清楚；答复性报告的目的是答复上级机关所询问的问题，一般针对所提问题回答清楚即可。

报告的结尾常有四种形式。一是提出今后工作的意见，主要为了配合领导工作或便于领导决策，在陈述完报告的事项后，或说明今后的打算，或提出工作意见与建议，写作时应简洁明了，避免繁杂。二是总结经验或问题，即对工作经验、突发事件、问题产生的原因的总结等。三是常用专属结束语，如"特此报告""专此报告""请审阅"等。四是其他说明，即需要对报告的事项进行补充说明，或与主送的上级机关沟通的其他说明等。

（四）发文机关署名

在报告正文下一行右下部分写上发文机关名称。

（五）成文日期

在发文机关署名下一行写上成文日期，一般居右空四字，用阿拉伯数字标注。

综上，报告的写法如下。

××××关于××××××××的报告

××××（上级机关或业务主管部门）：

根据××××××××××××××××，为××××××××××××××××，现将×××××××××××××××××情况报告如下：

一、×××××××××××××××。

二、×××××××××××××××。

三、×××××××××××××××。

特此报告。

××××<br/>××××年××月××日

## 2.3.4 任务实施

李玲继续撰写要提交的"6·18"活动阶段工作报告,她利用"五一"放假时间最终完成了初稿。

电商中心关于2019年"6·18"促销狂欢节活动筹备工作的报告

董事会:

为了按期完成今年上半年我公司的销售目标,同时也为了更好地做好2019年"6·18"促销狂欢节活动的筹备工作,结合我中心目前工作的进度,现将有关情况报告如下:

一、精心打造活动策划方案

自去年年底至今,国内外经济状况不容乐观,势必冲击国内各电商平台的网络销售,面对当前的不利形势,我中心全体成员上下齐心,从2月至4月开展了广泛的"线上+线下"的市场调查工作,收集并整理了有关"6·18"活动的各项策略,并在此基础上,由运营策划组精心打造了"6·18"促销狂欢节活动策划方案。该方案已于4月28日在部门筹备审议会议上通过,现提交董事会审议确定并落实下一步的部署和各项工作计划。

二、部门筹备工作依序进行

根据公司有关规定及"6·18"促销狂欢节活动的相关要求,我中心积极做好各项工作的筹备工作,主要包括以下几项内容。

1．沟通相关部门做好"6·18"促销狂欢节活动的前期准备工作,为各部门提供相关调查数据和所需资料。

2．拟定活动期间部门成员分组及所需调岗或兼职人员的培训与管理安排。

3．技术组加紧调试网络销售平台及衔接系统的运行状况,及时解决遇到的问题,确保活动期间能稳定运行。

4．协助做好其他有关活动的准备工作。

以上报告当否,请指示。

电商中心<br>2019年5月4日

李玲待钟经理出差回到公司后,立即将文稿呈上审阅。钟经理阅读后,提出有两处细节仍需修改。

第一处是结尾。结尾处"以上报告当否,请指示"不妥,因为报告是无须上级机关回复处理的文种,所以不应写这句话。

第二处是成文日期。成文日期不是完成文稿的日期,而是公文生效的日期。一份公文从起草到发出整个撰写过程有好几个日期,即拟稿日期、审核日期、签发日期、批准日期、会议通过日期、印发日期及生效日期。

那该如何确定成文日期呢?一般应遵循以下原则:常规文件,署发文机关负责人签发的日期;需会议通过的文件,署会议讨论通过的日期;联合行文时,署最后签发机关负责人签发的日期;如需上级机关或立法机关批准的文件,署经上级机关或立法机关批准的日期。因此,李玲应将这份工作报告的成文日期修改为"2019年5月11日"。

## 2.3.5 知识拓展

在实际运用中,报告与一些其他"报告"很容易混淆。其他报告主要有调查报告、行业报告、经济分析报告等。如何区分党政机关公文中的报告和上述常见的其他报告？鉴别的原则只有一个，即看它是否符合党政机关公文中关于报告的定义。

然而，随着市场经济的发展，诸如调查报告、行业报告、经济分析报告等其他报告的用途更加广泛，涉及社会和商业领域，如用于新产品开发、投融资、公司发展规划、年度发展等方面，并逐渐成为一种新兴产业。为此，各企事业单位一般采用成立自己的笔杆子队伍和寻求外部援助两种方案来撰写报告。

社会和商业领域运用比较多的报告类型有以下几种。

企业发展报告：主要是侧重企业发展方面的报告，如战略、管理、营销、生产、财务等。

政府发展报告：政府主要工作报告，如规划、区域发展等。

行业发展报告：由中国非国有经济研究会及企业研究发布的报告，如《中国实体经济发展报告》等。

工作总结报告：员工日常工作总结方面的报告，如出差、检查等。

上述报告可以说已经商业化了，国内有专门的公司或研究团队撰写此类报告，如深圳市中投顾问股份有限公司（http://www.ocn.com.cn/reports/reportdz.html?renqun_youhua=448401）就有关于此类专项服务的内容，大家可进入其官网了解与学习。

## 2.3.6 总结提升

报告是党政机关单位常用的一种报请性公文，属于上行文，在写作时需要注意以下几点。

（1）内容要属实。报告的内容必须是真实、实事求是的，不能编造虚假情况欺骗上级，因此负责起草报告的人员在撰写前要深入调查研究，掌握第一手材料，经过分析整理、归纳总结，方能写好报告。

（2）主旨要明确。报告的写作要求主次分明、针对性强，所以在写作时必须围绕主旨来组织材料。而材料的选取也很关键，应当选择概括性强且具有典型性的具体事例材料，在材料的处理上需注意详略得当，材料与主旨应统一。

（3）条理要清楚。切忌行文时记流水账，给人杂乱无章之感。如果报告的内容较复杂，可横向按并列观点陈述，也可纵向按时间先后阐述，并编排序号和小标题，使之更加层次分明。

（4）报告不能夹带请示事项。《党政机关公文处理工作条例》中明确规定"不得在报告等非请示性公文中夹带请示事项"，对于报告，上级机关是不用批复的，如果在报告中夹带请示事项，则不便处理，甚至会贻误工作。

**课外任务**

1. 请根据实际工作需要拟写一篇阶段工作报告。
2. ××学院在20××年12月6日成功举办30周年校庆活动，此次活动的筹备工作历时长达一年，筹备组抽调相关部门30人成立工作小组，举办了一系列的校庆相关活动，并成立校友基金会。请代筹备组拟写一篇情况报告。

## 任务 4　向上行文，请求批示——请示

**知识目标**

1. 掌握请示的适用范围。
2. 把握请示的特点和类型。
3. 掌握请示的结构与写法。

**能力目标**

1. 掌握请示的写作技巧。
2. 会写不同类型的请示。

**素质目标**

1. 善于运用请示文种。
2. 掌握请示语言的语体风格。
3. 培养信息化素养。

## 2.4.1　情景导入

情景描述：

电商中心的行政助理李玲又接到钟奇经理交代的一项写作任务。

钟奇：李助理，《2019 年"6·18"促销狂欢节活动策划方案》已在董事会的审议会议上通过，接下来需要聘用兼职人员并做好相关管理工作，你先拟写一份请示，报批后再安排招聘工作。

李玲：好的，经理，我这就去准备。

情景导入小视频观赏

## 2.4.2　任务分析

根据情景内容，李玲需要向上级机关请求批准事项，应用请示来行文。要拟写请示，首先要掌握请示的适用范围，把握请示的特点和类型，其次要掌握请示的结构与写法，同时还需注意请示与其他文种的区别。

## 2.4.3　知识准备

请示也是各级党政机关、企事业单位、社会团体均可使用的报请性公文。

## 一、请示的适用范围

请示是下级机关在向上级机关请求指示、批准时所使用的一种党政机关公文。使用请示时一定要慎重,凡属本机关职权范围内可以解决的问题,或上级机关以往政策中明确的问题,不应在请示之列。请示的适用范围主要包括以下内容。

(1)当下级机关对有关政策、方针、法规制度不甚理解;或在工作中遇到特殊情况,无法执行现行规定;或与有关机关在较为重要的问题上出现意见分歧时,则行文向上级机关请求指示或做出裁决。

(2)下级机关请求上级机关对有关规定、方案、规划等进行审核、认可、批准;或请求上级机关审批某些项目、指标,尤其是给予人员、资金、物资等方面的支持;或某职能部门在职权范围内制定了相关的办法、措施,却不能直接要求平级机关和不相隶属机关照办,便可请求上级机关批转给有关部门执行。

总之,凡属职权范围内无权解决、无力解决或不知如何解决的问题,均应使用请示文种报请上级机关给予裁决、批示或批准。

## 二、请示的特点

### (一)行文内容的请求性

请示是向上级机关请求指示和批准的公文,具有请求性。请求帮助是最根本的行文目的。

### (二)行文目的的求复性

请示的目的是请求上级机关指示、批准,解决具体问题,要求做出明确批复。请示属于强制回复的上行文,上级机关收到下级机关的请示后,应及时答复。

### (三)行文时间的超前性

请示必须在事前行文,上级机关批复之后才能付诸实施,切忌先斩后奏。

### (四)请求事项的单一性

为便于领导批复,请示行文必须一文一事,即每则请示只能提出批复一个事项、解决一个问题。

## 三、请示的类型

根据《党政机关公文处理工作条例》对请示的适用规定,可将之分为请求指示的请示和请求批准的请示两种。

### (一)请求指示的请示

请求指示的请示是请求上级机关对请示事项给予政策、认识上的指示的请示,对应上述请示适用范围的第(1)种情况,如例文1。

例文1

××省高级人民法院关于如何处理农村五保对象遗产问题的请示

最高人民法院:

我院在执行国务院新修订的《农村五保供养工作条例》过程中,发现与最高人民法院颁布的《关于贯彻执行〈中华人民共和国继承法〉若干问题的意见》第55条的规定不一致。特请示:农村五保对象遗产处理应遵照哪条规定执行?

以上问题,请指示。

××省高级人民法院<br>20××年12月6日

(联系人:×××,联系电话:××××-××××××××)

### (二)请求批准的请示

请求批准的请示是请求上级机关对请示事项给予批准、认可的请示,对应上述请示适用范围的第(2)种情况,如例文2。

**例文2**

××公司关于增拨技术改造资金的请示

××局:

正当我公司技术改造处于关键阶段,资金告罄。前次所拨资金原本缺口较大,加之改造过程中出现了新的技术难题,需增新设备,以致资金使用超出预算。由于该项技术是我局所属大部分企业所用的核心技术,如改造不能按期完成,势必拖延全部技术更新的进程,进而影响各单位实现全年预定生产指标和利润。目前,我公司全体技术人员已充分认识到市场经济的机遇和挑战,正齐心合力,刻苦攻关。缺口资金如能及时到位,我们保证该项技术改造按期完成。现请求增拨技术改造资金300万元。

以上请示当否,请批准。

××公司<br>20××年9月9日

(联系人:×××,联系电话:××××-××××××××)

## 四、请示的结构与写法

请示的主体结构一般包括标题、主送机关、正文、发文机关署名、成文日期和附注几部分。

### (一)标题

请示的标题采用完整式标题,包括发文机关、事由和文种三部分,正式发文时,由于红头文件(即版头部分)有发文机关标志,所以可以省略发文机关。但需注意的是,在拟定请示标题时,事由部分的措辞尽可能不出现"申请""请求"类词语,文种部分也不能将"请示"写成"请示报告"。

### (二)主送机关

请示的主送机关应为具有隶属关系的上级机关或业务主管部门,也就是行文时需确定一个负责受理请示的上级机关。但请注意,请示不可直接呈送领导个人,也不可抄送同级或下级机关。

### (三)正文

请示的正文部分一般包括三部分:缘由+事项+结束语。

缘由即请示事项和要求的理由和依据。缘由应详写,应有理有据、实事求是,还应写出必要性和紧迫性。

事项即请示上级机关批准、帮助、解答的具体事项（如方针、政策、办法、措施、主张、看法等），写作时应具体明白，不可模棱两可，而且要合理合法、符合实际、可操作性强。

结束语一般有常用表达，如"以上问题，请批复""请指示""当否，请批准""以上要求，请予审批"等。

当然，两种类型的请示正文写法有所不同。

（1）请求指示的请示正文的写法：所遇问题+处理意见+"请指示"，具体写法见本节例文 1。

（2）请求批准的请示正文的写法：充分理由+请批事项+"请批准"，具体写法见本节例文 2。

### （四）发文机关署名、成文日期和附注

在正文下一行右下部分署上发文机关名称，在发文机关署名下一行写上成文日期（居右空四字，用阿拉伯数字标注）。

请示应当标有附注，即在附注处注明联系人姓名和联系电话，以便上级机关就请示内容与下级机关进行沟通。附注位于成文日期下一行居左空两字，并加圆括号，具体写法和位置请见例文。

综上，请示的写法如下。

××单位关于××××××××的请示

××：

为了/根据××××××××××××××××××（请示事项和要求的理由和依据）。特请示/现请求×××××××××××（请示上级机关批准、帮助、解答的具体事项，如方针、政策、办法、措施、主张、看法等）。

以上问题，请指示。/当否，请批准。

××单位<br>××××年××月××日

（联系人：×××，联系电话：××××-××××××××）

## 2.4.4 任务实施

李玲根据电商中心精心打造的《2019 年"6·18"促销狂欢节活动策划方案》的内容初步拟定了如下文稿。

电商中心关于要求聘用兼职人员的请示报告

董事会、人力资源部：

为了更好地应战 2019 年"6·18"促销狂欢节活动，我中心任务繁重，人力不足，尤其在"6·18"当天，更是难以满足工作需求。所以，要求聘用 100 名兼职人员，其中新增客服 30 人，仓库管理员 70 人。另外，为顺利开展活动请批准拨款活动经费 50 万元。

特此请示，请回复。

熙心贸易有限公司<br>2019 年 5 月 12 日

因为时间紧，李玲写完后直接就发送给董事会秘书何兰。而何兰马上打回了文稿不予受理，理由如下：一是文稿中出现多处不当；二是文稿不符合行文规则。李玲看着被退回的文稿不知

所措，于是向张扬请教。张扬仔细了解了情况后，指出其中存在的主要问题。

第一处，标题不应出现"要求"字样，否则意思重复，且标题文种也不能写成"请示报告"。

第二处，主送机关有误，请示一般只写一个主送机关，相关上级机关或同级机关需要了解请示事项时可以抄送方式处理，但不得抄送下级机关。

第三处，正文请示缘由方面较为笼统，不够充分，未能突出必要性和紧迫性。

第四处，请示事项出现了一文两事，不符合请示行文规则。

第五处，请示的结束语不当，应该为"当否，请批准。"

第六处，发文机关署名错误，公文一般以发文机关名义署名。

第七处，缺少附注内容，为了便于上级机关就请示内容与下级机关进行沟通，应在附注处注明联系人姓名和电话。

第八处，请示是上行文，必须由本单位负责人审批签发才可以办理，不能越级请示。

李玲羞愧不已，在知悉上述行文不当后，再次明确了该活动开展的各个环节，并根据公司的有关规定及部门的实际情况，拟定了如下文稿。

电商中心关于亟须聘用兼职人员的请示

董事会：

为了在2019年"6·18"促销狂欢节中顺利完成公司上半年销售目标，我中心精心策划了一系列大规模的打折促销活动，经过半个月网络及媒体的广泛宣传，送红包、返现、秒杀等促销方式已吸引了众多消费者的青睐。我公司官方网站上最新的统计数据显示，领取优惠券或提前下单的消费者已突破10000人次。而我中心目前工作人员只有20人，显然人力不足，尤其在"6·18"当天，更是难以满足工作需求。因此，为了更好地应战2019年"6·18"促销狂欢节活动，我中心亟须聘用100名兼职人员，其中新增客服30人，仓库管理员70人。

当否，请批准。

电商中心<br>2019年5月12日

（联系人：李玲，联系电话：158×××××××××）

李玲修改完文稿后，按规范格式拟制文书，并呈递给钟奇经理进行签发，最后再主送至董事会。一切完成后，李玲才长呼一口气，请示虽然篇幅不长，但是整个拟制过程需要注意诸多细节，不容小觑。

## 2.4.5　知识拓展

相关资料显示，请示脱胎于报告，所以在实际的应用中，常常会误用这两个文种，那么这两者有何联系与区别呢？

请示和报告都是上行文，都是下级机关向上级机关呈送的报请性公文。两者在行文时都必须用具体的事实和确凿的数据来阐述，切忌言过其实、弄虚作假。此外，两者作为处理问题、指导工作的依据，其语言都要求通俗易懂，一目了然。

而两者的主要区别有以下几点。

（1）请示用于向上级机关请求指示、批准，上级机关接到直属下级机关呈报的请示来文后一定要给予批复；报告则用于向上级机关汇报工作、反映情况，供上级机关了解情况，为上级机关提供信息和经验，因此上级机关接到来文后，不一定给予批复。

（2）请示内容具体单一，要求一文一事，必须提出明确的请求事项；报告内容较广泛，可一文一事，也可反映多方面情况，但不能在报告中写入请示事项，也不能请求上级机关批复。

（3）请示涉及的事项是没有进行的，等上级批复后才能处理，因此请示必须事前行文，不能先斩后奏；报告涉及的事项大多已经过去或正在进行中，因此报告可以事后行文，也可以事中行文。

## 2.4.6　总结提升

请示的写作要求主要包括一文一事、单头请示、不越级请示、不得抄送下级机关、不滥用请示。另外，在实际运用中，应正确使用报告与请示，掌握两个文种的行文目的。需要上级机关批复的，用请示；只向上级机关报告情况而不需要批复的，用报告。

### 课外任务

1. 病例会诊

关于购买复印机的请示

因工作需要，我科亟须购买复印机一台，请批准调拨经费××元。

另：我科尚缺打字员一名，请在制定明年人员编制时一并考虑。

上述请示报告如无不妥，请批复。

此致

敬礼！

××县政府林业科<br>2000年6月

2. 根据下面的情景写请示。

××省外资局拟于20××年7月12日派组（局长×××等5人）到日本××设备公司检验并引进设备。此事需向省政府请示，该局曾与对方签订过引进设备的合同，最近对方又来电邀请其前去考察。在日考察时间需15天，所需费用由该局自行解决。各项费用预算，可列详表以附件形式进行说明。

## 任务5　向下行文，答复事项——批复

### 知识目标

1. 掌握批复的适用范围。
2. 理解并把握批复的特点和类型。

3. 掌握批复的结构与写法。

### 能力目标

1. 掌握批复的写作技巧。
2. 会写不同类型的批复。

### 素质目标

1. 善于运用批复文种。
2. 掌握批复语言的语体风格。
3. 培养信息化素养。

## 2.5.1 情景导入

情景描述：

熙心贸易有限公司董事会秘书何兰签收了电商中心呈送的请示，按照公司有关规定进行了登记与办理。2019年5月14日，公司董事会召开了审议会议，会上通过了该请批事项，并由何兰负责拟写复文答复电商中心。

情景导入小视频观赏

## 2.5.2 任务分析

根据情景内容，何兰需要依据董事会审议会议上关于该事项讨论的结果，以董事会的名义拟写一份同意或不同意的批复。要拟写批复，首先要弄清楚批复的适用范围，了解批复的特点和类型，掌握批复的结构与写法，善于运用批复的写作技巧并快速、准确地拟写批复。

## 2.5.3 知识准备

### 一、批复的适用范围

批复是上级机关在答复下级机关请示事项时所用的一种党政机关公文。批复是被动行文，是上级机关针对下级机关请示中请求指示、批准的事项给予的明确的答复。它依赖请示而存在，请示什么问题，就批复什么问题，或同意、批准，或不同意、不批准，都要给予批复。

### 二、批复的特点

（一）权威性

批复具有权威性，它代表着上级机关的权力和意志，对请示事项的下级机关有约束力，并要求其必须执行批复内容。

## （二）针对性

批复的针对性体现在两个方面：一是必须针对下级机关请示的事项而发，属被动行文，一文一事，内容简单；二是批复的内容是由请示的内容来决定的，批复的主送机关只能是请示机关。

## （三）被动性

一请示一批复，先有请示后有批复。

## （四）简明性

批复对下级机关请示的事项，只进行原则性、结论性的指示和决定，不做具体分析和深刻阐述，行文简明扼要、用语精练简洁。

## 三、批复的类型

按请示的类型，批复可分为指示性批复和审批性批复两种。

### （一）指示性批复

指示性批复是针对下级机关要求给予政策、认识上的指示的批复。这类批复一般只针对请示事项提出具体意见和执行方式与要求所表明的态度，其内容只是指示性意见，而不是批准性意见，如例文1。

例文1

××税务总局关于个人通过网络销售虚拟货币取得收入计征个人所得税问题的批复

××地方税务局：

你局《关于个人通过网络销售虚拟货币取得收入计征个人所得税问题的请示》（××〔20××〕12号）收悉。经研究，现批复如下：

一、个人通过网络收购玩家的虚拟货币，加价后向他人出售取得的收入，属于个人所得税应税所得，应按照"财产转让所得"项目计算缴纳个人所得税。

二、个人销售虚拟货币的财产原值为其收购网络虚拟货币所支付的价款和相关税费。

三、对于个人不能提供有关财产原值凭证的，由主管税务机关核定其财产原值。

此复。

××税务总局<br>20××年××月××日

### （二）审批性批复

审批性批复是针对下级机关要求给予批准、认可的请示的批复。这类批复一般针对下级机关请求批准的事项进行审批，具有表态性和手续性，可同意、原则同意或不同意下级机关意见，如例文2、例文3。

例文2

××市教育局关于同意创办××职业中专学校的批复

××区教育局：

你局《关于创办××职业中专学校的请示》（××〔20××〕18号）已收悉。经研究，现批复如下：

你区拟创办的××职业中专学校其创办人购置国有资产程序规范，办学的基本条件具备，为促进职业教育发展，同意其办学，但必须注意规范以下几点。

一、学校定名为"××职业中专学校"，隶属区教育局管理，试办期两年，两年后依据省教育厅颁布的办学标准，再行评估。

二、专业设置及其他重大事项，先报批后实施。

三、不断完善办学及实习实训条件，提升自身办学竞争力。

四、加强学校安全和对学生的安全教育工作。

此复。

××市教育局<br>20××年7月12日

**例文3**

××总公司关于不同意××分公司新建综合楼的批复

××分公司：

你公司《关于新建综合楼的请示》（分公司〔20××〕5号）已收悉。经研究，现批复如下：

关于此事，公司认为，你公司的原办公楼使用面积甚大，完全够用，由于该楼修建较早，其外观与内室显得陈旧，故只需将该楼内外进行装修与改建即可，这样也便于将资金用于更重要的方面，有助于公司业务的发展。鉴于以上原因，公司不同意你公司新建综合楼。

此复。

××总公司<br>20××年9月5日

## 四、批复的结构与写法

批复的主体结构一般包括标题、主送机关、正文、发文机关署名和成文日期几部分。

### （一）标题

批复的标题大多采用完整式标题，即"发文机关+事由+文种"，如《××省林业厅关于对"毁坏林木"理解的批复》。但不同类型的批复，其标题拟写有其固定形式。

指示性批复的标题：×××关于×××问题的批复。

审批性批复的标题：×××关于（不）同意×××的批复。

### （二）主送机关

批复的主送机关只有一个，是报送请示的下级机关，也是批复的受理机关。

### （三）正文

批复的正文由收文情况、批复事项和结尾三部分组成。

1. 收文情况

收文情况即引述来文作为批复依据的开头用语，一般有固定的形式，即"你×（省、市、县、局、厂、司、校）《关于×××的请示》（××〔20××〕×号）已收悉。经研究，现批复如下："，在末句常常由承启语"现批复如下"转入批复事项。需要注意的是，有些批复省略收文情况，直接进入批复事项，这也是可以的。

## 2. 批复事项

批复事项是针对请示来文给予明确的答复。不同类型的批复，其写作思路不一样。指示性批复主要针对请求指示的事项给予政策、认识上的解答，必须指示明确，并可对执行方法提出要求和注意事项，详见本节例文1。审批性批复是针对请求批准的事项应明确"准"与"不准"的态度和意见，通常有以下三种处理办法。

（1）同意下级机关请示，明确给予肯定性答复，并进一步提出同意的理由及如何做等指示性意见。

（2）原则同意下级机关请示，明确给予肯定性答复，并进一步提出原则同意的理由及其他指示性意见。

（3）不同意下级机关请示，明确给予否定性答复，并进一步提出不同意的理由，进行解释与沟通，以便下级机关更好地处理请示事项。

以上三种处理办法，在实际的公文运用中并不少见，只是限于内容的保密性，在国家至地方各级公报、文件库、教材等上少有刊登。尽管如此，批复事项部分的写作仍应明确表明态度，对事项的处理也应表述清楚。

## 3. 结尾

批复的结尾部分可以有两种处理办法：一种是采用特定结束语，如"此复""特此批复"等；另一种是无结尾，随批复事项结束而结束。

### （四）发文机关署名和成文日期

通常在正文下一行、成文日期上一行署上发文机关的名称，成文日期的写法与其他公文一样，在发文机关署名下一行，居右空四字，用阿拉伯数字标注。

综上，指示性批复的写法如下。

×××关于×××问题的批复

×××：

你×（省、市、县、局、厂、司、校）《关于×××的请示》（××〔20××〕×号）已收悉。经研究，现批复如下：

批复事项——具体的指示或说明、解说的内容

（批复要求）

此复。

×××<br>××××年××月××日

审批性批复的写法如下。

×××关于（不）同意×××的批复

×××：

你×（省、市、县、局、厂、司、校）《关于×××的请示》（××〔20××〕×号）已收悉。经研究，现批复如下：

直接表态（同意/原则同意/不同意，提出理由及具体要求）

此复。

×××<br>××××年××月××日

## 2.5.4　任务实施

董事会秘书何兰在董事会审议会议上，认真记录了关于电商中心请示事项的讨论结果，并根据董事会及领导的指示意见，拟写了如下答复文稿。

董事会关于同意聘用兼职人员的批复

电商中心：

你中心《关于亟须聘用兼职人员的请示》（电商〔2019〕6号）已收悉。经董事会审议会议研究，现批复如下：

同意聘用兼职人员100人，其中新增客服30人，仓库管理员70人。务必做好兼职人员招聘的工作安排及管理，薪资待遇按公司的薪酬制度执行。

此复。

董事会行政秘书处<br>2019年5月15日

何兰正准备将批复文稿呈递给上级领导审核，却收到领导的一份关于此事的临时调整审议邮件，何兰查阅了具体内容。原来，董事会高层领导又临时召开审议会议，由于公司目前投入了两个重大项目，资金周转不畅，需要开源节流，故兼职人员问题应尽量从公司内部调岗解决。何兰根据变动的情况，又拟写了如下答复文稿。

董事会关于不同意聘用兼职人员的批复

电商中心：

你中心《关于亟须聘用兼职人员的请示》（电商〔2019〕6号）已收悉。经研究，现批复如下：

由于上一季度本公司投入建设两个重大项目，资金周转不畅，因此各项活动开展应开源节流。经董事会审议会议讨论，不同意聘用兼职人员100人，其中新增客服30人，仓库管理员70人。可由人力资源部抽调行政部及市场部部分员工分担"6·18"活动当天繁重的工作量，务必做好相关事宜的安排和管理工作，加班报酬按公司的薪酬制度执行。

此复。

董事会行政秘书处<br>2019年5月15日

何兰最后将确定的批复文件按公文处理流程下发至电商中心，至此处理完毕该文件。

## 2.5.5　知识拓展

学习党政机关公文，还应了解党政机关的行文规则。行文是指党政机关公文在机关单位内部和各机关单位之间的传递运转，其中涉及在制发、传递与办理公文时必须遵守的规定，也就是行文规则。要理解这些行文规则，首先要了解行文关系、行文方向和行文方式。

### 一、行文关系

行文关系是行文时发文单位与收文单位之间的关系，这些关系是各机关单位之间因职权不同而形成的组织关系在行文中的体现。行文关系是根据组织关系和职权范围来确定的。

国家目前的机关单位一般可分为三大类型：一是国家政权机关（包括立法机关、行政机关、司法机关、军事机关等）；二是政党、团体和各种社会组织的机关（如共产党、共青团、工会、妇联等社会组织所设立的机关）；三是企业、事业实体单位所设立的机关（如政府部门、企业内部设立的机关）。上述这些机关单位的组织关系，主要表现为以下四种。

（1）隶属关系。隶属关系是指同一垂直组织系统中存在直接职能往来的上下级机关之间的关系，如国务院和其管辖范围内的省政府、省政府和其管辖范围内的市政府、市政府和其管辖范围内的县/区/乡政府之间的关系。

（2）不相隶属关系。不相隶属关系是指非同一垂直组织系统的、不相隶属的、没有领导和被领导关系的机关单位之间的关系。这种关系可以是上下级的，也可以是平级的，如国务院办公厅和各省、自治区、直辖市教育厅之间的关系，省财政厅与大学（地级大学）、省教育厅与省委宣传部之间的关系。

（3）业务主管关系。业务主管关系是指上级主管业务部门与下级主管业务部门之间的关系。这种关系实际上是业务的领导与被领导的关系，如教育部与各省、自治区、直辖市教育厅之间的关系。

（4）平级关系。平级关系是指同一组织系统中同等级别的各个机关单位之间的关系，如国务院各部、委、办、局之间的关系，各省、自治区、直辖市之间的关系。

## 二、行文方向

行文方向是指党政机关公文向不同层次的机关单位运行的去向。按行文方向可将党政机关公文分为上行文、下行文、平行文和泛行文。

上行文是下级机关向上级机关的行文，如请示、报告。

下行文是上级机关向下级机关的行文，如通知、通报、批复。

平行文是平级机关或不相隶属机关之间的行文，如函。

泛行文既可以向上级、下级、平级机关行文，也可以向不相隶属机关行文，如公告、通告。

## 三、行文方式

行文方式是根据行文关系、行文方向及公文性质、效力范围等多种因素而确定的公文发布、传递的层次与形式。行文方式从不同角度可以有不同的分类。

按照发布范围，可分为内部行文和对外行文。内部行文是指仅在本机关内运行的公文，俗称"白头文件"；对外行文是指通过文书部门或邮电部门封装传递至其他机关的公文，因其版头中发文机关标识套红印刷，故俗称"红头文件"。

按照机关隶属关系和公文的发送、效力范围，可分为逐级行文、多级行文、越级行文、直接行文等。逐级行文是指为了维护正常的领导关系，有隶属关系或业务主管关系的机关之间应基本采取逐级行文的方式，按级逐级上报或下发文件，即只对直属上级机关或下级机关制发公文，如果需要，再由上级机关或下级机关转发；多级行文是指为了加快公文传递速度，在必要时可同时向若干层级的上级机关或下级机关制发公文，包括直达基层组织和向人民群众公布；越级行文是指为了维护组织或专业系统的合理分工和正常的工作秩序，防止工作上的脱节、被动或抵触而采取越级行文的方式，但一般情况下应避免越级行文；直接行文是指同级机关或不相隶属机关之间相互行文时采用的一种行文方式，直接行文不受系统归属与级别层次的制约。

机关单位在对外行文时，应考虑需要和可能的条件，选择适宜的行文方式。

党政机关公文行文应当确有必要，讲求实效，注重针对性和可操作性。其行文关系应根据组织关系和职权范围来确定，一般不得越级行文，特殊情况需要越级行文的，应当同时抄送被越过的机关。详细行文规则可查阅政府网站上发布的《党政机关公文处理工作条例》。

### 2.5.6 总结提升

批复是下行文，即上级机关向具有隶属关系的直接下级机关行文。批复依赖请示而存在，从理论上说，有请示必有批复，请示为"一文一事"，批复也应"一文一批复"，不能"一文多批复"或"一文无批复"。批复是针对下级机关的请示表态，因而其态度应鲜明，才便于下级机关理解或执行。批复是上级机关答复下级机关的行文，代表了上级机关的意见，具有一定的权威性，这决定了它在写作时语言表述必须简练，才可使下级机关准确理解上级机关意图，不致产生歧义。

**课外任务**

1. 病例会诊。

××市万胜食品公司关于万胜雨花路食品店请示给予××行政记过处分的批复

万胜雨花路食品店：

你店报来《关于给予××行政记过处分的请示》（×发〔201×〕12号）已收悉。

××，女，四十二岁，二〇〇〇年参加工作，现任万胜雨花路食品店营业员。××于二〇一×年六月九日晚，乘售货之机将顾客给的一张一佰圆人民币装入自己口袋内，当场被售货组长抓住。

关于××再次贪污销货款问题，经公司经理办公会议讨论决定：同意你店意见，再次给其改正机会，给予其行政记过处分，免奖半年，以观后效。

二〇一×年六月二十日

2. ××股份有限公司3号厂房出现倾斜，需要相关单位进行安全评估并出示维修意见，请为此情况拟写批复。

## 任务6　部门沟通，商洽工作——函

**知识目标**

1. 掌握函的适用范围。
2. 掌握函的特点和类型。
3. 掌握函的结构与写法。

### 能力目标

1. 掌握规范函的写作技巧。
2. 会写不同类型的函。
3. 能区分请批函与请示、复函与批复。

### 素质目标

1. 善于运用函文种。
2. 掌握函语言的语体风格。
3. 培养信息化素养。

## 2.6.1 情景导入

情景描述：

熙心贸易有限公司为做好 2019 年"6·18"促销狂欢节活动后的快递发货工作，需要与中通快递股份有限公司商洽"6·18"业务高峰期快件邮资下调事宜。此项工作主要由供应链管理中心负责。该中心负责人是朱骏，助理是罗雪。

朱骏：罗雪，你负责起草与中通快递股份有限公司合作的函，商洽"6·18"业务高峰期快件邮资下调事宜。

罗雪：好的，主任。

情景导入小视频观赏

## 2.6.2 任务分析

根据情景内容，罗雪所负责起草的文书是函。要拟写函，首先要掌握函的适用范围、特点和类型，其次要掌握函的结构与写法，会写不同类型的函。

## 2.6.3 知识准备

### 一、函的适用范围

函是不相隶属机关在商洽工作、询问和答复问题、请求批准和答复审批事项时所使用的一种党政机关公文。

函的使用范围较广，使用频率较高，它是党政机关公文中唯一的一种平行文。在行文方向上，函不仅可以在平级机关之间行文，还可以在不相隶属机关之间行文，其中包括上级机关或下级机关。具体来说，函的用途主要包括四个方面：一是平级机关或不相隶属机关之间的公务联系往来；二是向无隶属关系的有关主管部门请求批准有关事项；三是有关主管部门答复或审批无隶属关系的机关请求批准的事项；四是机关单位对个人的公务联系，如回复群众来信等。

## 二、函的特点

### （一）使用的广泛性

函的使用不受级别高低、单位大小的限制，收发函件的单位均以比较平等的身份进行联系。上至国务院，下至基层组织、企事业单位、社会团体都广泛地使用函。

### （二）内容的沟通性

函的主要功能是商洽性和咨询性，行文时相互之间无强制性。

### （三）言辞的礼貌性

不论什么类型的函，用语皆注重谦恭有礼，尊重对方，力求得到对方更多的理解和支持。即使上级机关向不相隶属的下级机关发函，语气也是商洽性或咨询性的。

### （四）写作的灵活性

函篇幅短小、内容简便、写法灵活，所以被誉为党政机关公文中的"轻骑兵"。

## 三、函的类型

根据《党政机关公文处理工作条例》对函的适用规定，可将之分为商洽函、问答函、请批、批答函三种。

### （一）商洽函

商洽函是不相隶属机关之间商洽工作、联系有关事宜的函，如人员商调、联系参观学习等。商洽函有主动发出的函，也有针对来函给予回复的复函，如例文1、例文2。

例文1

××市旅游集团公司关于委托××旅游学院举办管理人员培训班的函

××旅游学院：

为了培养新世纪的旅游管理高级人才，我公司拟委托贵院举办一期管理人员培训班，时间一年，人数30人，采取脱产学习的形式，学费按贵院有关规定支付。

上述要求，盼予函复。

××市旅游集团公司<br>20××年3月20日

例文2

××旅游学院关于为××市旅游集团公司举办管理人员培训班的复函

××市旅游集团公司：

贵公司《关于委托××旅游学院举办管理人员培训班的函》（×函〔20××〕×号）已于3月24日收悉。关于为贵公司举办管理人员培训班的问题，经研究现函复如下：

一、同意为贵公司举办管理人员培训班，时间一年，人数30人，脱产学习，开学时间为20××年5月10日。

二、有关学籍管理及实习、收费标准等问题，请参照《××旅游学院关于举办管理人员脱产培训班的规定》中有关条款另议。

特此函复。

附件：《××旅游学院关于举办管理人员脱产培训班的规定》

××旅游学院

20××年4月2日

## （二）问答函

问答函是不相隶属机关之间相互询问和答复有关具体问题的函。问答函实际上又可以分为询问函和答复函两种。有些不明确的问题向有关机关和部门询问，用询问函；对有关机关和部门所询问的问题做出解释答复，用答复函。问答函涉及的多数是问题而不是具体的工作，如例文3、例文4。

例文3

××市塑料二厂关于询问 TK-89 型自动考勤打卡机维修事宜的函

××市海威企业有限公司：

我厂两年前购进贵公司组装生产的 TK-89 型自动考勤打卡机，两年来使用情况良好，但近来发现打印出现断痕，造成"3""6""8""9"等字难以辨认，估计是打印头断针。我厂曾在我市寻找多家电脑维修站（店），均无此配套的打印头。特发函向贵公司询问，贵公司在我市何处设有该种机型的维修部，应如何送交维修，预计维修费用多少，以及付款方式等。

望函复。

××市塑料二厂

20××年4月20日

例文4

××市海威企业有限公司关于 TK-89 型自动考勤打卡机维修事宜的复函

××市塑料二厂：

贵厂4月20日《关于询问 TK-89 型自动考勤打卡机维修事宜的函》（×函〔20××〕11号）收悉。鉴于我公司在××市尚未设立维修网点，我公司决定派出售后服务部经理×××和一名技师前往贵厂上门维修 TK-89 型自动考勤打卡机。

特此函复。

××市海威企业有限公司

20××年5月5日

## （三）请批、批答函

请批、批答函是用于不相隶属机关或有关主管部门之间请求批准和答复审批事项的函。请批、批答函实际上又可以分为请批函和批答函两种。请批函是用于向不相隶属机关或有关主管部门发出请求批准的公文，而批答函则是不相隶属机关或有关主管部门答复请批事项时用的公文，如例文5、例文6。

例文 5

××省安全厅关于拟录用××××届大中专毕业生的函

××省人事厅：

　　根据中共××省委组织部、××省人事厅《关于××××年省级机关录用应届高校、中专学校优秀毕业生的通知》规定，我们对拟录用到我厅机关工作的大中专毕业生按规定程序进行了统一考试、面试、体检、政审。经厅党组研究，拟录用大中专毕业生××名。现将有关录用审批材料报上，请审批。

　　附件：录用审批材料××份

××省安全厅<br>20××年4月9日

例文 6

××省人事厅关于批准录用×××等××名同志为国家公务员的复函

××省安全厅：

　　贵厅《关于拟录用××××届大中专毕业生的函》（国安政〔20××〕×号）收悉。现函复如下：

　　根据中共××省委组织部、××省人事厅《关于部分省级机关从××××年应届高校、中专毕业生中考试录用国家公务员和机关工作人员的通知》的规定，经考试、考核合格，批准录用×××等××名同志为国家公务员。

　　特此函复。

　　附件：录用人员名单

××省人事厅<br>20××年4月16日

## 四、函的结构与写法

函的结构一般包括标题、主送机关、正文、发文机关署名和成文日期几部分。

### （一）标题

函的标题一般由发文机关、事由和文种构成，有时也可以只由事由和文种构成。

### （二）主送机关

主送机关指的是函的送达机关，应为不相隶属机关。

### （三）正文

函的正文主要由开头、主体和结语三部分组成，写作时要注意区分去函和复函。

1. 开头

开头部分写行文的缘由、背景和依据。一般来说，去函的开头或说明根据上级机关的有关指示精神，或简要叙述本地区、本单位的实际需要、疑惑和困难；复函的开头引用对方来文的标题及发文字号，有的复函还简述来函的主题，这与批复的写法基本相同。因此，有的复函以"现将有关问题复函如下"等为承启语引出主体事项，即答复意见。

2. 主体

主体部分写需要商洽、询问、答复、联系、请求批准或答复审批及告知的事项。不管是去函还是复函，其事项一般都较单一，可与行文缘由合为一段。如果事项比较复杂，则分条列项书写。

**3．结语**

不同类型的函结语有别。如果行文只是告知对方事项而不必对方回复，则结语常用"特此函告""特此函达"等；若是要求对方复函的，则结语常用"盼复""望函复""请即复函"等。复函的结语常用"特此复函""特此回复""此复"等惯用语。也有的复函不写结语。

**（四）发文机关署名和成文日期**

不管是去函还是复函，其发文机关署名与成文日期的写法和其他公文一样，这里不再赘述。

综上，不管是哪种类型的函，其写法可分为两种：主动发出的函要按去函的格式来写，针对来函答复的函要按复函格式来写。

因此，去函的写法如下。

×××关于×××的函

×××：

  去函缘由+函请事项+（希望要求）

  结束语——不可省

×××<br>××××年××月××日

复函的写法如下。

×××关于×××的复函

×××：

  贵×（省、市、县、局）《关于×××的函》（×函〔20××〕×号）已收悉。关于×××问题，现函复如下：答复事项+希望要求

  结束语——可省

×××<br>××××年××月××日

## 2.6.4 任务实施

罗雪根据部门会议中商讨出的与中通快递股份有限公司合作的方案，执笔拟写了如下文稿。

熙心贸易有限公司关于商洽"6·18"业务高峰期快件邮资下调的函

中通快递股份有限公司：

  近年来，我公司借助电商平台取得了较好的销售业绩，临近2019年"6·18"促销狂欢节，我公司精心策划了一系列大规模的打折促销活动，目前我公司官方网站上最新的统计数据显示，提前订单包裹量已达到200余万件。为此，我公司希望与贵公司建立良好的合作关系，鉴于"6·18"业务高峰期快件数量庞大，特此与贵公司商洽邮资下调事宜，具体合作方案望拟派负责人面洽。

  妥否，请函复。

附件：《2019年"6·18"业务高峰期合作初步方案》

熙心贸易有限公司<br>2019年5月20日

罗雪拟好文稿后，按照公司公文处理流程，将其发送至中通快递股份有限公司。中通快递股份有限公司在收到此商洽文书后，很快给予了回复。罗雪签收并登记好复文，其内容如下。

**中通快递股份有限公司关于同意"6·18"业务高峰期快件邮资下调的复函**

熙心贸易有限公司：

  贵公司《关于商洽"6·18"业务高峰期快件邮资下调的函》（熙心〔2019〕6号）已收悉。经董事会研究决定，现函复如下：

  同意贵公司所提出的"6·18"业务高峰期快件邮资下调事宜，具体方案请与我公司财务部进一步商榷。财务部负责人张经理，联系电话：138×××××××××。

  特此函复。

中通快递股份有限公司<br>2019年5月25日

紧接着，罗雪将复函呈递给负责领导，双方公司就合作事宜进一步商榷。

## 2.6.5　知识拓展

  在公务活动中，不相隶属机关之间商洽工作、询问和答复问题，用函；向有关主管部门请求批准事项，以及有关主管部门答复审批事项，也用函。

  在实际的工作中，常常出现误将"请示"呈送"有关主管部门"的情况。这里的"有关主管部门"指的是处理有关事项的职能部门，如负责统计、规划、财政、卫生、税务、人事等方面工作的部门。不论有关主管部门级别高低，其审批意见都具有法定效力。按照《党政机关公文处理工作条例》对党政机关公文用途的界定，向有关主管部门（不相隶属机关）"请批"事项时只能用"函"，而向上级机关、业务主管部门"请批"事项时用"请示"；有关主管部门"答复"请批事项时只能用"函"，上级机关、业务主管部门"答复"请批事项时用"批复"。例如，某市规划局向市财政局申请拨款，只能用"函"，而不能用"请示"；市财政局"答复"市规划局也只能用"函"，而不能用"批复"。因为这里的市规划局与市财政局不是上下级关系。在行政上、业务上具有管辖意义的领导机关才是本机关的上级机关，所以在本机关有事项需要请批时，首先应该搞清楚发文机关和收文机关的关系，其次方可确认所采用的文种。

  这里需要区分的是请批函与请示、复函与批复的异同。

  （1）请批函与请示的异同。

  相同点：请批函和请示都有请求批准的作用。

  不同点：请批函是向不相隶属机关或有关主管部门发出请求批准的公文；请示只限于向具备隶属关系的上级机关请求指示或批准。

  （2）复函与批复的异同。

  相同点：二者都有答复有关事项的作用，都属于被动行文，具有被动性。

  不同点：复函主要用于回复平级机关或不相隶属机关的来函，属于平行文；批复只能用于答复下级机关的请示事项，属于下行文。

## 2.6.6 总结提升

函是各级党政机关、企事业单位、社会团体都可以使用的公文。就主要作用来说，函属于商洽性公文，写作时还需注意以下问题。

（1）宜用语平和，措辞得体。函是平行文，很讲究用语。发函时宜使用平和、礼貌、诚恳的语言，对上级机关要尊重、谦敬，对下级机关要平和，对平级机关和不相隶属机关要友善，切忌使用生硬、命令性的语言。复函则要态度明朗、语言准确，避免含糊笼统，犹豫不定。

（2）要直陈事项，言简意赅。无论是去函还是复函，都不要拐弯抹角，切忌空话、套话。函作为正式公文，行文时宜开门见山，有什么事说什么事，以便突出主旨，便于对方处理答复。

（3）应正确选择，一文一函。尤其注意区分请批函与请示、复函与批复的写作，判断的依据就是明确发文机关与收文机关的关系。另外，在写作时，一函只写一事，以便对方及时地、有针对性地处理。

**课外任务**

请根据以下材料，分别拟写一份去函和复函。

××学校为了培养师资队伍、提高教学水平，拟派 5 名教师到××学院进修学习。因××学院宿舍紧张，无力解决住宿问题，特向附近的××高职院校提出商洽住宿事宜，并恳切希望予以大力支持和协助。

# 模块三

# 会议工作文书写作

　　会议工作文书是各类社会组织在其职权范围内制定的,公开发布并反复适用的,用以规范行为、具有普遍约束力的文书。会议工作文书的使用范围非常广泛,主要包括会议筹备方案、会议通知、会议记录和会议纪要等。

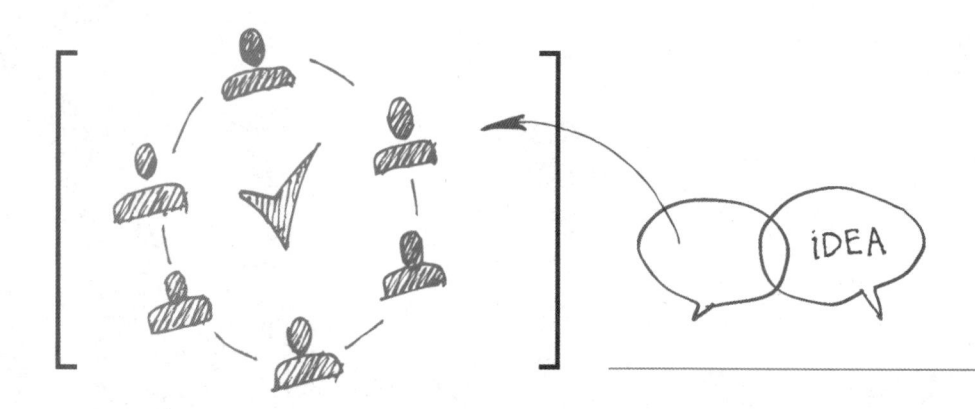

## 任务 1　全面筹备，组织落实——会议筹备方案

### 知识目标

1. 了解会议筹备方案的定义、特点和作用、种类。
2. 掌握会议筹备方案的要素内容。
3. 掌握会议筹备方案的写作格式。
4. 把握会议筹备方案的写作要点。

### 能力目标

1. 能根据具体会议制订会议筹备方案。
2. 能拟写出内容齐备、结构完整、考量周全、可操作性强的会议筹备方案。

### 素质目标

1. 培养严谨细致的写作态度。
2. 掌握会议工作文书的处理流程。
3. 培养信息化素养。

## 3.1.1　情景导入

情景描述：

　　王明：小张，董事会研究决定于 2019 年 5 月 15 日召开应战 "6·18" 促销狂欢节筹备会议，你负责草拟此次会议筹备方案。

　　张扬：好的，主任。

情景导入小视频观赏

## 3.1.2　任务分析

　　张扬接到的写作任务是草拟会议筹备方案，属于会议工作文书。要拟写此类文书，首先要了解其定义、特点和作用、种类，其次要理解并掌握会议筹备方案的要素内容、写作格式与写作要点，最后能熟练运用或借用当今互联网手段拟写出一份合格的会议筹备方案。

## 3.1.3　知识准备

### 一、会议筹备方案的定义

　　会议是一种普遍的社会现象，几乎有组织的地方都有会议。所谓会议是指有组织、有领导、

有目的的议事活动,是在限定的时间和地点、按照一定的程序进行的。会议筹备方案是在会议召开之前对构成会议的各个要素进行系统周密的书面安排的一种会议工作文书。它是为大中型或重要的会议所做的预设方案,一般企业内部召开的小规模的例行会议可以通过简易会议计划或会议通知来预先安排会议事务。会议筹备方案是针对企业内部的周知性文书材料,会议通知则是对要求参加的部门或有关单位正式发文的书面材料,以显示其重要性。

### 二、会议筹备方案的特点和作用

会议筹备方案有两个显著的特点。一是预设性。会议筹备方案是在会议召开之前就对整个会议做出筹备安排,因此具有预设性。二是具体性。会议筹备方案要对会议的议题、内容、程序、议程和日程等进行明确、具体的安排,而且要求具有可操作性。

制订好会议筹备方案,在会议召开前对会议所涉及的各项工作做出周密安排,能促进会议顺利进行,以达到较好的效果。有些会议还需要向上级机关请示核准,而会议筹备方案可作为上级机关审核批准的重要依据。有些会议筹备方案也可发挥通知的作用,向与会单位通报会议筹备情况,以便做好必要的准备。

### 三、会议筹备方案的种类

按会议性质划分,可将会议筹备方案分为以下三种。

(一)代表会议筹备方案

代表会议一般参加人数较多、召开时间较长、会议程序严格,而且不同级别的代表会议有不同的要求,其会议筹备方案也比较复杂,如例文1。

例文1

××公司长沙分公司 TMD 型手机推介会议筹备方案

为了满足广大客户的需求,××公司长沙分公司研发了适应"90后"消费群体的 TMD 型手机。为了让产品顺利进入市场,以增加销量,××公司长沙分公司特举办 TMD 型手机推介会议,现拟订会议筹备方案如下:

一、会议名称

会议名称为"××公司长沙分公司 TMD 型手机推介会"。

二、会议召开时间、地点

时间:20××年11月11日—12日,会期两天;地点:长沙××大酒店。

三、会议主题

推介产品,扩大影响,增加销量,占领市场。

四、会议规模

参会人员为全国各地分销商(经销商和代理商)共180人。

五、会议议程

1.××公司长沙分公司邓晓总经理致辞。

2.××公司长沙分公司分管销售的王虹副经理宣读20××年优秀销售商名单。

3.优秀销售商代表发言交流经验。

4.××公司长沙分公司产研部刘晓红部长介绍新产品。

5.××公司总公司分管销售的邓小商副经理就各地资源分配及客户优惠政策讲话。

6．××公司总公司邓仁总经理为现场订货会致辞。

7．现场签订合同。

六、会议日程

详见附件1：××公司长沙分公司TMD型手机推介会日程安排。

七、会议筹备分工

（一）会务组

小组负责人：张兰

小组成员：王琴　何丹

职责：

1．制发会议通知。

2．准备会议文件：领导（邓晓总经理、邓仁总经理）致辞、优秀销售商名单、优秀销售商代表经验介绍材料、刘晓红部长介绍新产品发言稿、邓小商副经理发言稿、订货合同、会议日程表、会议须知。

3．制发会议证件：来宾证、记者证、工作人员证。

4．撰写新闻文稿，经领导审定后，向媒体发送。

（二）后勤接待组

小组负责人：刘梅

小组成员：周平　何元

职责：

1．会前接站。

2．报到时的签到，预收会务费，来宾住宿与就餐安排，会议证件发放。

3．会议入场时的签到。

4．会议有关文件的装袋与发放。

5．会间交通安排。

6．会间医疗卫生工作。

7．会务费的结算。

8．为与会人员订返程机票、车票。

9．会后送站。

（三）宣传保卫组

小组负责人：李巧

小组成员：陈雄

职责：

1．准备会议用品，布置主体会场与产品展览厅。

2．联系长沙各大媒体，邀请各大媒体记者出席。

3．做好会间的安全保卫工作。

4．清理会场，保管可再次使用的会议用品。

八、经费预算

详见附件2：会议经费预算明细表。

附件：1．××公司长沙分公司TMD型手机推介会日程安排

　　　2．会议经费预算明细表

××公司长沙分公司办公室
20××年11月1日

## （二）工作会议筹备方案

工作会议虽然不像代表会议在程序和规格上要求那样严格，但在材料的准备工作上有自己突出的特点，如例文 2。

**例文 2**

××公司技术培训专题研讨会预案（筹备方案）

一、会议主题

为了增强本公司综合竞争力，提高产品质量和管理水平，××公司特召开此次技术培训专题研讨会，以提出提高技术培训质量的对策，探讨新的技术培训方法。

二、会议的时间和地点

拟定于 3 月 5 日上午 9:00 至下午 4:00，在公司 1 号会议厅召开会议。3 月 5 日上午 8:30 报到。

三、参加会议人员

公司总经理、副总经理、公司人力资源部总监、生产部总监、培训部总监，以及公司下属各部门的技术骨干 30 人，总计 50 人。

四、会议议程

会议由主管副总经理主持。

上午：总经理做技术培训问题的工作报告；培训部总监进行专题发言；生产部总监进行专题发言。

下午：分组讨论；人力资源部总监宣读公司开展技术竞赛评比的计划（预案）；副总经理做总结报告。

五、会议议题

1．技术培训与提高企业综合竞争力。

2．技术培训与技术创新。

3．如何提高技术培训质量。

4．技术培训方法的再讨论。

六、会场设备和用品的准备

准备会议所需的投影仪、白板和音像设备，由公司前台秘书负责。

七、会议材料准备

1．总经理的工作报告。

2．培训部、生产部总监的专题发言稿。

3．公司开展技术竞赛评比的计划（预案）。

4．副总经理的总结报告。

由总经理办公室牵头准备。

八、会议服务工作

此项工作由行政部综合协调。

附件：1．会议通知

　　　2．会议日程表

××公司行政办公室<br>20××年 2 月 25 日

## （三）表彰奖励性会议筹备方案

表彰奖励性会议，除会议本身的准备工作外，因涉及奖旗、奖状、奖品等物品，在财务和物资方面需要做好准备，因此其会议筹备方案比较复杂，如例文3。

例文3

××县2019年教师节庆祝暨表彰大会筹备方案

时间：拟定于2019年9月9日（星期日）上午9:00
地点：县影剧院
主持人：县人民政府副县长×××
参会人员：

1．县上四大班子领导及分管领导，各乡（镇）党委书记、乡（镇）长、分管教育工作负责人；县属各部门、省市驻校单位主要负责人。

2．受表彰的先进个人，先进集体负责人，教体局机关全体干部，全县中小学校（园）长、支部书记，城区校园教师代表，退休教师代表。

筹备工作分工：

1．县上领导由赵书记负责邀请。

2．会标制作及悬挂：招生办。

（1）会标：××县庆祝第34个教师节暨先进表彰大会（会场内）。

（2）第34个教师节主题：带头践行社会主义核心价值观（会场外）。

3．参会退休老教师代表确定、会场座位引导：人事股老教师座谈会会务筹备组。

4．座签制作及摆放（主席台及参会区）：办公室。

5．会场服务：青少年活动中心（茶水供应）。

6．会议签到及座位引导：办公室、督导室、基教股。

7．区域划分及座位安排：教研室。

8．荣誉证书及奖牌制作、奖品及退休老教师纪念品购买，并配合做好发放工作（待定）：财务股负责（××个荣誉证、××块先进集体奖牌）。

9．县委报道组由×××主席负责联系，会场音响、灯光、摄像及报道由电教中心负责。

10．受表彰人员座位安排（第四排开始）；引导领奖人员，递送奖品、奖牌，要求服装统一，并做好演练工作：安全股、职教股。

11．教育系统所有参会人员着白色上衣、蓝黑色裤子。8:30准时到会场，办公室负责通知。

12．表彰大会主持词、议程由×××负责起草，政府办审核；关于召开会议的请示文件、会议通知、表彰决定由×××起草，两办审定并印制、下发。

13．县长讲话由办公室起草，政府办审定。

14．优秀教师代表发言由×××负责，做好人选确定，发言稿审查、演练等工作。

15．局长教师节致辞由办公室负责。（所有领导讲话材料于9月5日前审定。）

16．会场安全及保卫工作：校安办。

17．影剧院联系：人事股。

18．9月8日下午全体干部到县影剧院布置会场，打扫卫生。

19．联系文广新局在教师节前拍摄并展播优秀教师代表事迹（待定）。

××县人民政府<br>2019年8月28日

### 四、会议筹备方案的要素内容

由于会议的种类比较多，各种会议的筹备方案写法也不尽相同，但一般包括标题、正文和落款三部分。

#### （一）标题

会议筹备方案的标题由召开单位或范围、会议名称、文种名称（方案）"三要素"构成，有时可以省略会议召开单位。常用的文种名称包括方案、筹备方案、筹备接待方案、计划、策划方案等。

#### （二）正文

1．开头

在正文写作之前，有的会议筹备方案要写明送达机关，形式如党政机关公文中的"主送机关"。需要呈送上级机关批示的，就写送达上级机关名称；需要下级机关知晓的、发给与会机关或个人的，则写下级机关名称。

开头部分主要对会议的基本要素进行说明，一般包括以下内容。

（1）召开会议的缘由、目的、依据。
（2）会议名称。
（3）参加会议的人员，包括正式人员、列席人员、邀请人员和工作人员等。
（4）会议召开时间与会期。

在开头结束后，还常用"特制订会议筹备方案如下"作为承上启下的连接过渡语引出下文。

2．主体

主体部分主要包括以下内容。

（1）会议的基本内容。
（2）会议的指导思想。
（3）会议的宗旨、目的和任务。
（4）会议的议程和日程。

3．筹备事项

筹备事项部分包括以下内容。

（1）会议文件、材料和资料准备，包括会议种类、内容和要求等。
（2）会议记录安排。
（3）会议宣传报道工作安排。
（4）会场布置要求。
（5）会议设备和用品种类、要求。
（6）会议后勤工作安排。
（7）会场服务工作安排。
（8）会议经费预算。
（9）会议接待工作安排。
（10）会议交通工具安排。
（11）会议食宿安排。
（12）会议参观、考察活动安排。
（13）会议医疗救助工作安排。

（14）会议保卫工作安排（只适用于特别重要的会议，如党代会、人代会、政协会等）。

（15）会议文娱活动安排。

（16）议定事项催办及反馈的程序、要求、负责人。

（17）其他事项。

需要说明的是，上述内容不是每个会议筹备方案都必须具备的项目，要根据会议的性质、内容、规模等有所选择。

4. 结尾

结尾部分的写作要根据会议筹备方案的性质而定，一般可省略不写。而属下级机关请示上级机关的，可选择类似请示结尾的用语，如"以上方案，当否，请批示"。

### （三）落款

落款部分一般写明会议筹备方案的制发机关、签署日期，并加盖公章。

## 五、会议筹备方案的写作格式

会议筹备方案的写作可以参考以下格式。

××××会议

（筹备方案）

一、会议主题

为了×××××，特召开此次××××会议。会议的重点是×××××。

二、会议时间

拟定于××月××日××：××至××：××召开会议。

三、会议地点

四、与会人员

×××（职务），×××（职务）。

五、会议议程

会议由×××主持。

（一）上午

1．××××。

2．××××。

3．××××。

（二）下午

1．××××。

2．××××。

3．××××。

六、会议议题

1．××××。

2．××××。

3．××××。

七、会场设备和用品准备

准备会议所需的投影仪、白板和音像设备，由公司×××负责。

八、会议材料准备

由总经理办公室牵头准备。

1．××××。
2．××××。
3．××××。
4．××××。
5．××××。

九、会议服务工作

由×××综合协调。

附件：1．会议通知
　　　2．会议日程表
　　　3．会议报到表

××公司行政办公室<br>20××年××月××日

### 六、会议筹备方案的写作要点

**（一）科学安排，考虑全面**

会议筹备方案是顺利进行会议的依据，因此会前要把开展会议的有关规定、各种程序、各方面可能遇到的情况全面考虑到，尽量做到总揽全局、全面统筹。

**（二）明确要求，安排细致**

会议筹备工作十分烦琐，尤其是大中型会议的筹备工作，涉及的人员多、头绪繁、内容杂，所以在设计会议筹备方案时应周密考虑，合理、妥善地安排有关事项。例如，材料撰拟和分发、会标制挂、座位排列、安全保卫、医疗服务等方面内容都应写得细致明确。此外，还要准确计算会议的衔接时间，周密计划，精心安排。

**（三）留有余地，灵活机动**

会议筹备方案的制订既要把任务、时间尽可能计算准确，同时又要为相关活动留有弹性空间，防止安排太紧、太满而造成被动，这样在遇到突发情况时才能灵活变动，快速处理。

**（四）层次分明，条款得当**

会议筹备方案在写作时应合理安排各条款间的逻辑顺序，既要层次分明，又要有序合理。

## 3.1.4　任务实施

张扬在了解了会议筹备方案的写作内容后，首先明确各项工作的负责部门，落实负责人员安排，反复与领导就有关方面进行商定，最终拟写了如下会议筹备方案。

**照心贸易有限公司应战"6·18"促销狂欢节会议筹备方案**

一、会议主题

为了更好地完成我公司今年上半年所制定的销售目标，并做好"6·18"促销狂欢节筹备工作，特召开此次会议。会议的重点是启动 2019 年"6·18"促销狂欢节活动、商讨"6·18"促销狂欢节整个活动的方案与工作安排。

二、会议时间

拟定于 2019 年 5 月 15 日 9:00 至 17:30 召开会议。

三、会议地点

地点：公司总部会议室。

四、与会人员

各部门负责人及 1 名秘书，各地区代理商代表 2 人，总计 50 人。

五、会议议程

会议由主管销售的副总经理林文主持。

（一）上午

1．2019 年"6·18"促销狂欢节活动启动仪式。

2．电商中心关于活动的统筹安排。

3．各部门及各地区代理商发言。

（二）下午

1．分组讨论。

2．审议表决活动方案及应急措施。

3．副总经理做总结报告。

六、会议议题

1．各部门及各地代理商针对"6·18"促销活动方案的讨论与确定。

2．备战"6·18"前的准备工作安排。

3．"6·18"促销活动期间及之后的应急方案。

七、会议筹备分工

（一）会务组

小组负责人：张扬

小组成员：王晓　李丹

职责：

1．制发会议通知。

2．准备会议文件。

（1）领导致辞。

（2）收集并打印好各部门及各地代理商负责人的发言材料。

（3）会议日程表。

（4）会议须知。

（5）会议内容具体安排表。

3．制发会议证件：来宾证、记者证、工作人员证。

4．撰写新闻文稿，经领导审定后，向媒体发送。

（二）后勤接待组

小组负责人：刘妍

小组成员：张平　陈元

职责：

1．会前接站。

2．报到时的签到，来宾住宿与就餐安排，会议证件发放。

3．会议入场时的签到。

4．会议有关文件的装袋与发放。

5．会间交通安排。

6．会间医疗卫生工作。

7．为与会人员订返程机票、车票。

8．会后送站。

（三）宣传保卫组

小组负责人：林雄

小组成员：陈炜

职责：

1．准备会议用品，布置会场。

2．做好会间的安全保卫工作。

3．清理会场，保管可再次使用的会议用品。

各项会议服务工作由总经理办公室牵头综合协调。

八、经费预算

详见附件1：会议经费预算明细表。

附件：1．会议经费预算明细表

2．会议日程表

3．会议报到表

熙心贸易有限公司行政办公室

2019年4月25日

张扬将拟好的会议筹备方案发给了王主任，并等待周一行政例行会议讨论。王主任对张扬的办事效率给予了肯定。

## 3.1.5 知识拓展

### 一、会议准备工作的内容

会议准备工作一般包括如下内容。

（1）安排会议议题。

（2）确定会议步骤（包括程序、议程和日程）。

（3）确定与会人员。

（4）确定会议时间。

（5）办理会议报批手续。

（6）签发会议通知。

（7）准备会议文件和材料。

（8）选择和布置会场。

（9）排列座次。
（10）妥善安排后勤服务事宜。
（11）做好新闻发布工作。
（12）进行全面的会前检查。

## 二、会议准备工作的流程

对于大中型或重要的会议，要做好会议准备工作。主要处理的细节包括以下几个方面。

### （一）做好会场预约

要做好会场预约，需要根据会议来制订筹备方案。一般根据会议的级别，选择会议举办地；根据会议的具体情况，确定将会议划分为几个分会场，选择分会场的地点，并提前预约。

那该如何选择会场？一般认为选择会场，要根据参加会议的人数和会议的内容来综合考虑，最好达到以下几个标准。

（1）大小要适中。会场太大，人数太少，空座位太多，空空荡荡的现场会给与会人员一种不景气的感觉；会场太小，人数过多，挤在一起，不仅显得小气，也根本无法把会开好。

（2）会场地点要合理。临时召集的会议，一两个小时即散的，要考虑把会场定在与会人员较集中的地方；超过一天的会议，会场要尽可能离与会人员的住所近一点，免得与会人员疲于奔波。

（3）附属设备要齐全。会场的照明、通风、卫生、服务、电话、扩音、录音等各种设备都要配备齐全。在召开会议前，应对所有的附属设备逐一进行检查，做到万无一失，保证会议顺利进行。

### （二）做好会场布置

确定好会场后，应根据会议的具体情况，安排好会场的布置，设计好所有的细节。根据不同的情况，准备好会议所需的各种资料，提前放到指定的位置。根据实际需要，提前调试好设备并进行演练，确保会议顺利进行。

### （三）准备完善的资料

会议所需的各种资料应提前设计及制作好。根据会议的具体需求，设计印刷品的样式、内容、图案，并提前将其送到会场或指定位置。

### （四）考虑周全接待

（1）关于接送，应根据与会人员的具体情况及人数安排相应的车辆。

（2）关于餐饮，应根据与会人员的喜好，预约各种形式的餐会，如西餐、中餐、自助餐、宴会等；根据与会人员的具体情况及会场和下榻酒店的地点，选择不同的用餐地点。

（3）关于时间安排，尤其是除会议外其他时间的安排，应根据与会人员的喜好，选择不同的休闲方式或设计专门的旅游线路。

## 三、31 会议介绍（https://www.31huiyi.com/2017/cfccloud/solution）

为了提高工作效率、更好地组织好重要的大型会议，若公司比较有实力，可以请专业的会务公司提供会议筹备方案，如 31 会议就是这样的平台。

31 会议云是 31 会议的一款产品，它是上海八彦图信息科技有限公司运用物联网、AI、大数据和云计算技术，根据国际大会、政府会、学术会、展会、经销商大会等不同会议场景特点，推出系列解决方案的一站式全流程数字会务。31 会议通过覆盖会前、会中、会后，贯通线上线下，结合硬件、软件推出一站式会议科技产品与服务，实现智慧邀约、智慧日程、智慧通知、智慧证件、智慧签到、智慧现场、智慧监控、智慧数据的会议全流程智慧化。

## 3.1.6　总结提升

会议筹备方案的制订关系到会议的开展情况，所以在写作的过程中务必严谨细致、考虑周全。在写作前应做好以下各项工作。

（1）确定会议主题。无论组织什么样的会议，都有会议主题，特别是组织大型会议，必须明确会议要研究解决什么问题、达到什么目的。除此之外，还必须结合本单位的实际情况，从全局出发来确定会议主题。

（2）确定会议的时间和地点。会议时间包括报到时间、会议召开时间和休会时间。各种会议时间需要准确估算。会议地点选择的重点是会场大小要适合，地点宜适中，环境应符合会议主题，会场附属设备要齐全，且交通方便。

（3）确定会议的规模。会议的规模主要包括会议出席人员、嘉宾代表、列席人员、相关工作人员的总体数量。会议规模的确定由会议组织者根据实际情况掌握。

（4）确定会议议程。会议议程包括会议主持、会议典型发言（或重点发言）、会议讨论、会议讲话、会议总结。确定会议议程的工作包括四个方面：一是根据到会主要领导的情况，确定会议主持人；二是根据会议主题，确定会议发言人；三是围绕会议主题，确定会议讨论的题目，并根据会议的规模，确定讨论的方式；四是根据会议拟达到的目的，安排主要领导做好会议的总结工作。

（5）准备会议文件和材料。其中包括会议主题报告、会议发言单位的材料、会议日程表、与会人员名单、住宿安排、主席台座次、分组名单、讨论的题目、分组讨论的地点、作息时间表、会议的参阅文件和其他相关材料等。

（6）明确会议组织和分工。会议组织主要指会议组织部门和人员落实情况，包括与会议有关的每项组织工作。每一个工作环节都必须由专人负责，责任到人，并明确任务和要求。会议具体分工则包括文件起草和准备、会务组织、会场布置、会议接待、生活服务（包括娱乐活动安排）、安全保卫、交通疏导、医疗救护等。

（7）其他注意事项。其他注意事项主要包括明确领导意图，弄清会议筹备方案的目的、要求和意义，以便制订；反复与领导就有关方面进行商定，必要时通过召开联席会议征求意见或方案。

**课外任务**

××公司将举办一场上千人的总结表彰大会，会期半天，请代该公司拟写一份会议筹备方案。

## 任务 2  考虑周详，组织部署——会议通知

### 知识目标

1. 掌握会议通知的定义。
2. 掌握会议通知的结构与写法。

### 能力目标

1. 能根据会议具体情况拟写会议通知。
2. 熟悉起草会议通知的关键点。

### 素质目标

1. 培养周到细致的写作态度。
2. 培养严谨的逻辑思维能力。
3. 培养信息化素养。

## 3.2.1 情景导入

情景描述：

王明：小张，公司应战"6·18"促销狂欢节的会议筹备方案已经通过了，还是由你负责拟定会议通知并下发至各部门。

张扬：好的，主任，我会尽快完成任务。

情景导入小视频观赏

## 3.2.2 任务分析

一般在召开会议之前，会议的组织者为方便与会人员提前做好相关准备工作，需要正式下发会议通知文件。张扬接到了上级交代的写作任务——拟定会议通知，那么该如何着手准备呢？在拟写之前，首先要掌握会议通知的定义，其次要掌握会议通知的结构与写法，能根据会议具体情况拟写会议通知。

## 3.2.3 知识准备

### 一、会议通知的定义

会议通知是上级机关对下级机关、组织对成员或平级机关之间部署工作、传达事情或召开

会议等所使用的一种应用文书。

会议通知包括书面通知和口头通知两种形式。较庄重的会议及出席人数较多的会议，宜发书面通知。口头通知一般包括当面口头通知、群信息通知和电话通知等，无固定程式。重要会议的通知，通常要按规范格式拟定书面文稿，并按正式发文流程办理，以确保通知内容的准确性并引起有关部门及人员的重视。会议通知发出后，筹备会议的组织部门及相关负责人要及时落实参加会议的人员，并报告给会议主持人。

## 二、会议通知的结构与写法

### （一）会议通知的结构

一般日常的会议大多用口头通知，即口头告知与会人员有关会议的必要信息即可；而较重要的会议应用书面通知。书面通知的结构包括标题、称呼（主送机关）、正文、落款几部分，如例文1、例文2。

例文1

重庆××电子有限公司关于召开代理商工作会议的通知

各地区代理商、本公司各部门：

为了保证××显示器在中国的领先地位，建立一个和谐顺畅且稳定坚固的销售渠道，给厂商、代理商和消费者带来更多的利益，我公司决定在重庆召开××电子20××年度显示器代理商工作会议。现将有关事项通知如下：

一、会议议题

1．总结各地区代理商销售情况。

2．讨论并解决各地区存在的销售矛盾。

3．商讨如何建立一个和谐顺畅且稳定坚固的销售渠道。

二、参加会议人员

各地区代理商及本公司各部门负责人。

三、会议时间和地点

会议时间：3月20日（上午9:00开始）至22日。

会议地点：重庆×××度假村二楼圆形会议厅。

四、报到时间和地点

3月19日在重庆×××度假村酒店大堂报到。详细地址：重庆市××区××街××号。

五、其他事项

1．大会将为各与会人员免费提供食宿。

2．参加会议的代理商请按要求填写本通知所附的会议报名表，并于3月16日前寄回会务组。需接车、接机及购买回程机票、车票的人员，务请在会议报名表中注明。

3．华东、华北及华南各代理商报到时向我公司提交一份销售情况报表。

4．联系方式：

会务联系：重庆市××路××号××电子有限公司代理商工作会议会务组

邮编：××××××

联系人：李秘书

联系电话：×××–××××××××
电子邮箱：××××××××
附件：重庆××电子有限公司代理商工作会议报名表

重庆××电子有限公司<br>20××年3月6日

**例文2**

××公司关于举办新春答谢年会的通知

各部门及全体工作人员：

在新春佳节即将来临之际，为感谢大家为公司做出的积极贡献，公司将举办20××年新春答谢年会。现将年会相关事宜通知如下：

1. 年会举办时间：20××年1月28日下午15:00至19:00，有节目的人员及布置会场的人员13:00到场，其他人员应准时到场，以便年会准时开始。

2. 年会举办地点：高新技术产业开发区××路×××号（与××街交叉口）××大酒店×楼×号多功能会展厅。

3. 年会内容主要包括领导讲话、娱乐节目、聚餐等，可带家属，家属最多2名，望在1月8日下午下班之前汇报给企业文化传播部。

同时，希望大家提前准备一些好玩的节目，到时会给大家展示才艺的机会，以增加年会的气氛。

关于公司年会具体事宜如上，请大家按通知的内容去做，望大家能够积极配合和支持！

××公司<br>20××年1月5日

## （二）会议通知的写法

正式下发的会议通知的写作要求较为严谨，各部分的写法如下。

**1. 标题**

标题写在第一行正中间。完整的标题是公文式标题，包括发文机关、事由和文种三部分。一般的会议通知可只写"会议通知"或"通知"，如果事情重要或紧急，也可以写"重要通知"或"紧急通知"，以引起注意。

**2. 称呼（主送机关）**

此部分写被通知者的姓名或单位名称，在标题下一行顶格书写。有时，因通知事项简短、内容单一，书写时可省略称呼，直起正文。

**3. 正文**

称呼下另起一行，空两格写正文。正文因内容而异。正式发文的会议通知的正文内容一般包括会议名称、会议议题、与会人员、会议时间、会议地点、会议其他要求。

（1）会议名称。会议名称要求能概括并显示会议的内容、性质、参与对象、主办单位或组织、时间、届次、地点或地区、范围、规模等，所以会议名称必须用确切、规范的文字表达。它的拟题格式通常可以写为"××关于召开××××会议的通知"。

大中型会议的会议名称通常被制作成横幅大标语，置于会议主席台的上方或后方，作为会议的标志，简称"会标"。会标必须用全称，不能随意省略，以免让人产生误会。

（2）会议议题。议题是会议所要讨论的主题，或所要研究的课题，或所要解决的问题。议题一般要求具有必要性、重要性、明确性和可行性。每场会议的议题应该尽可能集中、单一，不宜过多,不宜太分散,尤其不宜把许多互不相干的问题放在同一场会议上讨论,使与会人员的注意力分散,这很不利于解决问题。

(3)与会人员。与会人员又叫参与人员,就是参加会议的正式成员,但有时也会有列席人员。

(4)会议时间。通常会议时间有三种含义:一是指会议召开的时间;二是指整个会议所需要的时间、天数;三是指每次会议的时间限度。

(5)会议地点。简单地说就是在哪里开会。选择会议的地点,要考虑会场设施、交通条件、安全保卫、气候与环境条件等因素。

(6)会议其他要求。会议其他要求包括对与会人员的相关要求,如需要提交的资料及注意事项,还包括会议主办单位名称、联系人、联系地址、电话号码、传真号码、电子邮件、会议食宿安排、交通路线、接洽标志等。有的通知后面还要附上入场凭证或请柬等。

4. 落款

落款部分包括发文机关署名和成文日期。

综上,会议通知的写法如下。

××单位(公司)关于召开××××××会议的通知

××(主送机关):

为了××××××(目的),根据××××××(依据),××(主办单位)决定于××××年××月××日在××××(地点)召开××××××会议。现将有关事项通知如下:

一、会议议题

二、与会人员

三、会议时间

四、会议地点

五、会议其他要求

1. 请与会人员持会议通知到××××报到,××××(食宿费用安排)。

2. 请将会议回执于××××年××月××日前传真至×××(会议主办单位或承办单位)。

3. ×××××(其他需提示的事项,如会议材料的准备等)。

4. 联系人及邮箱、电话:××× ×××××××× ××××-××××××××

附件:参会回执表

(发文机关名称)
××××年××月××日

这里特别说明一下参会回执表,它主要用于报名、信息反馈等,可以帮助会议组织部门收集与会人员的相关信息,确保做好会议的筹备工作。其内容一般根据会议的具体要求而定,没有严格的限定,可参考以下表格模板,如表 3-2-1 所示。

表 3-2-1

| 姓名 | | 性别 | | 年龄 | | 学位 | |
|---|---|---|---|---|---|---|---|
| 单位 | | | | | | 职务 | |
| 地址 | | | | | | 邮政编码 | |
| E-mail | | | | | | 联系电话 | |
| 备注 | | | | | | | |

## 3.2.4 任务实施

张扬细心考虑了会议召开的目的、议（主）题、时间、地点、对与会人员的要求（如准备发言、文件、论文、生活用品等）、注意事项及会议其他要求，并根据已通过的会议筹备方案，很快拟写了一份会议通知文稿，具体内容如下。

**会议通知**

全体员工：

　　熙心贸易有限公司经研究决定于2019年5月15日召开应战"6·18"促销狂欢节筹备会议，会期一天，会议地点在××市白云区机场东路1号豪泉大厦605A公司总部会议室。要求各部门及各地代理商负责人及1名秘书参加会议，并提前一天报到。报到及住宿地点是××市白云区机场东路景天大酒店，食宿免费，交通费用自理。请参加会议的人员注意以下要求：

　　1. 相关人员应准备约15分钟的发言。请将发言材料打印50份，在报到时交会务组。

　　2. 请与会人员安排好会议期间的各项工作，准时出席会议。在外出差、学习的，如无特殊情况，务请回来参加会议。

　　3. 与会单位应于5月12日下午下班前将参加会议人员名单报到公司行政办公室秘书处。联系人：杨小姐，电话：138××××××××，传真：××××-××××××××。

熙心贸易有限公司<br>2019年5月10日

张扬拟好会议通知后，没有马上把它交给自己的上级王主任，而是先让部门同事小李看看自己有什么写得不对的地方。小李看完后，给张扬提出了以下几点不当之处。

一是结构要素方面。正式发文而且是重要的会议通知，其标题应该用完整的形式，包括发文机关、事由和文种，主送机关应该写被通知者的姓名或单位名称。

二是正文内容方面。正文可用序号标题，使内容叙述更加层次分明；因为是以本单位的名义发文，所以行文时应用第一人称；若正文提及相关的报名表或回执表，应以附件的形式附上。

张扬依据小李的建议，又认真学习了会议通知的范例，将所写的文稿进一步完善，然后交给王主任。修改好的文稿如下。

**熙心贸易有限公司关于应战"6·18"促销狂欢节筹备会议的通知**

公司各部门、各地代理商：

　　为了更好地完成我公司今年上半年所制定的销售目标，并做好"6·18"促销狂欢节筹备工作，经董事会研究决定于2019年5月15日召开筹备会议。现将有关事项通知如下：

　　一、会议议题

　　1. 各部门及各地代理商针对"6·18"促销活动方案的讨论与确定。

　　2. 备战"6·18"前的准备工作安排。

　　3. "6·18"促销活动期间及之后的应急方案。

　　二、与会人员

　　1. 各部门经理、1名秘书。

　　2. 各地区代理商负责人、1名秘书。

三、会议时间和地点

1．会议时间：5月15日上午9:00至下午5:30。

2．会议地点：××市白云区机场东路1号豪泉大厦605A公司总部会议室。

四、报到时间和地点

5月14日在××市白云区机场东路景天大酒店大堂报到。

五、会议其他要求

1．相关人员应准备约15分钟的发言。请将发言材料打印50份，在报到时交行政办公室秘书处。

2．请与会人员安排好会议期间的各项工作，准时出席会议。在外出差、学习的，如无特殊情况，务请回来参加会议。

3．与会单位应于5月12日下午下班前将参加会议人员名单填好（后附会议报名表）报到公司行政办公室秘书处。

4．需接车、接机及购买回程机票、车票的人员，务请在会议报名表中注明，亦可电话告知公司行政办公室。

5．大会将为各与会人员免费提供食宿，请自备自需用品。

会务联系：行政办公室秘书处

传　真：××××-××××××××

联系人：杨小姐

联系电话：××××-××××××××

电子邮箱：×××××××

附件：1．会议报名表

　　　2．交通路线图

熙心贸易有限公司（印章）

2019年5月10日

行政部主任王明审阅了张扬的这份会议通知文稿，认为他写得很规范，而且语言表达也较为流畅清楚，对张扬刮目相看，并向他投去赞赏的目光。张扬心里欣喜万分，并暗暗下决心，今后更要好好提升自己的写作能力。

## 3.2.5　知识拓展

口头通知比较灵活，只需将相关信息说清楚便可，在当今互联网时代，人们习惯于在微信群或内部交流平台直接发布通知。常见的会议通知短信模板如下。

模板1：××同事，由××部门主持的××会议将于××月××日下午14:00在××会议室召开，全体人员务必准时参加，不可迟到，自带笔纸记录，收到请回复，大家互相转告！

模板2：××经理，接到××的通知，××月××日上午将在××会议室召开××会议，会议主题为××，请务必准时参加，收到请回复，谢谢！

模板3：尊敬的各位同事和领导，由××召集的××会议将于××月××日上午10:00在会议室召开，请大家准时参会。注：会议资料已发送至大家的邮箱，请自行下载查看。

模板4：××同事，定于××月××日上午10:30在五楼会议室召开工作总结大会，请各位与会人员务必准时到场，谢谢配合！

现阶段，除了常见的会议通知信息软件发布平台，还有为了提高组织会议工作的效率，而专门研究出的会议登记管理系统，如图3-2-1所示。该系统集会议信息登记、会议人员安排、会议短信提醒、自动任务处理等功能于一体，有移动通信功能，提供自动化会议信息处理解决方案。

会议登记管理系统适合各企事业单位办公室会议、事务处理、内部通知发布等。它包含两部分程序：第一部分是负责前台应用处理的会议登记管理程序；第二部分是负责后台任务自动处理的短信后台处理程序。

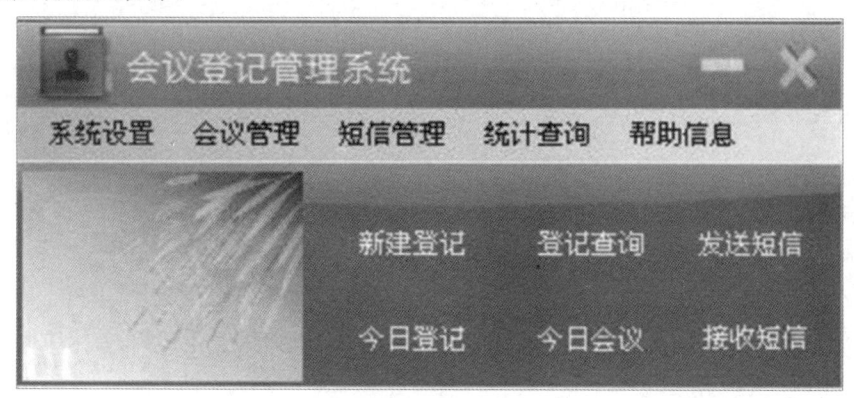

图 3-2-1

## 3.2.6　总结提升

起草会议通知是机关单位、企业内部的一项经常性工作，不管是综合部门还是业务部门，总有一些工作需要通过会议进行传达学习并贯彻落实。因此，把握好起草会议通知的几个关键点，将对组织召开会议工作大有裨益。大体来说，有以下几个关键点。

（1）醒目凝练的标题和开头。例如，《××单位关于召开××××工作座谈会的通知》。标题的下方是主送机关，如"各区（市）党委，市直各部门（单位）党组（党委）"。开头要简要凝练，如"为进一步做好我市××××工作，经研究，决定召开全市××××工作座谈会，现将有关事宜通知如下："。

（2）一目了然的时间和地点。例如，定于××××年××月××日上午 9:30 在××××会议室举办会议，会期一天。

（3）简明扼要的会议内容。例如，传达学习全省××××工作会议精神，座谈交流××××工作情况，部署我市××××工作任务。

（4）明确具体的与会人员。例如，各区（市）党委分管××的副书记、××××部门负责同志，市直部门（单位）分管领导及××××部门负责同志。

（5）简洁清晰的与会要求。与会要求一般包括对会议材料的准备要求、报名情况反馈要求、会议签到要求等。会议通知的最后要写明会务联系人、联系电话，附件部分包括会议回执单、参会单位名单等。大中型会议及有外地人员参加的会议，还应写清报到地点、有无交通工具接送、需携带哪些资料和物品、可否带或带多少工作人员等。

**课外任务**

××市财政局为了传达、贯彻本省财政厅对当前财务工作的指示，布置明年的工作，经会议决定于20××年5月15日召开一次全市财务工作会议，要求各区、县财政局，市直财务管理机构或有关公司参加。会期3天，报到时间为5月14日，报到地点为××市百乐园度假村酒店大堂，会议地点为该酒店二楼会议厅。要求各单位拟定一位会议发言人，并于会议上报告本单位明年工作计划。请代拟这份会议通知，其他相关内容可以合理添加。

## 任务3　记录档案，备存核查——会议记录

### 知识目标

1. 掌握会议记录的定义和种类。
2. 掌握会议记录的结构与写法。
3. 熟悉会议记录的写作要求和写作技巧。

### 能力目标

1. 能做好会议记录。
2. 能根据具体情况撰写会议记录。

### 素质目标

1. 培养严谨细致的写作态度。
2. 树立记录备存资料的意识。
3. 培养信息化素养。

### 3.3.1　情景导入

情景描述：

王明：小张，明天召开的应战"6·18"促销狂欢节筹备会议很重要，需要由专门人员负责做记录，这个任务交给你了。

张扬：好的，主任。

情景导入小视频观赏

### 3.3.2　任务分析

会议是比较常见的工作沟通方式，用于探讨工作思路、交流工作信息、明确工作安排，而会议记录的质量将直接影响行政人员在领导心目中的印象。一份好的会议记录，能展现行政人员的职业素养，如总结提炼能力、捕捉识别能力、逻辑思维能力等。张扬深知这次写作任务的重要性，所以丝毫不敢放松，时刻准备着。要做好会议记录，首先要掌握会议记录的定义、种类、结构与写法，其次要熟悉会议记录的写作要求和写作技巧，能根据具体情况撰写会议记录。

## 3.3.3 知识准备

### 一、会议记录的定义

会议记录是指在会议过程中，由记录人员把会议的组织情况和具体内容记录下来所形成的内部备存资料。

一般开会当场就把会议的相关情况（如发言人姓名、会上的报告内容、会上讨论的问题、与会人员的发言、会上通过的决议等）如实、准确地记录下来，并于会议结束后及时发送给与会人员进行确认。会议记录还是会议文件及其他公文形成的基础，如根据会议记录的内容撰写会议纪要上传下达会议精神，或者撰写会议简报和会议新闻刊发于内部刊物等。领导可根据会议记录督促会议各项决议的执行，同时会议记录也是行政部门立卷归档的材料。

### 二、会议记录的种类

按会议性质划分，可将会议记录分为办公会议记录、专题会议记录、联席会议记录、座谈会议记录、项目会议记录等。以下列举办公会议记录、项目会议记录各一篇例文，如例文1、例文2。

例文1

××人民政府办公会议记录

会议名称：××人民政府办公会议

时间：××××年××月××日

地点：市政府主楼××会议室

出席人：×××、×××、×××、×××、……

缺席人：×××（因病）、×××（外出开会）

列席人：×××（主管教育工作的副市长）、×××（市教委副主任）、×××（市财政局局长）

主持人：×××

记录人：×××

议题：传达省教育工作会议精神，研究我市如何加强、改进教育工作。

发言内容、决定事项：

1. ×××××××。（略）

2. ×××××××。（略）

……

散会。

主持人：×××<br>记录人：×××

例文2

××公司项目会议记录

时间：××××年××月××日

地点：公司会议室

出席人：公司各部门主任

主持人：×××（公司副总经理）

记录人：×××（办公室主任）

会议发言记录：

一、主持人讲话

今天主要讨论一下"中国办公室"软件是否投入开发及如何开展前期工作的问题。

二、发言

技术部×总：类似的办公软件已经有不少，如微软公司的 Word、金山公司的 WPS 系列，以及众多的财务、税务、管理方面的软件。我认为目前面临的首要问题是确定选题方向，如果没有特点，千万不能动手。

资料部×主任：应该看到的是，虽然办公软件很多，但从专业角度而言，大都不是很规范。我指的是编辑方面的问题，如 Word 中对于行政公文这一项内容就干脆忽略，而书信部分也大多是英文的习惯，中国人使用起来很不方便。WPS 是中国人开发的软件，在技术上很有特点，但在应用方面的编辑十分简陋，与专业水准相差很远。我认为我们的产品定位在编辑方面是很有市场的。

市场部×主任：这是在众多"航空母舰"中寻求突破，我认为有成功的希望，关键的问题就是必须小巧，并且速度极快。因为我们建造的不是"航空母舰"，这就必须考虑到兼容问题。

三、会议议定事项

各部门都同意立项，初步的技术方案将在 10 天内完成，资料部预计需要 3 个月完成资料编辑工作，系统集成约需要 20 天，该软件预定于元旦投放市场。

散会。

主持人：×××

记录人：×××

## 三、会议记录的结构与写法

### （一）会议记录的结构

会议记录的结构包括两部分：一部分是会议的组织情况，要求写明会议名称、时间、地点、出席人、缺席人、列席人、主持人、记录人等；另一部分是会议的内容，要求写明发言、决议、问题，这是会议记录的核心部分。

对于发言的内容，有两种记录方式：一是详细具体地记录，尽量记录原话，主要用于比较重要的会议和重要的发言；二是摘要性记录，只记录会议要点和中心内容，多用于一般性会议。

会议结束，记录完毕，要另起一行写"散会"二字。若中途休会，则要写明"休会"字样。

综上，会议记录的写法如下：

××会议记录

时间：

地点：

出席人：

缺席人：

列席人：

主持人：

记录人：

会议发言记录：
一、主持人讲话
今天主要讨论一下××××××的问题。
二、发言
张主任：×××××××。
李部长：×××××××。
……
三、会议议定事项（略）
散会。

主持人：（签名）

记录人：（签名）

## （二）会议记录的写法

会议记录有"记"与"录"之分。"记"又有略记与详记之别。略记是只记会议摘要及会议上的重要或主要言论；详记则要求记录的项目必须完备，记录的言论必须详细完整。若需要留下包括上述内容的会议记录则要靠"录"。"录"有笔录、音录和影像录几种形式。对会议记录而言，音录、影像录通常只是手段，最终还是要将录下的内容还原成文字。而笔录也常常要借助音录、影像录，并将其作为记录内容，以求最大限度地再现会议情境。

会议记录一般有摘要记录和详细记录两种。

（1）摘要记录。一般会议只要求有重点地、有要点地记录与会人员的讲话、发言及决议，不必"有闻必录"。所谓重点、要点，是指发言人的基本观点和主要事实、结论。对一般性的例行会议，只要概括地记录讨论内容和决议的要点，不必记录详细过程。

（2）详细记录。对特别重要的会议或者特别重要的发言，要进行详细记录。详细记录要求尽可能记下每个人发言的原话，不管重要与否，最好还能记下发言时的语气、动作、表情及与会人员的反应。如果发言人是照稿子念的，可以把稿子收作附件，并记下稿子之外的插话、补充解释的部分。

总之，凡是发言都要把发言人的名字写在前。需要注意的是，一定要将先发言的记录于前，后发言的记录于后。记录发言时要掌握发言的质量，重点要详细，重复的可略记，但如果是决议、建议、问题或发言人的新观点则要详细记录。

会议记录应该突出的重点有：会议中心议题及围绕中心议题展开的有关活动；会议讨论、争论的焦点及各方的主要见解；权威人士或代表人物的言论；会议开始时的定调性言论和结束前的总结性言论；会议已议决的或议而未决的事项，以及对会议产生较大影响的其他言论或活动。

## 四、会议记录的写作要求

会议记录就是把会议的基本情况、报告、发言、决议等内容记录下来，方便会后了解情况。会议记录是进一步研究工作、总结经验的重要材料，因此会议记录的写作要求较严格，具体包括如下内容。

### （一）真实准确

要如实地记录别人的发言，不论是摘要记录，还是详细记录，都必须忠于原意，不得添加记录人的观点、主张，不得断章取义，尤其是会议决定等言论，更不能有丝毫出入，力求真实准确。因此，记录人在记录时应做到以下几点：不添加，不遗漏，依实而记；清楚，首先书写要清楚，其次记录要有条理，突出重点。

### （二）要点不漏

详细或摘要记录，要根据情况而定。一般来说，决议、建议、问题和发言人的观点及论据材料等要记得具体、详细；而一般情况的说明可抓住要点，略记大概意思。

### （三）始终如一

始终如一是记录人应有的态度。始终如一是指记录人从会议开始到会议结束整个期间要认真负责地记录。

### （四）注意格式

会议记录的格式并不复杂，记录时按照其格式记录即可。为了提高工作效率，也可提前制定会议记录的表格形式，做记录时将相关内容填入便可。

## 五、会议记录的写作技巧

会议记录的写作技巧有四条：一快、二要、三省、四代。

一快，即书写运笔要快，记得快。字要写得小一些、轻一点，多写连笔字；要顺着肘、手的自然去势，斜一点写。

二要，即择要而记。就记录一次会议而言，要围绕会议议题、会议主持人和主要领导人发言的中心思想、与会人员的不同意见或有争议的问题、结论性意见、决定或决议等进行记录；就记录一个人的发言而言，要记其发言要点、主要论据和结论，论证过程可以不记；就记录一句话而言，要记这句话的中心词，修饰语一般可以不记。要注意上下句的连贯性，一篇好的会议记录应当独立成篇。

三省，即在记录时正确使用省略法，如使用简称、简化词语或统称。省略词语和句子中的附加成分，如"但是"只记"但"；省略较长的成语、俗语、熟悉的词组和句子的后半部分，可用曲线代替；省略引文，记下起止句或起止词即可，会后再进行查补。

四代，即用较为简便的写法代替复杂的写法。一可用姓代替全名；二可用笔画少、易写的同音字代替笔画多、难写的字；三可用一些数字和国际上通用的符号代替文字；四可用汉语拼音代替生词和难字；五可用外语符号代替某些词汇等。但在整理和印发会议记录时，应按规范要求办理。

## 3.3.4 任务实施

在会议正式开始之前，张扬提早 10 分钟到达会场，首先在会议记录本上记下会议的组织情况，并整理好记录本及相关录音设备，等待会议开始。

会议正式开始后，张扬按照会议进程如实记录会议全过程。他采用详细式会议记录，具体内容如下。

2019 年"6·18"促销狂欢节筹备会议记录

时间：2019 年 5 月 15 日上午 9:00
地点：公司总部会议室
出席人：公司各部门经理及秘书、各地区代理商负责人及秘书
主持人：杨臻（公司副总经理）

记录人：张扬

会议发言记录：

一、主持人讲话

今天的会议主要讨论一下2019年"6·18"促销狂欢节筹备工作，议题有以下几个。

1．各部门及各地代理商针对"6·18"促销活动方案的讨论与确定。

2．备战"6·18"前的准备工作安排。

3．"6·18"促销活动期间及之后的应急方案。

请各位负责人根据本部门的情况进行讨论发言。

二、发言

（一）关于"6·18"促销活动方案的讨论与确定

电商中心钟经理：一年一度的"6·18"促销狂欢节即将到来，为了更好地做好今年此项活动的筹备工作，下面由我来介绍整个策划方案……

（二）关于备战"6·18"前的准备工作安排

营销中心赵主任：（略）

品牌管理中心祁主任：（略）

设计研发中心朱主任：（略）

供应链管理中心林主任：（略）

信息管理部唐主任：（略）

人力资源部马主任：（略）

行政部王主任：（略）

（三）关于"6·18"促销活动期间及之后的应急方案

营销中心赵主任：（略）

品牌管理中心祁主任：（略）

设计研发中心朱主任：（略）

供应链管理中心林主任：（略）

信息管理部唐主任：（略）

人力资源部马主任：（略）

三、会议议定事项（略）

散会。

主持人：杨臻（签名）

记录人：张扬（签名）

## 3.3.5　知识拓展

重要的会议一般应录音，以便整理会议记录时有依据。除非有必要，定期召开的会议通常不用录音，因为花费时间记下的详细发言内容，可能毫无用武之地。大多数会议都会指定一名会议记录人员。会议记录人员的笔记应流畅，易于了解，同时不能失真。笔记最好用电脑记录，方便参阅。会议记录人员的责任还包括以下几方面：及时指出令人困惑的发言，并请该发言人解释清楚；适时做总结，协助讨论的进行；向与会人员确认各议案的排序是否正确。

现在的智能手机功能越来越强大，自带许多实用软件，如可以用记事本记录，也可以随时录音。除此之外，还可以下载安装各种各样的适合做会议记录的实用软件，如录音转文字助手。

尤其是企事业单位开展各项活动或年底会议比较多的时候，行政部门经常需要记录，因此为提高工作效率，行政人员可以在手机上安装该软件，直接录音就可以即时转成文字，或者用手机自带的录音功能录好文件，再上传至该软件转成文字。

录音转文字助手操作简单、方便快捷、准确率高，可以大大节省工作时间。其使用步骤如下。

第一步，安装录音转文字助手 App，主界面如图 3-3-1 所示。

第二步，点击"录音识别"按钮跳转到"录音"界面，可以边录音边翻译，该软件支持中英文双语翻译，如图 3-3-2 和图 3-3-3 所示。

第三步，在录制完毕之后，系统也会同时完成文字的转换，直接保存就可以了，当然最好将录音和识别内容都保存下来，以便后期校对文本内容，如图 3-3-4 所示。

第四步，选择保存的内容之后，保存好的数据都在主页的文件库内，直接打开就可以看到。

图 3-3-1

图 3-3-2

图 3-3-3

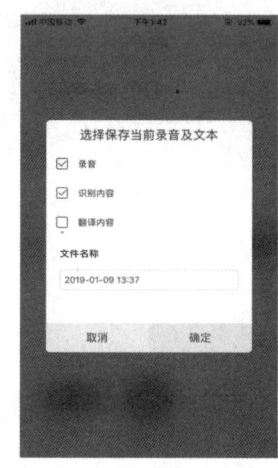

图 3-3-4

录音转文字助手不仅支持实时在线翻译，还支持先录制再翻译，只需要上传录音内容就可以完成文字的转换。

## 3.3.6 总结提升

会议记录要求忠于会议，不能夹杂记录人员的任何个人情感，更不允许有意增删发言内容。

会议记录一般不宜公开发表,如需发表,应征得发言人的审阅同意。因此,在做会议记录时还要注意以下几点。

(1)准确写明会议名称(要写全称),开会时间、地点、会议性质。

(2)详细记下会议主持人,出席会议应到和实到的人数,缺席、迟到或早退的人数及其姓名、职务,记录人姓名。如果是群众性大会,只要记出席的总人数及出席的较重要的领导成员即可;如果是较重要的会议,出席对象来自不同单位,应设置签名簿,请出席人签署姓名、单位、职务等。

(3)忠实记录会议上的发言和有关动态。会议发言的内容是记录的重点,而其他会议动态,如发言中插话、笑声、掌声、临时中断及其他重要的会场情况等,也应予以记录。

多数会议只要记录发言要点,即把发言人讲了哪几个问题、每个问题的基本观点及主要事实和结论、对别人发言的态度等进行摘要式的记录,不必"有闻必录"。某些特别重要的会议或特别重要人物的发言,需要记下全部内容。有录音设备的,可先录音,会后再整理出全文;没有录音设备的,应由指派的记录人员负责记录;没有专门的记录人员的,则可以多配几个记得快的人负责记录,以便会后互相校对补充。

(4)记录会议的结果,如会议的决定、决议或表决等。

### 课外任务

参加一次学习或工作上的正式的会议,并为会议拟写一篇会议记录。

## 任务4 记载会议,传达精神——会议纪要

### 知识目标

1. 理解会议纪要的定义、特点和种类。
2. 掌握会议纪要的结构与写法。
3. 熟悉会议纪要的写作要求。

### 能力目标

1. 能根据会议材料整理会议纪要。
2. 能按规范要求撰写会议纪要。

### 素质目标

1. 培养写作会议工作文书的素养。
2. 培养严谨细致的写作态度。
3. 培养信息化素养。

## 3.4.1 情景导入

情景描述：

王明：小张，整理一下这次筹备会议的会议纪要，下发至各有关部门，传达此次会议精神，以便各部门了解并落实"6·18"促销狂欢节活动准备工作。

张扬：保证完成，主任。

情景导入小视频观赏

## 3.4.2 任务分析

熙心贸易有限公司召开的2019年"6·18"促销狂欢节筹备会议，张扬一直在跟进，所以他对此次会议的内容较为熟悉，并且掌握所有的会议文件，因此上级交代他整理此次会议的会议纪要。要做好整理会议纪要的工作，首先要理解会议纪要的定义、特点和种类，其次要掌握会议纪要的结构与写法，熟悉会议纪要的写作要求，能根据会议材料及规范要求撰写会议纪要。

## 3.4.3 知识准备

### 一、会议纪要的定义

会议纪要属于会议工作文书范畴，也是党政机关公文的一种，现称纪要。会议纪要用于记载和传达会议情况和议定事项。所谓"纪"指综合、整理，"要"指要点。会议纪要是指在某次会议之后，在会议记录、会议有关文件和会议其他有关资料的基础上，对该会议的基本情况、讨论与研究的重要事项、主要精神等加以记载、整理而形成的文件，以公文形式对外发布。其主要作用是沟通情况、交流经验、统一认识、指导工作。机关单位及企事业单位都可以使用会议纪要。

### 二、会议纪要的特点

（一）纪实性

会议纪要是某次重要会议的真实概括与提炼，有强烈的纪实性，不仅会议召开时间、地点、参加会议人员等基本素材是真实的，而且会议研讨的事项、会议的精神也是真实的。在撰写会议纪要时不得随便更改、增删会议的基本情况和中心内容，不能对会议内容进行评论，也不能随意深化、曲解会议精神。

（二）纪要性

会议纪要必须精其髓，概其要，以极为简洁精练的文字高度概括会议的内容和结论。会议纪要不仅仅是对会议过程进行简单、机械的记录，还是通过归纳、整理而形成的具有概括性的文件，它反映会议的主要事项和主要精神，重点说明会议的主要参与者、基本议程、与会人员的主要观点、会上达成的共识及形成的决议或决定。

（三）指导性

一般比较大型的会议和重要的会议都要整理会议纪要。除凭证作用、资料作用外，会议纪要主要体现会议的指导思想，便于上情下达和下情上达。它要传达会议情况、会议精神，要求与会单位和相关部门以此为依据开展工作，落实会议的议定事项。

### （四）独特的发布方式

会议纪要可以发给上级、平级或下级机关，也可以直接发给领导个人，如市委书记、市长等。

## 三、会议纪要的种类

按照不同的标准，会议纪要可以分为多种类型。

按会议类型划分，有办公会议纪要、现场会议纪要、座谈会议纪要、联席会议纪要、研讨会议纪要等。

按会议内容划分，有例行会议纪要、工作会议纪要、学术会议纪要等。

按内容涉及范围划分，有专题性会议纪要、综合性会议纪要。

以下列举办公会议纪要、座谈会议纪要各一篇例文，如例文1、例文2。

例文1

××企业集团办公会议纪要

（××××年1月21日）

××××年1月21日下午，陈×总裁在总部主持召开了新年第一次总裁办公会议，确立了今年企业集团的工作思路，布置了工作任务。参加会议的有各部门负责人。会议议定事项如下：

一、企业集团今年的工作思路是"扶持和培育10~15家骨干企业；稳定30家左右中等企业；撤、并、停、转、重组一批小企业和困难企业"，减少企业集团下属子企业数量，促进有潜力的企业快速发展。会议要求集团总部及各部门依据工作思路制订出今年的工作计划。

二、今年的工作重点是建立"三库"，即建立企业资产财务信息库、人力资源库和企业基本情况数据库。

三、今年要加强集团内部管理，强化服务意识，理顺工作程序，严格考勤考核工作，增强执行制度和各项规定的自觉性，树立企业集团的良好形象。

四、年初出台新的企业考核体系，对不同性质的企业出台不同的考核办法。

参加人员：陈×× 张×× 李×× 林×× 王×× 万×× 黎×× 周××

例文2

××学院学生思想状况分析座谈会议纪要

××××年××月××日下午3点，学院主管政治思想教育工作的副院长×××在学院小会议室主持召开了学生思想状况分析座谈会。各系党总支书记、政治辅导员、班主任、学生会委员参加了本次座谈会。现将座谈会情况纪要如下：

一、×××副院长传达了省教育厅领导关于认真加强学生政治思想工作，注重分析当前学生的思想状况的讲话精神。其后，×××副院长对学生的思想状况进行了分析，认为当前学生的思想状况总体是健康的、向上的，但也存在一些较突出的问题，如……（略）

二、人文系党总支书记×××同志说：当前青年学生思想比较活跃，愿意思考问题，这确实是学生的主流，但当前在部分学生中也存在比较严重的拜金主义、重技能轻理论、重实用轻人文的倾向。

三、××班党支部书记在汇报学生思想状况时，指出有些同学在思想上没有处理好学习与兼职的关系，严重影响了学习成绩。

四、经贸系政治辅导员×××同志谈到个别学生存在怕露贫而不愿申请经济困难补助的心理。

（略）

参加人员：×××　×××　×××　×××　×××　×××　×××　×××

## 四、会议纪要的结构与写法

### （一）会议纪要的结构

**1. 标题**

（1）单行标题，即普通公文标题。标题多为"事由（会议名称）+会议纪要"形式，如《××市计划生育工作会议纪要》《关于××××××的会议纪要》。

（2）双行标题（复式标题），以正副标题形式出现。有的会议纪要正标题是文章类标题，副标题是文件类标题，如《穷追猛打，除恶务尽——××市扫黄扫黑工作会议纪要》；也有的会议纪要正标题是文件类标题，副标题是文章类标题，如《××县长办公会议纪要——关于制定特色产业园入驻企业及生产经营期间优惠政策的会议纪要》。

**2. 正文**

标题下一行直接写正文，正文写完后空两行写参加会议的主要领导人的姓名，直接写"参加人员"四字，后用冒号，然后把名单写上。

需要注意的是，会议纪要不写主送机关，也不落款。印好后将会议纪要分送给参加会议的机关、个人和需要知道会议情况的机关、个人即可。

### （二）会议纪要的写法

会议纪要的正文由会议概况、会议内容和结尾三部分构成。

**1. 会议概况**

开头部分一般要简要地交代会议的时间、地点、主持人、参加人员、会议议题、会议情况、会议结果及会议评价，然后用"现将会议纪要如下"等句过渡到主体部分。但也并非所有会议纪要都必须将上述项目一一写出，可根据具体情况，省略某些内容。例如，有些内容广泛、复杂的大型会议纪要，要交代背景；而有些内容简单的例行性会议纪要，往往不写情况介绍和会议评价，一般写成"××××年××月××日，××主持在××地召开××会议。××等人参加了会议。现将会议纪要如下："。

**2. 会议内容**

这是会议纪要的重点、主体部分，一般主要写决议事项，会议研究、讨论的问题及事项，会议主要报告的内容要点，会议的决定及贯彻会议精神所应采取的办法、措施、计划等。一些简单的、小型的会议纪要，可不写讨论情况，直接写决议事项。大型的会议纪要，一般不应省略会议讨论情况。

具体写法有以下三种。

（1）归纳分项式，即将会议的主要内容分门别类地进行整理，归纳成几个大的方面或问题，然后加上小标号或小标题分成几项来写。一些大型会议多用这种写法。

（2）发言记录式，即按在会议上的发言顺序，将每位发言人的主要意见归纳整理出来。讨论、座谈会纪要常用这种写法。在写作时，应精选能代表发言人的观点的话语，不可"有闻必录"。此外，每位发言人的姓名和职务都必须写出。

（3）消息报道式，多用于讨论比较单一、意见比较统一的小型会议。这种写法用概括叙述的方法，对会议讨论情况和议定事项进行整体的阐述与说明。

3. 结尾

结尾应根据实际情况确定有无。若正文部分文意已尽，可不再另写结尾。有的结尾常提出会议要求、指出今后工作的努力方向，或者向有关单位和人员表示感谢等。

### 五、会议纪要的写作要求

（1）收齐会议资料，全面掌握会议情况。写好会议纪要的关键是要把会议资料收集齐全，如会议通知、会议流程安排、领导讲话、会议记录等。在写作前要及时消化和吃透会议资料，掌握会议情况，领会会议精神，尽量取得全面、准确的第一手资料。

（2）忠于会议内容，如实反映会议精神。会议纪要要真实、准确、全面地概括会议内容、反映会议情况和会议精神，特别是会议的议定事项。因此，在撰写时要忠于会议的原始记录、会议文件等资料，不能随意增删、篡改会议内容或曲解、深化会议精神，对会议上的讲话、报告、决定等可适当引用。

（3）抓住中心议题，条理清楚层次分明。会议纪要的写作不需要面面俱到，而要突出会议重点和基本精神，概括地反映会议最本质的观点和意见，做到条理清楚、文字简练、内容质朴庄重。会议纪要应用记叙性的语言，尽量少用或不用过多的议论与理论分析，防止观点和内容本末倒置或喧宾夺主。

## 3.4.4 任务实施

张扬认真查阅了与会议有关的全部文件，并在会议记录的基础上综合整理了会议纪要。其内容如下。

熙心贸易有限公司2019年"6·18"促销狂欢节筹备会议纪要

2019年5月15日上午9点，公司副总经理杨臻在总部会议室主持召开了2019年"6·18"促销狂欢节筹备会议。参加会议的人员有公司各部门经理及秘书、各地区代理商负责人及秘书，会议由张扬做记录。现将会议有关情况纪要如下：

一、会议议题

1. 各部门及各地代理商针对"6·18"促销活动方案的讨论与确定。
2. 备战"6·18"前的准备工作安排。
3. "6·18"促销活动期间及之后的应急方案。

二、会议情况

公司各部门经理及各地区代理商负责人都根据公司及部门实际情况进行了发言，首先由电商中心钟经理介绍整个策划方案，与会人员就策划方案的具体内容重点讨论了备战前的准备工作，对各部门"6·18"促销活动期间及之后的应急方案也做了安排。

三、议定事项（略）

参加人员：杨臻　钟奇　×××　×××　×××　×××　×××　×××

张扬整理出这份会议纪要后，先与所有的发言人确认会上发言的信息，待确认后再进行细微的修改，并将修改稿发送给王主任。得到王主任的审阅批复后，张扬将这份会议纪要交由文印部门打印，最后分发至各有关部门知悉并执行。

## 3.4.5　知识拓展

### 一、会议记录与会议纪要的异同

会议记录和会议纪要，两者既有联系又有不同。

相同点是两者都要反映会议的基本情况和全过程，都必须尊重事实，以会议实际情况为写作的依据。

不同点主要有以下几点。

（1）形成过程不同。会议记录是随着会议的进程而写的，会议一结束，记录随之完毕，一般不需要进行综合整理；会议纪要则是在会议结束后，根据会议中心议题，对所有材料进行综合整理后形成的。

（2）写法不同。会议记录不需要按公文格式写作，内容上只要如实地记录会议进程及与会人员发言的情况即可；会议纪要应按公文格式写作，内容上要求概括、精练地反映会议的主要内容、基本精神和决定事项。

（3）作用不同。会议记录不是公文，不具有指导作用，只是作为凭证或资料保存，以备查证；会议纪要是公文的一种，可以对外发布，对下级的工作具有指导作用。

（4）使用范围不同。会议记录使用的范围较广，各种会议都可以用；会议纪要一般用于比较重要的或大型的会议。

### 二、如何将会议记录改成会议纪要

| ××会议记录 | ××会议纪要 |
| --- | --- |
| 时间： | ××××年××月××日， |
| 地点： | ××主持在××地召开××会议。 |
| 出席人： | ××等人参加了会议。 |
| 缺席人： | |
| 主持人：　───────▶ | |
| 记录人： | |
| 一、报告（略） | 会上，由××进行了××的报告。 |
| 二、讨论（略） | 大会就××问题进行了讨论。 |
| 三、决议（略） | 会议做出了如下决议：……（略） |
| 散会。 | |
| 　　记录人：××× | |
| 　　主持人：××× | 参加人员：×××　×××　×××　××× |

以上是两个文种的转换格式。当然，会议纪要还可以借助公文制作软件来辅助写作，如公文宝。操作方法与其他党政机关公文一样，只要按照软件平台的操作方法完成写作并导出即可。

## 3.4.6 总结提升

作为一名行政工作人员，尤其是助理、秘书等，跟随领导参加各种会议并撰写会议纪要是其工作内容之一。要写好会议纪要，一般要做好以下四个方面的工作。

（1）完整地记录会议内容，这是写好会议纪要的基础工作。在会议的过程中，需要明确记录会议的时间，包括开始时间、中途休息时间及会议结束时间。同时，还要记录发言人的相关信息，包括发言人的姓名、职务和所属部门。当然，最重要的还是他们详细的发言内容。在做记录时，要注意将发言内容与发言人一一对应，便于后期查阅和整理。同时，也要标记发言人多次提及的重要内容和会上不能及时理解的内容。发言人所提及的相关资料或演示资料也是需要做记录的，具体可记录资料的名称和对应发言人的姓名。

（2）对会议内容和资料进行整理。除了会上记录的内容需要整理，还要整理会议涉及的资料，包括演示资料，可根据记录的名称找出该资料，并根据发言人所表达的意思提取资料的重点，必要时可原文借鉴。此外，会议涉及的资料还包括会上发放的资料，也要对其进行整理，勾画出其中涉及的重点内容，便于编写会议纪要时采用。

（3）明确会议纪要的内容。一般而言，会议纪要包括两大部分。一是会议概况。此部分内容最需要注意的是呈现的内容要清晰明确。二是会议内容。此部分内容最需要注意的是要叙述简练、重点突出。

（4）提升自身的专业素养。

在做好以上四个方面的工作的基础上，多写、多练就能很快掌握会议纪要的写法和技巧了。

### 课外任务

1. 请根据以下会议记录整理一份会议纪要。

××公司项目会议记录

时间：××××年××月××日
地点：公司会议室
出席人：公司各部门主任
主持人：×××（公司副总经理）
记录人：×××（办公室主任）
会议发言记录：
一、主持人讲话
今天主要讨论一下"中国办公室"软件是否投入开发及如何开展前期工作的问题。
二、发言
技术部×总：类似的办公软件已经有不少，如微软公司的 Word、金山公司的 WPS 系列，以及众多的财务、税务、管理方面的软件。我认为目前面临的首要的问题是确定选题方向，如果没有特点，千万不能动手。

　　资料部×主任：应该看到的是，虽然办公软件很多，但从专业角度而言，大都不是很规范。我指的是编辑方面的问题，如 Word 中对于行政公文这一项内容就干脆忽略，而书信部分也大多是英文的习惯，中国人使用起来很不方便。WPS 是中国人开发的软件，在技术上很有特点，但在应用方面的编辑十分简陋，与专业水准相差很远。我认为我们的产品定位在编辑方面是很有市场的。

　　市场部×主任：这是在众多"航空母舰"中寻求突破，我认为有成功的希望，关键的问题就是必须小巧，并且速度极快。因为我们建造的不是"航空母舰"，这就必须考虑到兼容问题。

　　三、会议议定事项

　　各部门都同意立项，初步的技术方案将在 10 天内完成，资料部预计需要 3 个月完成资料编辑工作，系统集成约需要 20 天，该软件预定于元旦投放市场。

　　散会。

主持人：×××
记录人：×××

2. 请根据实际召开的一次会议所做的会议记录，整理出一份规范的会议纪要。

# 模块四

# 日常事务文书写作

日常事务文书是各级党政机关、企事业单位、社会团体在处理日常事务时用来沟通信息、安排工作、总结得失、研究问题的一种实用文书,是应用文写作的重要组成部分。本模块主要介绍工作计划、工作总结、简报、规章制度。

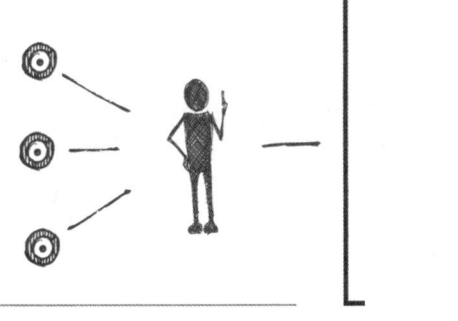

## 任务 1　思考缜密，未雨绸缪——工作计划

### 知识目标

1. 了解工作计划的基础知识。
2. 掌握工作计划的分类和结构。
3. 掌握工作计划正文的具体写法。

### 能力目标

1. 能根据实际需要撰写格式规范、结构完整、内容完备、表述正确的工作计划。
2. 能根据工作进行的阶段调整工作计划的内容。

### 素质目标

1. 擅长为公司制订日常性的工作计划。
2. 培养在工作计划中融入信息技术手段的应用能力。
3. 培养清晰的逻辑思维能力和严谨细致的写作态度。

## 4.1.1　情景导入

情景描述：

　　熙心贸易有限公司董事会召开了全公司下半年工作会议，研讨了公司下半年的总目标，拟定了各项工作的进度与措施。行政部负责起草公司下半年的工作计划。

　　王明：张扬，我将下半年工作会议内容发到你邮箱，你负责起草公司下半年的工作计划。
　　张扬：好的，主任。什么时候要上交？
　　王明：7月15日前。
　　张扬：收到。

情景导入小视频观赏

## 4.1.2　任务分析

　　根据情景内容，张扬要拟写的是工作计划。要拟写工作计划，首先要了解工作计划的基础知识，掌握工作计划的分类和结构，其次要掌握工作计划正文的具体写法，能根据实际需要撰写工作计划，并能根据工作进行的阶段调整工作计划的内容。

## 4.1.3 知识准备

"凡事预则立，不预则废。" 预即预先，指事先做好计划或准备；立就是成就；废则为败坏。全句的大意是不论做什么事，事先都应有准备、有计划，只有这样才能成功，不然就会失败。

### 一、工作计划的基础知识

#### （一）计划与工作计划的定义

一般认为，计划是企事业单位、社会团体或个人对未来一定时期的工作、事项、活动等做出预先的打算和安排，确定目标、步骤、措施所形成的一种事务文书。

而工作计划就是对即将开展的工作的设想和安排，如提出任务、指标、完成时间、步骤方法等。工作计划是行政活动中使用范围很广的重要文书，也是应用文写作的一个"重头戏"。党政机关、企事业单位、社会团体的各级机构，在对一定时期的工作预先做出打算和安排时，都要制订工作计划，用到"工作计划"这种文书。

#### （二）工作计划常见的文种

工作计划实际上有许多不同的文种，它们不仅有时间长短之分，而且有范围大小之别。从计划的具体分类来讲，比较长远、宏大的为"规划"，比较繁杂、全面的为"方案"，比较切近、具体的为"安排"，比较粗略、简单的为"设想"，比较简明、概括的为"要点"，比较深入、细致的为"计划"。无论何种称谓，这些都是计划文种的范畴。常见的工作计划文种的比较如下。

1. 规划

规划是全局性的、较长时期的长远设想。它是工作计划中最为宏大的一种。通常规划的时间为3~5年，有些规则的时间为5年以上，其内容以概括性语言描述为主，大多是全局性工作或涉及面较广的工作，如《××省社会保障事业发展"十三五"规划》（扫码看例文）。

2. 方案

方案是工作计划中内容最为复杂的一种。由于某些具有某种职能的具体工作比较复杂，不进行全面的部署不足以说明问题，因而方案的内容势必要繁杂一些，一般包括指导思想、主要目标、工作重点、实施步骤、政策措施、具体要求等。方案适用于上级机关向下级机关传达工作或涉及面比较广的工作，如《××公司中秋节活动策划方案》（扫码看例文）。

3. 安排

安排是工作计划中最为具体的一种。由于某些工作比较确切、单一，不进行具体的安排就不能达到目的，所以安排的内容要写得详细一些，这样容易让人掌握。安排适用于单位内部或涉及面较窄的工作，如《××学院党委20××年—20××年第一学期学生党建工作安排》（扫码看例文）。

4. 设想

设想是工作计划中最为粗略的一种。其内容是初步的，多是不太成熟的想法，其写法是概括地、粗线条地勾勒。设想一般为正式的规划或计划做准备，它不是给各级领导看的，而是交群众讨论的，因此在撰写时不必考虑得太周密，只要有一个雏形就可以了，且在提出任务或目标时，往往还可以有一些简短的论述，如《仓库管理工作设想》（扫码看例文）。

5. 要点

要点一般是针对未来一段时期工作的简明、扼要的安排，多用于上级机关向下级机关布置工作和交代任务。要点的时间为一个季度或一年，内容上列出工作主要目标即可，如《南桥区委2019年工作要点》（扫码看例文）。

例文二维码：要点

6. 计划

狭义的计划是广义的工作计划中最适中的一种。其时间一般为一年或半年，其内容大多是一项单位的工作或某一项重要的工作，内容的写法要比规划具体、深入，比设想正规、细致，比方案简明、集中，比安排拓展、概要，如例文《××造纸厂20××年质量管理工作计划》。

××造纸厂20××年质量管理工作计划

随着我国加入WTO，企业的外部环境发生了很大变化，进入国际市场的机遇越来越多，面对的竞争也越来越激烈。提高产品质量、降低产品成本，成为增强企业竞争力的重要手段。20××年是本厂产品质量升级、品种换代关键的一年，为进一步提高产品质量，特制订本计划。

一、质量工作目标

1．一季度增加2.5米大烘缸两台，增加批量，改变纸页温度。

2．三季度增加大烘缸轧辊一根，进一步提高纸页的平整度、光滑度。此项指标要达到QB标准。

3．四季度改变工艺流程，实现里浆分道上浆，使挂面纸板和水泥袋纸板达到省内同行业先进水平。

二、质量工作措施

1．强化质量管理意识，进行全员质量意识教育，培养高质量的管理干部。

2．成立以技术副厂长×××为首的计改领导小组，主持提高产品质量及产品升级、设备引进、技术改造的工作，负责各项措施的落实和检查工作。

3．由上而下建立质量保证体系和质量管理制度，把提高产品质量列入主管厂长、科长及技术人员的工作责任中，年终根据产品质量水平分配奖金，执行奖惩办法（奖惩办法由劳资科负责拟订，1月15日前公布）。

4．本计划纳入20××年全厂工作计划。厂部负责监督、指导实施。各部门、科室要协同配合，确保本计划的完满实施。

××造纸厂<br>20××年1月5日

## 二、工作计划的分类

根据不同的分类标准，可将工作计划分为许多不同的类型。

按内容划分，有全面的综合性计划，如社会发展计划、国民经济计划等；有单项计划，如生产计划、学习计划等。

按覆盖范围划分，有国家的、地区的、系统的、部门的、单位的、个人的计划等。

按时间划分，有长期的，一般又称为规划；有近期的，如年度、季度、月度的计划等。

按工作计划的详细程度划分，有计划要点、简要计划和详细计划。

## 三、工作计划的结构

工作计划大体分为标题、正文、落款三部分。

### （一）标题

工作计划的标题有四个部分：计划单位的名称+计划时限+计划内容摘要+计划名称。一般有以下两种写法。

（1）完整式标题，如《××公司 2019 年销售计划》。其中，"××公司"是计划单位的名称，"2019 年"是计划时限，"销售"是计划内容摘要，"计划"是计划名称。

（2）省略式标题，一般可以省略计划单位的名称或计划时限，如《××省商业储运公司实行经营责任制计划》就省略了计划时限。

### （二）正文

除写清指导思想外，正文大体上应包含以下三方面的内容。

1. 目标

这是工作计划的灵魂，工作计划就是为了完成一定的工作任务而制订的。目标是工作计划产生的导因，也是奋斗的方向。因此，工作计划应根据需要与可能，规定出在一定时间内所要完成的任务和应达到的要求。任务和要求应该具体明确，有的还要确定数量、质量和时间要求。

2. 措施和办法

要明确何时实现目标，就必须制定出相应的措施和办法，这是实现工作计划的保证。措施和办法主要指达到既定目标需要采取什么手段、动员哪些力量、创造什么条件、排除哪些困难等。总之，要根据客观条件统筹安排，将"怎么做"写得明确具体、切实可行。

3. 步骤

这是指执行工作计划的工作程序和时间安排。每项任务，在完成过程中都有不同的阶段，而每个阶段又有许多环节，各个环节之间常常是互相交错的。因此，在制订工作计划时必须掌控全局，妥善安排，哪些先干、哪些后干，应合理安排。而在实施的过程中，要有轻重缓急之分，哪些是重点、哪些是一般，也应该明确。在时间安排上，要有总的时限，又要有每个阶段的时间要求，以及人力、物力的安排。这样才能使有关单位和人员知道在一定时间内、一定条件下，把工作做到什么程度，以便争取主动、有条不紊地协调进行。执行希望应在正文的最后写出，为工作计划的结尾部分，但是这部分的内容可根据实际情况决定要不要写。

### （三）落款

在正文下一行右下部分署上制订工作计划的单位或个人及日期。此外，如果工作计划有表格或其他附件，也应分别注明，并在随后附上这些相关材料的详细内容。

## 四、工作计划正文的具体写法

工作计划的正文一般又分为三个部分，即开头、主体和结尾。

### （一）开头

工作计划的开头主要是相关背景性内容的概述，涉及的内容包括工作计划的目的和意义、相关现状背景或政策背景。开头一般不需要写太多，概述背景即可，如《××市关于创建卫生文明城市的工作计划》，开头部分为"近年来，××市在城市卫生文明建设方面仍然面临诸多问题,城市脏乱差现象仍然较大范围地存在,为了响应国家创建卫生文明城市的号召,推进城市管理工作的开展,特制定计划如下"。

### (二)主体

主体是工作计划的核心内容,阐述目标、措施和办法、步骤三项内容。主体既要写得全面周到,又要写得有条不紊、具体明白。通常规划或方案往往侧重上级机关向下级机关传达工作,一般突出指导性、原则性,需要先总结工作目标或原则,然后陈述详细措施;而计划或安排,可以直接陈述具体措施和办法,往往需要突出重点,详细分条书写。

### (三)结尾

工作计划的结尾或突出重点,或强调有关事项,或提出简短号召,当然也可不写结尾。

虽然不同类别的工作计划在写作上有一定的差异,但写作思路大体一致,其写法如下。

××公司××××年×××××××计划

根据××××××××情况,为实现×××××××目标,现制订×××××××计划如下:

一、目标

1. ××××××××。
2. ××××××××。

二、措施和办法

1. ××××××××。
2. ××××××××。

三、步骤

1. ××××××××。
2. ××××××××。

××公司<br>××××年××月××日

## 4.1.4 任务实施

张扬整理了王主任发过来的材料,又查阅了相关材料,拟写了下半年工作计划,初稿如下。

**熙心贸易有限公司 2019 年下半年工作计划**

为了完成本公司 2019 年的总体经营管理目标,根据上半年工作情况与存在的不足,结合目前公司发展状况和今后趋势,特制订 2019 年下半年工作计划如下:

一、2019 年下半年工作目标

1. 根据年度销售总目标,下半年应完成的销售额达×××万元。
2. 完善公司薪酬管理制度和绩效考核制度。
3. 举办"轻·时尚"夏秋装休闲搭配大赛。

二、措施与执行

1. 公司上半年已完成销售额×××万元,为顺利完成下半年的销售额,主要从以下几项工作着手。

（1）加强市场调研。根据营销中心提供的信息和公司在各区域的业务进展情况，将派专人（兼职人员）对各区域业务的发展现状和潜在的发展趋势进行充分的市场调研。通过调研获取第一手资料，为公司在各区域内开拓新的市场方面提供可靠的依据。

（2）加大品牌推广力度。

① 为进一步打响品牌效应，提高公司产品市场占有率，应重点运营电子商务商城，同时与各大电商平台合作开拓更大的市场空间，夯实网络营销新渠道，从而奠定坚实的新市场基础。

② 成立专门的网络营销团队，加大力度维护网络客户群，致力于品牌推广和网络促销活动的开展。

③ 进一步做好内部管理及宣传工作。在各个现场制作和安装宣传条幅或广告牌，现场展示公司实力，并及时制作公司新的业绩表和宣传资料。

④ 加强员工专业知识培训和素质教育工作，树立良好的公司员工形象。

2. 在新形势下，结合公司的实际情况，进一步完善薪酬管理制度和绩效考核制度，主要完成以下几方面工作。

（1）进一步完善公司的组织架构，确定和区分每个职能部门的权责，争取做到组织架构的科学适用，保证公司各项工作正常运营。

（2）完成公司各部门、各岗位的职能分析，为人才招募与评定薪资、绩效考核工作提供科学依据。同时，根据国家相关政策要求，进一步完善人力资源招聘与配置工作，改革推行薪酬管理制度，完善员工薪资结构，实行科学公平的薪酬制度。

（3）充分考虑公司员工福利，做好员工激励工作，建立内部晋升制度，完善员工职业生涯规划，培养员工主人翁精神和献身精神，增强公司凝聚力。

（4）在现有绩效考核制度的基础上，参考先进公司的绩效考核办法，实现绩效评价体系的完善与正常运行，并保证与薪资挂钩，从而保证绩效考核的权威性、有效性。在人员配置、资源保证、业绩考核等方面进行规定，从制度上为此项工作提供保证，并根据各部门实际情况和存在的问题，有针对性地加以分析和研究，以督促其在短期内按规定建立健全管理制度。

（5）大力加强公司员工岗位知识、技能和素质的培训，加大内部人才开发力度，提高员工的内部竞争力。

（6）建立内部纵向、横向沟通机制，调动公司所有员工的主观能动性，建立和谐、融洽的公司内部关系，集思广益，为公司发展服务。

3. 为提高公司的社会知名度，下半年将筹办"轻·时尚"夏秋装休闲搭配大赛。为了大赛的成功举办，各部门应统筹协助完成以下工作。

（1）研究确定大赛的主题、对象、要求、流程及方案的制订。

（2）明确大赛筹办的阶段工作安排，落实到具体负责人，各部门全力配合开展各项工作。

熙心贸易有限公司<br>2019 年 6 月 30 日

张扬拟出下半年工作计划后，拿给王主任审阅，王主任看后大加赞赏，肯定了张扬在文书写作方面有很大的进步。张扬兴奋不已，收获了满满的成就感。

## 4.1.5 知识拓展

### 一、写好工作计划的四大要素

（1）明确工作目标。

（2）制定措施和办法。

（3）明确工作安排。
（4）确定实施进度。

## 二、写好工作计划的五大原则

一是大局负责原则。要坚决贯彻执行党和国家的有关方针、政策和上级的指示精神，结合本机关单位、企业的大局和发展趋势来制订计划。

二是切实可行原则。要从实际情况出发定目标、定任务、定标准，既不能因循守旧，也不能盲目冒进。即使只做设想，也应当保证内容可行，能基本做到目标明确、措施可行。

三是集思广益原则。要深入调查研究，广泛听取群众意见，博采众长，切忌主观臆断。

四是详略得当原则。要分清轻重缓急，突出重点，以点带面，不能"眉毛胡子一把抓"。

五是防患未然原则。要预先想到实行过程中可能出现的偏差及可能出现的故障，要有必要的防范措施或补充办法。

## 三、怎样保证工作计划得到有效执行

工作计划写出来，目的就是落实执行。那么，该如何保证工作计划得到有效执行呢？

在制订工作计划时，首先要胸怀全局，制定的目标要科学、先进。目标定得过高，无法实现，将不利于企业的发展；目标定得过低，计划又无法起到指导、激励作用，也不利于调动企业经营者与员工的积极性。所以，在制订工作计划前必须对客观情况及可能出现的问题做出正确的估测，只有这样才能将计划制订得更加具体明确、切实可行、符合实际。另外，在制订工作计划时还要写出实现该计划的具体保障措施和出现"意外"的补救措施，同时所制订的工作计划应该是可以调整的。当工作计划的执行偏离或违背了既定目标时，需要对其做出调整，不能为了计划而计划。最后，制订好的工作计划应该有企业领导的审核与签字，并由专人负责跟踪执行和检查。

## 四、善用手机软件制作简约日程表

在日常工作中，通常会有很多的日程安排，光靠头脑记忆很快就会忘记一些事情，这时如果制作一张日程表，记录所有要做的事情，并将它传到随身携带的设备上随时查看，就可以解决这个问题。

现在是移动互联网时代，智能手机的功能越来越强大，手机软件在各个方面的应用也越来越普遍。制作日程表是目前很多行政人员的实际所需，以往的做法是用专用的工作记录本或用Excel 来制作日程表，而现在可以直接用手机软件来记录日程，不仅方便快捷，同时还有提醒功能。当然，这样的软件有很多，这里只介绍一款规划应用软件：计划大师。

计划大师是一款非常好用的规划应用软件，它可以帮助用户提前记录工作计划、重要事件、日程安排等，使用户更加高效地完成计划。这款 App 界面简单，色彩搭配温暖，其特点也很多：支持使用语音或文本的形式添加任务；使用日历视图便捷查看每天的行程安排；全局任务提醒模式使用户更有效地执行任务安排；可与好友分享任务清单，使之能更好地监督自己的执行情况。计划大师的界面如图 4-1-1 所示。

图 4-1-1

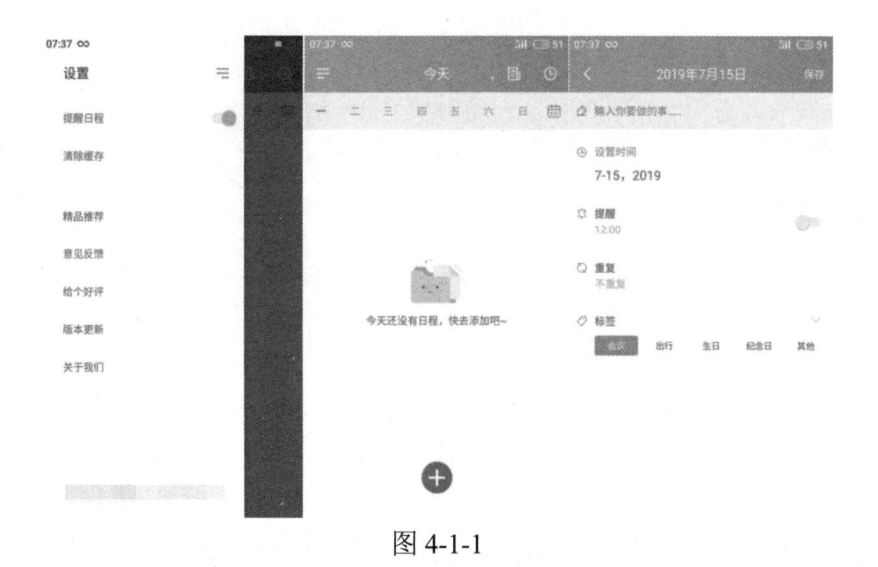

## 4.1.6 总结提升

工作计划是事前制订的，主要用来规范工作的进程，在当今社会生活中应用极其广泛。而一份详略得当、可行性强的工作计划，可以更好地保证工作顺利完成。因此，在写作工作计划前一定要先开展必要的调查研究，分析具体情况，明确目的、目标，找出可能出现的困难、问题并提出解决办法，切忌空想和盲目自信，更不能弄虚作假、夸大其词。在写作时，可以根据任务特点选择恰当的写作形式：涉及数量、时效的工作多采用表格式计划，如学校招生计划、新产品研发计划等；中短期计划可采用条文式计划或条文表格结合式计划，如课程授课进度表、公司销售月计划等；长期计划一般采用条文式计划，如政府部门的五年规划、职业生涯规划等。不论哪种形式的工作计划，都应以合理、明晰、便于实施和检查为原则。

**课外任务**

1. 根据自身工作情况，拟写一份切合实际的工作计划。
2. 你是学校志愿者社团的一名成员，定期要到一些特困家庭辅导其子女学习。社团招新后，需要对新成员进行一次培训，而这个任务由你负责完成。请拟写一份志愿者培训计划，要求内容明确完整、文字简洁明了。（可根据你所在的社团情况更换写作内容。）

## 任务 2　经验总结，理论提升——工作总结

**知识目标**

1. 了解总结与工作总结的定义。
2. 理解工作总结的特点和种类。

3. 掌握工作总结的结构与写法。

### 能力目标

1. 能熟练掌握工作总结的写作技能。
2. 能撰写格式规范、结构完整、内容完备、表述正确的工作总结。

### 素质目标

1. 能快速有效地为企业撰写日常性总结，为后面的工作提供借鉴和指导。
2. 培养清晰的逻辑思维能力和严谨细致的写作态度。

## 4.2.1 情景导入

情景描述：

转眼间，张扬入职熙心贸易有限公司将满一年，按照公司的规定，入职满一年必须提交一份工作总结作为考核评价的材料。张扬正打算撰写这份工作总结。赵涛是公司人力资源部的档案处助理。

赵涛：张扬，请于 7 月 31 日前以邮件的方式将一年来的工作总结发到我的邮箱中，谢谢合作。

张扬：好的，赵助理，我会尽快上交。

情景导入小视频观赏

## 4.2.2 任务分析

根据情景内容，张扬要提交的是工作总结。要拟写工作总结，首先要弄清楚总结与工作总结的定义，理解工作总结的特点和种类，其次要掌握工作总结的结构与写法，能撰写合格的工作总结。

## 4.2.3 知识准备

俗话说，"实践出真知"，但是在实践中获得的感知往往是感性的、零碎的，要想将感知提升成理性的、系统的认识，从而指导下一步的工作，需要进行系统的分析研究、归纳整理。这就是所谓的"总结"。总结具有提升认识的作用。

### 一、总结与工作总结的定义

总结是单位或个人对前一阶段的工作、学习或某项任务进行全面、系统的检查、归纳和整理，从中找出经验和教训，得出规律性的认识，以指导今后工作的一种事务文书。常用的小结、体会、回顾、经验、做法都属于总结的范畴。

而工作总结就是把一个时间段的工作进行一次全面、系统的总检查、总评价、总分析、总研究，分析其中的不足，从而得出引以为戒的经验。工作总结属于总结中的一种，但其内容更为具体，写作更有针对性。工作总结通过对一定时期内的工作加以总结、分析和研究，肯定成绩，找出问题，得出经验和教训，摸索事物的发展规律，用于指导下一阶段的工作。工作总结所要解决和回答的中心问题，不是某一时期要做什么、如何去做、做到什么程度，而是对某种工作的实施结果进行鉴定并得出结论，是对以往工作实践的一种理性认识。

## 二、工作总结的特点

### 1. 自我性

工作总结是对自身实践活动进行回顾的产物，它以自身工作实践活动为材料，采用第一人称写法，即从本单位、本部门的角度来撰写。其中的成绩、做法、经验、教训等，都有自我性的特征。

### 2. 客观性

工作总结的定义决定了它具有很强的客观性特征。工作总结是以自身的实践活动为依据的，因此它所列举的事例和数据都必须完全可靠、确凿无误，任何夸大、缩小、随意杜撰、歪曲事实的做法都会使工作总结失去应有的价值。

### 3. 理论性

工作总结还必须从理论的高度概括经验和教训。找出带有规律性的东西，用以指导今后的工作，这就是工作总结的实质。能否进行理性分析，能否找出带有规律性的东西，是衡量一篇工作总结写得好坏的重要标准。

## 三、工作总结的种类

根据不同的分类标准，可将工作总结分为许多不同的类型。

按内容划分，有思想工作总结、经济工作总结等。

按范围划分，有地区工作总结、部门工作总结、单位工作总结、个人工作总结等。

按时间划分，有月度工作总结、季度工作总结、年度工作总结、三年以上工作总结等。

按性质划分，有综合性总结、专题性总结等。

以下列举单位及个人工作总结各一篇例文，如例文1、例文2。

例文1（单位工作总结）

### ××公司财务管理和会计核算工作总结

2018年，公司财务部在公司的正确领导下，以公司整体工作思路为指导，采取了一系列积极的措施：积极完善预算管理体系；积极防范财务风险；积极促进业财融合，创造管理效益。这些措施为公司健康、稳定、持续发展提供了坚实的财务保障，而财务部也较好地完成了各项财务管理和会计核算工作。

一、2018年生产经营指标完成情况

2018年公司预计完成新签合同额××亿元，经营收入××亿元，利润××万元，完成生产经营指标。

二、财务管理重点工作

（一）强化财务作风建设，提供优质服务

1. 以机关作风建设年为契机，全员讨论，反思工作短板，提出作风建设改进措施，落实首问负责制。

2. 改进业务流程，提高报销效率。针对长期以来员工反映强烈的报销效率低的情况，公司简化了系统流程,改变了支付方式,减少了报销款支付的中间环节,明确了事项处理时限,提高了报销效率。

(二)财务制度的完善及贯彻

1．加强财务制度在公司各基层单位的贯彻落实。以公司新修订的差旅管理办法为重点,梳理调整了各项费用报销流程、票据取得要求等与基层员工直接相关的业务要求,开展了对勘察、科研项目的专项培训。面向中层干部及业务骨干,开展了资金管理、报销、税收等基本制度宣讲,促使管理层加深认识、熟悉流程,更好地履行职责。面向公司层面的培训共7班次192人次参加,并对65名中层干部、业务骨干进行了财务制度考试测评。

2．制度修订有序开展。结合公司的管理需求及制度建设规范化的要求,本年完成了25项财务制度的建立、修订工作,全面更新了公司的财务制度体系,指导财务管理工作规范运行。

(三)深化全面预算管理,完善管理体系

1．制定明年的年度预算目标。以今年的年度工作目标及生产经营需求为依据,组织编制了公司明年总体收支预算目标及分项、专项预算目标。将预算目标分解到各成本控制职能部门,并将资料费、培训费、工程项目管理费等专项费用由职能部门进一步分解到各基层单位和项目组。

2．与项目管理部、控制部协同研究确定了计算项目预算、全成本核算的管理试行办法,项目预算管理工作不断深入。

(四)继续深入开展开源节流、降本增效工作

1．从招投标、人员配置、进度控制、变更管理、审计监督等多层面降低项目成本,突出费用控制在项目管理中的核心地位。本年度通过项目人员配置、项目管理成本管控、分包结算审计、三单月结实施等多种方式,实现降低成本××万元。

2．严控非生产性支出,管理费用、制造费用及其他五项费用在预算内执行,保证了公司考核指标的实现。

针对党内巡查、资金专项检查、内控测试中提出的业务招待费、会议费等问题,与相关部门配合完善了管理制度,确保执行中严格控制不超过指标标准。

(五)严控现金流,保障生产需要

1．细化资金计划管理,严格遵循量入为出、以收定支原则,对各项目资金使用情况进行管控。主动筹划,把控好资金月、周、日计划,控制支付节点,计划符合率控制在80%以上。

加强商业票据使用力度,促使资金兑付合规运行。全年使用商业承兑、银行承兑支付××亿元,减少了现金流出,降低了资金占用成本。通过办理结构性存款,提高资金效益。

通过资金管理的精细化,实现了良好的资金收益。2018年预计可取得利息收入约××万元。

2．加强"两金"压控。落实清欠职责,加强工程结算工作的督促、协调,促进工程项目及时结算。2018年应收款项及存货压控均超额完成,应收款项总量控制在指标之内。

严格管理备用金,完善备用金管理制度,2018年终决算实现"清零"。

(六)税收风险管理工作有序进行

积极参与工程项目总包、分包合同评审工作,对其中存在的税收风险进行分析,提出修改建议,与业主进行沟通,从源头上防范风险。

针对2018年国家重大税收管理机制、税收政策的调整,做好国地税合并后的税收业务衔接工作。针对增值税率、个人所得税率调整等政策变化,及时研究其对公司业务的影响,发布业务处理通知,组织税收知识培训,有序开展各项工作。

(七)抓好财务管理工作

结合公司办公楼、车队楼、档案室维修事项,与公司沟通做好财务预算,梳理合同签署及资金支付流程,保证项目在预算内执行,所需资金及时到位。

（八）认真开展管理改进及基础工作

2018年财务部开展管理改进项目4项、基础工作7项，查找管理短板，提升了管理水平。

三、管理中存在的问题

1．制度执行力不足，财务制度与相关业务制度的衔接还不到位，给规范管理带来一定影响。

2．通过各项检查，发现公司在管理中还存在很多短板，需要进一步改进和提升。

××公司财务部<br>2018年12月31日

## 例文2（个人工作总结）

××邮政公司秘书2018年下半年个人工作总结

今年6月底，我通过企业人才招聘走上秘书岗位，主要从事文秘工作。半年来，我秉承踏实工作、认真做事的态度，以高度的责任感和事业心为公司服务，把自己多年来在大学里所学到的书本知识运用到工作实践中。在领导的关心和同事的支持下，我较好地完成了所承担的任务。现将本人2018年下半年工作总结如下：

一、努力学习，全面提高业务素质

刚走上工作岗位时，作为一名还没有任何工作经验的大学毕业生，面对办公室秘书这样一个对个人综合素质及工作能力要求较高的岗位，我一直谦虚求教，努力做好本职工作。按照岗位基本要求，努力到"五勤"，即眼勤、耳勤、脑勤、手勤、腿勤，诚心当好"四员"，即为各级领导和邮政事业当好参谋员、信息员、宣传员和服务员。

办公室秘书是一个特殊的岗位，它要求从业者永无止境地更新知识和提高素质。为达到这一要求，我十分注重提高学习能力。一是向书本学。工作之余，我总会利用一定的业余时间认真阅读《中国邮政报》《云南邮政》等报纸杂志。二是向领导学。在办公室工作，与领导接触的机会比较多。半年来，我亲身感受了公司各位领导的人格魅力、领导风范和工作艺术，并且受益匪浅，收获甚丰。三是向同事学。古人说："三人行，必有我师焉。"我觉得，公司里的每位同事都是我的老师，他们中有业务骨干，有技术尖兵，有文字高手。正是不断地虚心向他们学习求教，把书本知识转化为实践经验，我自身的素质和能力才得以不断提高，我才能基本胜任这份工作。在公司工作半年以来，我无论是在敬业精神、思想境界，还是在业务素质、工作能力上都有了很大的进步，较好地完成了本职工作。

二、加强修养，时刻注意自我约束

在办公室工作，与公司内部及社会各界联系非常广泛，我始终牢记自己是邮政公司的一员，是领导身边的一兵，言行举止都注重约束自己。对上级机关和各级领导，做到谦虚谨慎，尊重服从；对基层同事，做到严于律己，宽以待人；对社会各界，做到坦荡处事，自重自爱。总之，我努力做到对上不轻慢，对下不张狂，对外不卑不亢，注意用自己的一言一行维护各级领导的威信，维护邮政公司的整体形象。

三、勤奋工作，回报领导和同事的关爱

参加工作以来，公司领导和各位同事给予我许多政治上的关心、工作上的帮助和生活上的关怀。我能有今天，离不开领导和同事的关爱，我唯一的回报方式就是努力工作。我十分珍惜这份来之不易的工作，珍惜这良好的工作环境，同时我也被公司领导和全体员工的敬业精神深深感动。这半年来，对领导安排的所有工作，我从不讲任何客观理由和条件，总是默默无闻地努力完成。据自己粗略统计，我已经撰写各类文字材料近60篇。每当我的工作得到领导和同事的认可时，每当想到自己能为邮政事业做一点贡献时，那种成就感和自豪感是任何语言都无法表达的。工作不仅是我谋生的手段，还是我回报领导和同事的最好方式，也是我实现人生价值的唯一选择。

四、存在的主要问题

一是缺乏工作经验，独立工作的能力不足；二是在学习中还不够积极主动，认识还没有到位；三是对办公室工作情况缺乏深层次的认识，对秘书岗位工作情况认识不足。对存在的问题，我将积极采取措施，加强整改力度，以取得更大的进步。

总之，参加工作以来，我积极进取，努力工作，并有了一定的进步。对于以上总结，也恳请领导、同事批评指正。

总结人：×××<br>2018 年 12 月 28 日

## 四、工作总结的结构与写法

从上面两篇例文可知，工作总结的结构主要包括三部分：标题、正文、落款。

### （一）标题

工作总结的标题分为单标题和双标题两种。

（1）单标题由单位名称、时间、主要内容、文种组成，如《××市财政局 2018 年工作总结》《××厂 2019 年上半年工作总结》。有的标题中不出现单位名称，如《创先争优活动总结》《2018 年教学工作总结》。有的标题只是内容的概括，并不标明"总结"字样，但一看内容就知道是总结，如《一年来的谈判及前途》。

（2）双标题由正标题和副标题组成。正标题点明总结的主旨或重心，副标题具体说明总结的内容和文种，如《构建农民进入市场的新机制——运城麦棉产区发展农村经济的实践与总结》《加强医德修养　树立医疗新风——南方医院惠侨科精神文明建设的经验》。

### （二）正文

和其他应用文一样，工作总结的正文也分为开头、主体、结尾三部分，各部分均有其特定的内容。

1．开头

工作总结的开头主要用来概述基本情况。作为开头部分，应以简明扼要的文字写明本总结所包含的一定期限内的工作根据、指导思想及对工作成绩的评价等内容。开头是工作总结的引言，因此力求简洁，开宗明义。

2．主体

这是工作总结的主要部分，包括工作基本情况、工作成绩及缺点、经验和教训、今后的打算等内容。这部分篇幅大、内容多，要特别注意层次分明、条理清楚。

（1）工作基本情况。工作总结必须有工作基本情况的概述，有的比较简单，有的比较详细。这部分内容主要对工作的主客观条件、有利和不利条件及工作的环境和基础条件等进行分析。

（2）工作成绩及缺点。这是工作总结的中心。工作总结的目的就是肯定成绩，找出缺点。因此，应在工作总结中讲清楚：成绩有哪些，有多大，表现在哪些方面，是怎样取得的；缺点有哪些，表现在哪些方面，是什么性质的，是怎样产生的。

（3）经验和教训。做过一件事，总会有经验和教训。为便于今后工作的开展，必须对以往工作的经验和教训进行分析、研究、概括，并上升到理论的高度来认识。

（4）今后的打算。根据今后的工作任务和要求，吸取前一时期工作的经验和教训，明确努力的方向，提出改进的措施等。

这部分常见的结构形态有三种，写作时要根据实际需要进行选择。

① 纵式结构，即按照事物发展或实践活动的过程安排内容。在写作时，把工作总结所包括的时间划分为几个阶段，按时间顺序分别叙述每个阶段的成绩、做法、经验、体会；或者按工作展开的步骤和阶段，分段说明每个步骤和阶段的工作情况，夹叙夹议地引出相应的经验和教训。这种写法主要着眼于工作过程的回顾，其优点是事物发展或实践活动的全过程清楚明白。

② 横式结构，即先对实践活动进行分析后总结经验和教训，再按事实性质和规律的不同分门别类地依次展开内容，使各层次之间呈现相互并列的态势。这种写法的优点是各层次的内容鲜明、集中。

③ 纵横式结构。这种结构在安排内容时，既考虑到时间的先后顺序，体现事物的发展过程，又注意内容的逻辑联系，从几个方面总结经验和教训。其具体写法是以总结经验和教训为主，再用工作回顾阐明经验和教训。一般先归纳和提炼出几条经验和教训，再分别展开论述，把工作过程、工作办法、取得的成效等穿插在里面，使经验和教训看起来更加充实。这种写法的缺点是整个工作回顾会被拆开来分别为阐明观点服务，显得很零散。

而写作时的外部形式，一般有贯通式、小标题式、序数式三种情况。

（1）贯通式适用于篇幅短小、内容单一的总结。它像一篇短文，全文之中不需要用外部形式来显示层次。

（2）小标题式将主体分为若干层次，每层加一个概括核心内容的小标题，突出重点，条理清楚。此种形式用得最多。

（3）序数式也将主体分为若干层次，各层用序号排列，层次一目了然。

**3．结尾**

结尾是正文的收束，应在总结经验、教训的基础上，提出今后的方向、任务和措施，表明决心、展望前景。这段内容要与开头相呼应，篇幅不应过长。有些工作总结在主体部分已将这些内容表达过了，就不必再写结尾。

**（三）落款**

工作总结正文写完以后，在正文下一行右下部分署上工作总结的单位或个人的名称及日期，或者在标题正下方标注亦可。

综上，工作总结的写法如下。

××公司××××年××××××××总结

过去的一年里，在领导和同事们的努力下，本部门完成××××××××××工作，××××××××（概述情况），现将工作中的整体情况总结如下：

一、工作基本情况、工作成绩及缺点

1．××××××××××。

2．××××××××××。

二、经验和教训

1．××××××××××。

2．××××××××××。

三、今后的打算

1．××××××××××。

2．××××××××××。

×× 公司
××××年××月××日

## 4.2.4 任务实施

张扬在掌握工作总结写作基础知识的基础上，全面回顾和分析了自己入职以来的工作实践，总结了所取得的成绩和经验，也找出了自身存在的不足与问题，拟出的文稿如下。

2019 年个人工作总结

入职以来，我在公司领导和各位同事的支持与帮助下，严格要求自己，脚踏实地，努力工作，较好地完成了自己的本职工作和领导交办的各项工作任务。通过一年的学习与工作，我的工作能力有所提升，工作作风有较大改变，现将一年来的工作情况总结如下：

一、一年来的工作情况和思想状况

（一）认真学习政治理论，增强工作责任感

一年来，我坚持学习党的十九大精神等政治理论，紧跟形势，更新思想，不断提高党性觉悟和政策理论水平；主动学习公司文化和各项规章制度，不断学习与工作有关的各种知识，使自己在工作中不掉队、不落伍；积极参加公司开展的各种专题教育活动，在集中学习的过程中，认真撰写个人学习心得体会。通过学习教育，我认清了自身思想差距，转变了工作态度，增强了工作责任感。

（二）刻苦钻研本职工作，强化自身综合素质

作为行政人员，我深知自己肩负着领导助手的重任，所以不论是在安排工作还是在处理问题时，我都得慎重考虑，做到独当一面。一年来，我牢牢树立了"行政工作无小事"的思想，尽职尽责，努力工作。面对大量繁杂琐碎的事务性工作，我首先熟悉业务、掌握技能，在思想上确立了刻苦钻研本职工作的决心，在工作上与各部门加强联系，熟悉公司业务情况。在工作之余，我注意留心收集资料，不断丰富工作经验，使自己能够更好地胜任本职工作。其次，我认真对待本职工作和领导交办的每一件事，主动承担大小事务，做工作中的有心人，虚心请教领导和同事，保证工作质量，提高工作效率，不断强化自身综合素质。我具体完成了以下工作：

1．认真做好文字工作。起草完成了会议通知、会议筹备方案、工作总结等综合性文件及办公会议的记录工作，完成公司大事记的编撰工作和各项活动的影像资料的汇编工作。

2．做好文件管理工作。完成了公司文件的收发、登记、传阅和督办工作，并对各种文件及时进行分类归档，以便查阅和管理。同时，对公司所发放的文件做到及时上传下达，对各部门上报的资料做好接收、整理、呈阅、归档工作。

3．做好会议筹备工作。做好公司各种大小会议的会前准备、会中服务、拍摄影像资料、后勤服务等工作，保证各项会议的顺利召开。

4．做好对外宣传报道工作。及时捕捉信息，收集整理资料，第一时间将公司经营工作、重大会议、学习培训及特色活动，通过动态报道和活动侧记等形式进行对外宣传报道。

5．完成领导交办的其他临时性工作。

二、一年来在工作及思想方面存在的不足

一年来，我在工作及思想方面还存在很多不足：一是政治理论学习缺少深度和广度；二是写作能力有待提高，积累的政治理论知识和业务储备不丰富、不全面；三是创新意识不够强，对相关工作的研究不够深入；四

是工作中不够大胆，工作效率有待进一步提高。

三、今后工作中的努力方向及改进措施

针对工作中存在的问题，今后要做到：一是自觉加强学习，不断提高自身政治理论知识水平和业务知识水平，努力提高工作水平，适应新形势下本职工作的需要；二是多看、多听、多学、多写、多练，持续强化文字功底，提高写作能力；三是遵守规章制度，强化岗位意识，牢固树立办公室工作无小事观念，加快工作节奏，提高工作效率；四是加强与领导和同事的沟通交流，在联系中领会领导的意图和心思，力求把工作做得更好；五是发奋工作，克难攻坚，创新工作方法，提升工作能力，增强工作自信，树立部门良好形象。

行政部助理：张扬<br>2019 年 7 月 28 日

张扬自信地将一年来的所思所感、所获所得在其个人工作总结中体现出来，既彰显了自身的写作水平，又突出了自己的工作能力。凭借这份工作总结，他在公司同期入职优秀新人的评选中获得了好评，这使他下定决心今后更要做好岗位工作。

## 4.2.5 知识拓展

### 一、工作计划与工作总结的联系与区别

工作计划与工作总结的联系十分密切。一方面，工作计划是工作总结的标准和依据；另一方面，工作总结又是制订下一步工作计划的重要参考。

两者的区别在于以下几点。

第一，工作计划在事前制订，工作总结在事后进行。

第二，工作计划是工作蓝图，工作总结是对工作计划实践的检验。

第三，工作计划要阐明"做什么、怎样做"，工作总结要阐明"做了什么、做得怎样"。

### 二、工作总结的写作技巧

要想写好工作总结，必须勤于思索、善于总结，必须从工作实际出发，怀着实事求是的态度。在写作时，要把握以下几个要点。

（1）要善于抓重点。工作总结涉及本单位或个人工作的方方面面，但不能不分主次、轻重，面面俱到，必须抓住重点。什么是重点？重点是指工作中取得的主要经验，或发现的主要问题，或探索出来的客观规律。工作总结并非越长越好，重点不突出，字数再多也不能凸显工作总结的水平。

（2）要写得有特色。特色，是区别于其他事物的属性。单位不同，成绩各异；同样岗位，做法不同。同一个单位，今年的工作总结与往年应该不同；同一个人，今年的工作与往年亦不一样。所以，任何单位或个人在开展工作时都应找到自己的一套不同于别人的方法，其经验及体会也各有不同。在写工作总结时，在充分收集材料的基础上，要认真分析、比较，写出特色，不要停留在一般化上。

（3）要注意观点与材料统一。工作总结中的经验及体会是从实际工作中，也就是从大量事实材料中提炼出来的。经验及体会一旦形成，又要选择必要的材料予以说明，它才能"立"起来，具有实用价值，这就是观点与材料的统一。这样的工作总结才能体现其客观性和理论性。

（4）语言要准确、简明。工作总结的内容要做到判断明确，就必须用词准确、用例确凿、

评断不含糊。简明则要求在阐述观点时，做到概括与具体相结合，要言不烦，切忌笼统、累赘，做到文字朴实、简洁。

### 三、善用互联网工具做好工作总结

每到月底或年底时，很多上班族都需要做工作总结或报告。这时，明明自己做了很多事情，却想不起来了，或一些常规的事情还能想起来，其他事情如工作中遇到的问题及解决办法、一些重要的工作却想不起来具体的内容。所以，要学会借用手机软件或工作办公系统来记录工作事项，当需要做工作总结时就可以梳理这些材料，写好工作总结。这里介绍一款金山办公旗下的产品——稻壳儿，借助它可以随时查看自己做过的事情，方便进行工作总结。

在写各类工作总结时，可以利用稻壳儿平台，选择使用文档库中已有的模板或在线模板，从而快速有效地完成工作总结。具体操作步骤如下。

第一步，进入稻壳儿首页，如图 4-2-1 所示。

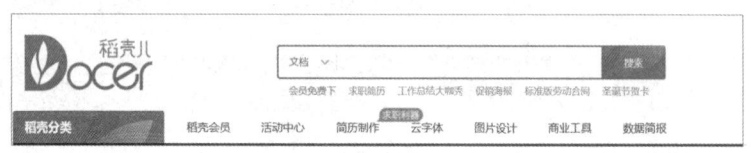

图 4-2-1

第二步，搜索"总结汇报"，并选择"文档"，如图 4-2-2 所示。

图 4-2-2

第三步，选择适合的工作总结模板，支付并下载，如图 4-2-3 所示。

图 4-2-3

## 4.2.6 总结提升

工作总结是事后撰拟，用于回顾和分析已经完成的工作。工作总结是做好各项工作的重要环节，通过它，可以全面、系统地了解以往的工作情况，可以正确认识工作中的优缺点，可以明确下一步工作的方向，少走弯路，少犯错误，以提高工作效率。工作不论大小，当全部完成或告一段落时，都应对其进行总结，肯定成绩，找出不足，以便更好地进入下一阶段的工作。

### 课外任务

1. 根据自己的课外阅读实际情况，拟写一份年度课外阅读总结。
2. 根据自己负责的一项活动的开展情况，拟写一份活动工作总结。

## 任务 3  关注动态，交流信息——简报

### 知识目标

1. 了解简报的定义和作用。
2. 理解简报的特点和种类。
3. 掌握简报的结构与写法。

### 能力目标

1. 能熟练掌握简报的写作技巧。
2. 能撰写格式规范、结构完整、内容完备、表述正确的简报。

### 素质目标

1. 能根据实际工作需要运用简报文种。
2. 培养清晰的逻辑思维能力和严谨细致的写作态度。

## 4.3.1 情景导入

情景描述：

熙心贸易有限公司为了丰富广大职工的业余文化生活，增强员工的团队协作精神，举办了2019年第二届"共创杯"羽毛球比赛。

王明：小张，董事会要求咱们部门负责对此次活动汇编简报，制作活动宣传册。

张扬：主任，我主要负责什么工作？

情景导入小视频观赏

王明：你负责拟写一份简报。
张扬：好的，主任。

## 4.3.2 任务分析

根据情景内容，张扬需要以公司的名义拟写一份简报。要拟写简报，首先要了解简报的定义和作用、特点、种类，其次要掌握简报的结构与写法，能根据实际工作需要撰写合格的简报。

## 4.3.3 知识准备

### 一、简报的定义和作用

简报，从字义上说，就是简要的情况报道。它是各级党政机关、企事业单位、社会团体为及时反映情况、汇报工作、交流经验、揭示问题而编发的一种内部文件。它一般不列入正式档案，也不公开发表。

简报作为一种了解情况、沟通信息的有效手段，有以下三个方面的作用：一是能使上级及时了解、掌握下级的各方面管理的最新情况，便于上级了解下级，及时做出指示，指导下级工作；二是能和同级单位、部门之间沟通信息、交流经验，便于相互学习、相互借鉴，取长补短，共同提高；三是能使上级及时向下级传达指示精神，通报有关情况，推广先进经验，布置当前工作。

### 二、简报的特点

简报作为反映情况的灵活形式，有其突出的特点，概括来说，主要有以下几点。

（一）简明

简明是指内容简洁明了。简报不同于正式的工作报告，展开说理，长篇大论，而是要在充分归纳和提炼的基础上进行简明的叙述，以叙述清楚、说明道理为目的。

（二）及时

及时是指对工作或会议中出现的新情况、新问题，以最快的速度上传下达，使上级能及时掌握新情况、研究新问题、制定新措施。如果错过了时机，不仅会失去简报应有的作用，还会直接影响工作。

（三）新颖

新颖是指通过对工作或会议中出现的新情况、新问题的反映，让下级面对新情况和新问题，探索出新的路子，总结新的经验。如果只报道一些司空见惯的事情，就失去了简报的价值和意义。

### 三、简报的种类

简报按其内容可分为常务简报、动态简报、工作简报、会议简报等。

（一）常务简报

常务简报是定期编发的经常性简报，主要报道本单位日常工作情况，如例文1。

**例文 1**

**教学简报**

（20××年第 7 期）

职院教务处（教学督导处）主编　　　　　　　　　　　　　　20××年××月××日

---

**学校教学活动纪实**

　　8月31日下午，学校召开省级品牌特色专业评审会，专业建设指导委员会成员、符合条件的校级重点专业负责人和特色专业负责人、教务处相关人员参加了此次评审会，会议由副校长×××主持。

　　会上，教务处负责人×××介绍了教育厅相关文件中的遴选要求并对此次评审程序进行了简要说明。随后，机械设计与制造、信息安全与管理、会计等三个校级重点专业及模具设计与制造（3D打印制造技术）、电子商务等两个校级特色专业的专业负责人依次对本专业的建设基础、建设内容及经费预算等进行了介绍。专业建设指导委员会专家经过认真评议，对参评的五个专业进行了打分排序，根据现场公布的评分情况，拟推荐机械设计与制造专业申报省级品牌专业，电子商务专业申报省级特色专业。

　　副校长×××强调了省级品牌、特色专业申报工作的重要性，并对申报工作进行了部署。他指出，此次拟推荐的专业符合国家建设制造业强国的发展目标及"互联网+"行动的要求，拥有优质的教学基础条件，在办学思想、教学改革、人才培养、社会服务等方面具有显著特色。教务处及各学院要高度重视申报工作，充分发掘两个专业的亮点和特色，进一步完善申报材料，力争成功获批。

（职院教务处　供稿）

报送：市教育局

抄送：各二级学院、有关部门

共印 90 份

## （二）动态简报

　　动态简报又叫情况简报，是以反映各方面的情况或动态为主要内容的简报，如例文2。

**例文 2**

**科研动态**

（20××年第 1 期）

××大学图书馆信息服务与保障中心主编　　　　　　　　　　20××年××月××日

---

**2018年度"中国十大学术热点"**

　　1月10日，由中国人民大学书报资料中心、《学术月刊》杂志社和《光明日报》理论部共同主办的2018年度"中国十大学术热点"发布会暨哲学社会科学学术研究展望论坛在京举行。

　　会上发布了2018年度"中国十大学术热点"，分别为"习近平新时代中国特色社会主义经济思想研究""马克思主义与当代社会""改革开放40年：经验总结、理论创新与学科发展""高质量发展下的现代化经济体系构建""乡村振兴战略研究""监察体制改革与刑事诉讼制度的衔接""海洋史研究的拓展""新时代教师队伍建设研究""算法主导下信息传播的社会影响与挑战""大数据视域下数字人文研究"。

　　除上述入选的"中国十大学术热点"外，"国家安全视角下的金融风险防控研究""大数据时代背景下的数字政府治理""正当防卫的原理与运用""人工智能的法律规制""朱子学的返本开新""简帛与中国古代社会研究""网络文学及其价值导向""文化自信与当代中国文化发展""新时代中国社会政策的创新""中华民族共同体意识研究"被列入 2018 年度十大学术提名热点。

2018 年度"中国十大学术热点"是对 2018 年我国哲学社会科学学术研究重要成果的系统梳理和总结，客观反映了我国哲学社会科学学术研究发展趋势和学术理论界的热点、焦点和亮点。

抄送：学校各部门

共印 120 份

### （三）工作简报

工作简报是以反映某项专门工作任务的进行情况为主要内容的简报，如例文 3。

例文 3

## 财政工作简报

（20××年第 10 期）

××市财政局　　　　　　　　　　　　　　　　　　　　　20××年××月××日

### 市财政集中收付中心荣获省"巾帼文明岗"荣誉称号

日前，市财政集中收付中心被河北省妇女"巾帼建功"活动领导小组授予河北省"巾帼文明岗"荣誉称号，这是我市市直行政事业单位中首次获此殊荣的单位。

该中心是全市 43 个窗口单位之一，现有干部职工 27 人，其中女同志占 63%。多年来，中心以实现国库集中支付工作规范化、科学化、精细化管理为目标，以领导满意、部门满意、基层满意为标准，努力锻造一流素质，锤炼一流作风，奉献一流服务，争创一流业绩。20××年累计拨付财政性资金 62.9 亿元，统发工资 5.6 亿元，年终一次性补发在职及离退休人员津补贴 2.99 亿元，数万笔业务无一差错。特别是在 20××年城市建设、民生工程和奥运安保资金支付中，做到了急事急办、特事特办。其良好的作风，优质的服务，得到了社会各界的广泛赞誉，20××年被评为市文明窗口单位，20××年被评为个人所得税代扣代缴先进单位。

（市财政集中收付中心提供）

报送：省财政厅
抄送：市有关部门
发送：各科、处室

共印 60 份

### （四）会议简报

会议简报是在召开重要会议期间用于报道会议进行情况和讨论内容的简报，如例文 4。

例文 4

## 会议简报

（20××年第 6 期）

湖北汽车运输有限公司　　　　　　　　　　　　　　　　　　20××年××月××日

### "开拓创新　跨越发展"积极推进企业优化升级

——湖北汽运召开首届四次职代会暨年度经济工作会议

为深入贯彻落实武汉新港投集团年度工作会议精神，湖北汽车运输有限公司于 20××年 1 月 23 日上午 9

点在公司会议室召开"首届四次职代会暨20××年度经济工作会"。会议由公司副总经理×××同志主持,公司领导班子成员及控参股子公司、各单位、各部门中层干部参加会议,新港投集团总经理×××、企业管理部部长×××出席会议并发表重要讲话。

会议审议通过了湖北汽车运输有限公司总经理×××同志的《经济工作报告》;公司监事×××同志主持通过了关于签订《20××年劳动安全卫生集体合同》《女职工专项集体合同》《职工工资协议书》三项决议;公司财务总监×××同志宣读关于表彰20××年度"双创"先进单位、班组、部门、创新能手及"合理化建议"优秀者和优秀网站通信员的表彰文件。会上,新汉正西市场、金叶公司、城市配送部、安全保卫部的代表分别进行了认真发言,向参加会议的领导及参会代表汇报20××年主要工作开展情况,交流了经营心得。

会议最后,新港投集团总经理×××同志进行重要指示,对我公司 20××年的工作开展提出以下要求:(1)加快发展,超额完成工作目标,寻找新的经济增长点;(2)抓住工作重点,推进项目建设;(3)加大体制、机制改革力度,把干部职工的利益与公司利益结合起来;(4)进一步强化管理;(5)加强队伍建设,内部注重人才培养,外部引进优秀人才;(6)加强党风廉政建设及党建工作;(7)狠抓安全工作不放松。

他希望,湖北汽车运输有限公司全体干部职工必须利用当前的有利条件,抓住战略机遇,充分利用新港投集团目前的发展条件与资产结构,加快发展,推进项目建设,在20××年再创佳绩!

(物流联盟部供稿)

抄送:公司各部门

共印 30 份

### 四、简报的结构与写法

简报一般由报头、报核、报尾三部分组成。

#### (一)报头

简报的报头在简报首页的上方,约占全页的 1/3,用间隔线和报核隔开。报头一般包括简报名称、期数、编发单位、编发日期、密级及编号。

(1)简报名称:通常用大号字体写在报头中央,如"工作简报""××动态"等。

(2)期数:位于简报名称的正下方,需要加上圆括号,如"(第12期)"。

(3)编发单位:写在期数下一行,位于报头间隔线左上方,如"××会议秘书处"。

(4)编发日期:与编发单位对称,写在期数下一行,位于报头间隔线右上方,如"2018年3月22日"。

(5)密级:如果简报有密级,应写在报头的左上方,如"机密""秘密",也可写"内部刊物""注意保密"等字样。

(6)编号:有密级的简报需要有编号,其位置在报头右上方,按印数编号,如"010""011""012"等。

#### (二)报核

报核是简报的主体部分,位于间隔线以下。报核一般包括按语、标题、正文和供稿者几部分。

1. 按语

按语是简报的编者针对简报的某些内容所写的说明性或评论性的文字,表明编发单位的主张和意图。按语一般写在标题之前,并在开头处写上"编者按""按语""按"等字样。按语一般有三种写法。

(1)说明性按语:对编发目的、原因、背景等进行简要说明及介绍。

(2)提示性按语:提示稿件内容,帮助读者理解稿件的精神。一般写在内容重要、篇幅较长的稿件前面。

（3）批示性按语：也叫要求性按语，主要写在具有典型意义或指导作用的稿件前面。一般要声明意义，表明态度，并对下级提出要求或提供办法。

不一定每篇简报皆配按语。是否需要按语，根据简报的情况而定（较重要的简报或专题简报需要按语）。

2．标题

每篇简报都必须有标题。标题一般要求确切、醒目、简短，且富有吸引力，类似新闻标题。简报的标题是中心内容的概括或主旨的浓缩，如《世博会呼唤优秀人才》《经济适用房瞄上 9 块地》等。可用单行标题，也可用双行标题。

3．正文

简报的正文由导语、主体和结尾三部分组成。

（1）导语是正文的开头，一般以精练的一句话或一段话概括全文的主旨或摘要内容，给读者一个总体印象。导语的写作常常用提问式、结论式、描写式和叙述式等形式，主要交代清楚何单位/何人、何时、何地、发生了何事及结果怎样等内容。

（2）主体，即简报的主要内容，一般要用富有说服力的典型材料，把导语内容进一步具体化。主体主要用来反映情况、肯定成绩等。

（3）结尾一般重申观点、揭示意义和发出号召。但是否需要结尾应根据内容而定。

4．供稿者

供稿者即提供简报材料的单位或个人姓名，写在正文后右下方并用圆括号括上。如果供稿者是编发单位，则可不具名。

（三）报尾

简报的报尾在最后一页的下 1/3 处，用间隔线和报核隔开，写明简报的发送范围及印发份数。发送范围标识在报尾的左边，而在发送范围下一行右下方应注明简报的印发份数，格式为"共印××份"。

综上，简报的写法如下。

密级　　　　　　　　　　　　　　　　　　　　　　　　　　　　　　　　编号

工作简报

（第××期）

××主编　　　　　　　　　　　　　　　　　　　　　　　　20××年××月××日

───────────────────────────────────────

××××××××

　×××××××××××。
　××××××××××××××××××××××××××××××××××××××××××××××××××××。

　　　　　　　　　　　　　　　　　　　　　　　　　　　　　　　　（××××供稿）

───────────────────────────────────────

报送：××、××

抄送：××、××

发送：××、××

　　　　　　　　　　　　　　　　　　　　　　　　　　　　　　　　　　共印××份

## 4.3.4 任务实施

张扬为了写好公司开展的"共创杯"羽毛球比赛活动简报，亲自到现场观看、记录和采访，收集写作素材，选择好切入角度后，接着就着手拟写简报文稿，并对文稿进行了几次润色，方才呈送给王主任审阅。文稿内容如下。

活动简报

（2019 年第 8 期）

行政部主编　　　　　　　　　　　　　　　　　　　　　　　　　　2019 年 7 月 16 日

球场较技　展现风采

——熙心第二届"共创杯"羽毛球比赛

2019 年 7 月 13 日—14 日，为丰富广大职工的业余文化生活，增强员工的团队协作精神，公司在贝特体育馆举办了第二届"共创杯"羽毛球比赛。公司各部门积极组队参加，比赛精彩纷呈，各参赛队奋力角逐。

比赛前，工会主席发表了赛前讲话，鼓励参赛选手展现自我，享受比赛，并表示公司将会继续举办类似活动，不断丰富职工业余文化生活，持续提升公司职工幸福指数。

赛场上激情四射，选手们大展身手！强有力的挥拍，灵活的转体，高技巧的搏杀，使羽毛球运动的魅力感染全场，充分展现了熙心人健康向上的积极风貌。在整个比赛过程中，所有参赛选手都遵守规则，有序进行，保障了此次比赛的顺利完成。

比赛结束后，举行了颁奖典礼，公司董事长亲自为获奖选手颁发奖金和证书，并发表重要讲话。他表示，盛夏之际，烈日当头，熙心人顽强拼搏在羽毛球场，展现了昂扬向上的精神面貌，希望参赛选手及全体员工能将这种精神融入工作中，为公司的发展贡献自己的一点力量。

本次比赛不仅为羽毛球爱好者提供了展示自我、相互切磋的平台，同时提高了职工间团队协作与沟通交流的能力，树立了健康运动的意识，磨炼了意志，倡导了"健康生活、快乐工作"的理念。

抄送：公司各部门

发送：直属有关部门、旗舰店

共印 80 份

王主任阅览后，肯定了此文稿符合简报的写作要求。

一是实事求是，即真实、准确，为有关部门及人员传递正确的信息，反对虚假、浮夸。

二是及时快捷，即及时反映工作或活动动态，提供最新讯息，体现其时效和价值。

三是简明扼要，即集中报道一件事，中心明确，文字精练，达到写作的目的。

## 4.3.5 知识拓展

### 一、简报格式基本模板制作

无论是机关单位，还是企业，经常会有很多的活动，一般在活动完成之后都需要汇编活动简报。而简报的格式要求较其他的事务文书相对较高，所以作为行政或文秘人员要善于用 Word 制作简报模板。需要提前说明的是，简报的格式没有严格的标准，以美观实用为原则，制作的具体步骤如下。

第一步，新建空白文档，如图 4-3-1 所示。

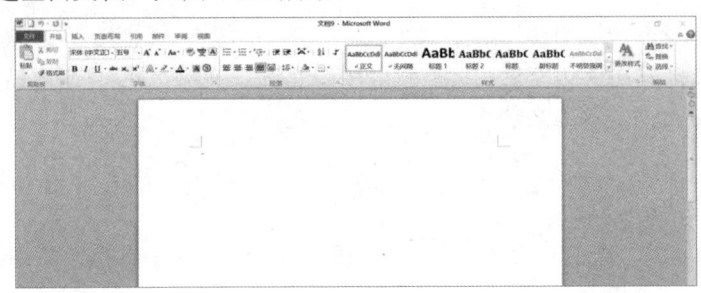

图 4-3-1

第二步，输入简报名称并修改字体颜色为红色，大号字体，加粗。在简报名称正下方输入期数，用圆括号括起来，如图 4-3-2 所示。

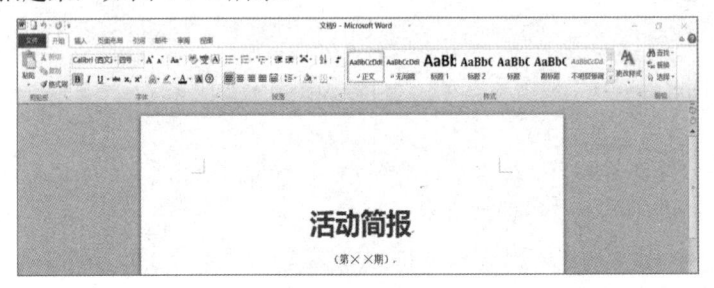

图 4-3-2

第三步，单击"插入"→"形状"→"直线"按钮，插入直线。设置直线为红色，线型的宽度为 2.25 磅（设置数据以部门惯用为准），并将此间隔线放在该页 1/3 处，如图 4-3-3 所示。

图 4-3-3

第四步，在间隔线上，左侧空一字输入"编发单位"，右侧空一字输入"编发日期"，如图 4-3-4 所示。

图 4-3-4

第五步，如有密级和编号，可在简报名称上方，左上角输入密级，如"机密"，右上角输入编号，如"001"，如图 4-3-5 所示。

图 4-3-5

第六步，在该页下方 1/3 处，插入黑色间隔线，设置线型的宽度为 0.75 磅（设置数据以部门惯用为准）。在间隔线下方，左侧空一字输入发送范围，在发送范围下一行右下方空一字输入印发份数，如图 4-3-6 所示。

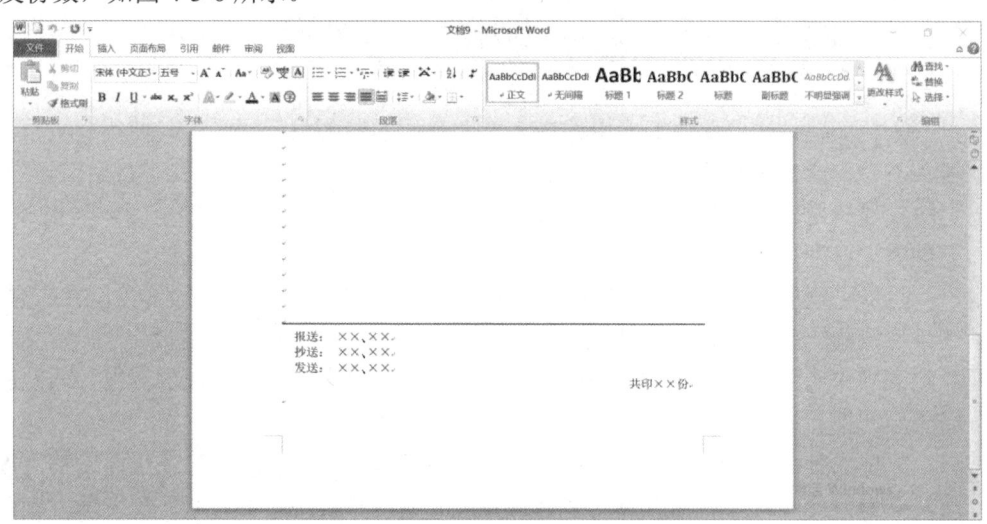

图 4-3-6

至此，简报的模板已经制作出来了。值得注意的是，不同的机关单位、企业在制作简报时都形成了自己惯用的格式，这里展示的是对于基本模板的制作，仅供参考。

## 二、简报的写作技巧

很多公司的工作都需要写各种简报，其写作技巧主要有以下几点。

### （一）材料要典型

简报的主要作用是反映情况，为领导决策提供依据，沟通信息，交流经验，促进工作开展等。简报的作用决定了其在选材上一定要典型，也就是政策性要强，问题要较为突出，经验要值得推广，能够服务工作中心。

### （二）内容要集中

简报所编发的内容，应当集中、突出。只有内容集中才能突出中心，否则多个中心，像工作总结一样，将会影响简报作用的发挥。首先，提倡一事一报。一事一报是指对一些动态事实一一编发，将某一问题说清说透，不应当把动态性的东西东拼西凑硬写成经验性简报。有些材料，若硬是拉长，写工作背景、工作过程、经验措施、工作成效，就会将一些新情况、新经验、新风尚掩盖在文字中，起不到简报的作用。其次，主要内容应当说清说透，即编写简报要反映什么问题，提出哪些建议，介绍哪些经验，达到什么目的。这实质上就是简报的主题。一篇简报只能有一个主题，要围绕主题安排材料，一切材料都要为主题服务。凡是与主题关系紧密的材料就是主要材料，即主要内容，否则为非主要内容。简报的主要内容，在数量上要充足，要有广度，在质量上要以一当十，富有深度。

### （三）格式要规范

简报要按照规范的格式进行写作，但其写法则较为灵活随便，既可以采用新闻稿的写法，也可以参照公文或行务信息的写法，分条分项布局结构。主体部分的写法应视各种简报的具体内容而定，哪种写法有利于表现主题、突出主题、深化主题就采用哪种写法。结尾是简报的结束部分，结尾可以只有一两句话，给人们以希望或引起人们的深思，也可以省略不写。

## 4.3.6 总结提升

简报作为机关单位、企业内部专用的带有新闻性质的简要情况报道，其使用范围很广，可用于上报、下发，或在平级机关、不相隶属机关之间互发，起到沟通信息、交流情况的作用，也有一定的指导作用。若简报的内容需要保密，可标识密级或限定阅读的范围。简报的写作，从总体上讲应注意把握以下几点。

第一，注重选题准确。选题是否准确是一份简报价值大小、作用好坏、质量高低的关键所在。一般来说，选题应符合党的方针政策，符合上级的指示要求和指导需要，符合实际情况；选题要抓住领导非常关注的问题，或普遍存在的问题，或急需回答和解决的问题；选题应具有覆盖全局的广泛性、切中要害的针对性、发人深省的典型性。

第二，提炼深刻主题。定准选题之后，要进一步思考，斟酌推敲，提炼出深刻的主题。主题是一篇文章的灵魂，是组织各方面文字材料并使之成为有机整体的核心。在提炼主题的过程中，力求做到"人无我有，人有我新，人新我深"，使主题的内容体现创新的思维和独到的见解。

第三，善用事实说话。俗话说，事实胜于雄辩。要使一篇简报写得内容丰满，需要大量事实材料来填充，如写动态简报，必须以事实为依据，靠事实来说明。在写作简报时，一定要掌握和运用大量事实材料，并且要选择最本质、最典型、最有说服力的事实材料。

第四，挖掘可靠材料。简报所反映的情况要真实、准确、可靠，对基本情况的评价要客观、全面、辩证，不能以偏概全，更不能"只报喜不报忧"。未经审核的材料，不能写入简报。简报引用的材料要准确无误，严禁弄虚作假、随意拔高，确保引用的材料经得起事实检验。

第五，讲究精练表述。简报要求简洁明快，不能拖泥带水，语言要精练。文字表述上要惜墨如金、删繁就简，讲究语短话明、言简意赅；要善于用概括性语言，尽量把纷繁复杂的情况加以归纳，用更少的话说更多的事；要善于用文件性语言，准确评估所涉及的内容，增加工作指导的权威性。

### 课外任务

1. 试指出下面这篇简报在结构和语言上存在的问题。

陕西一些旅游点附近的农民向外国旅游者强行兜售商品造成不良影响

4月20日上午，美国413旅游团外宾去陕西乾陵参观游览。客人一下车，一群手拿各种工艺品的农民就一窝蜂而上，大叫大喊着、争抢着要外宾买他们的东西。其中一些人手持唐代铜镜、铜钟及汉唐古钱等文物出售。外宾急于参观，打手势表示没有心思买东西。然而，这些农民仍围着不散。导游走过去，使眼色，说好话，一个个左劝右劝这些人就是不想走，有些人走开了一会儿又回来了，继续大声兜售商品，并且大声辱骂导游，有些话还十分难听，无法写出。当这个旅游团要离开陕西乾陵时，一群小孩还围住一位70多岁的穿中国红衣服的老太太，非要她买不可。这位老太太无路可走，山穷水尽，只好一步步向路边退下去，结果被挤得跌进了一条大路边的不到2米宽的小水沟中，造成右脚关节骨裂，呻吟不止，当即由导游叫来救护车，送了医院。

2. 请以所在部门的名义将你近期亲身参加的一次活动（如运动会、演讲比赛、文艺晚会、辩论赛、篮球赛、招聘会等）以简报的形式报道出来。

## 任务4　按章办事，共同遵守——规章制度

### 知识目标

1. 了解规章制度的定义。
2. 理解规章制度的层次和程序。
3. 掌握规章制度的种类、格式。
4. 了解企业管理制度。

### 能力目标

能根据机关单位、企业的实际需要制定规章制度。

### 素质目标

1. 培养严谨细致的写作态度。
2. 善于运用规章制度文种。

## 4.4.1　情景导入

情景描述：

王明：小张，近期公司的办公用品采购工作方面有点混乱，董事会强调要拟制一份规章制度，你来负责起草。

张扬：主任，制定办公用品采购管理制度是吗？
王明：是的。
张扬：好的，没问题。

情景导入小视频
观赏

## 4.4.2 任务分析

张扬要拟制公司的规章制度，首先要了解规章制度的定义，其次要理解规章制度的层次和程序，掌握规章制度的种类、格式，然后要了解企业管理制度的相关内容，能根据实际需要制定规章制度。

## 4.4.3 知识准备

### 一、规章制度的定义

规章制度是由各级党政机关、企事业单位、社会团体在一定范围内制定的一种具有法规性和约束力的文件。它是对一定范围内的行为做出的规范性的要求，有关人员必须按章办事，共同遵守。

规章制度具有法规性和约束力。它一经制定并公布，就带有法规性质，在一定范围内对人们的行为起规范作用，具有行政约束力。规章制度与党政机关公文有着相辅相成的关系：党政机关公文一经制发就具有行政或法律效力，而规章制度的生效必须通过一定的形式来发布，主要用党政机关公文来发布。

### 二、规章制度的层次和程序

（一）规章制度的层次

根据《中华人民共和国宪法》和有关文件精神规定，可以将我国的规章制度自上而下概括为七个层次。

（1）宪法——国家的根本大法，具有最高的法律效力。

（2）法律——规定社会政治、经济及其他社会生活中最基本的社会关系和行为准则。

（3）行政法规——国家行政机关（国务院）制定的，以行政强制力保证实施的，有关行政管理的法律规范性文件。

（4）地方性法规——不少是对国家有关法律和行政法规的补充。有些是国家尚未正式立法，根据国家有关方针政策，结合本地情况而先行制定的。

（5）规章——国务院各部门规章和地方政府规章。

（6）基层事务规章——各种职务的岗位职责、各行各业的办事规程、人财物的管理制度、各种各样的技术标准等。

（7）道德规范——群众自治性规范，主要依靠人们的习惯和信念来维持，对于违约行为的制止主要是公众舆论。

### （二）规章制度的程序

规章制度的程序一般包括六个方面：制定者对必要性和可行性先行调查研究；组织起草文书；文本征求意见，包括书面征求、座谈会或听证会征求及公开征求等；文本草案及有关材料报请主管机关审核；提交给有决策权的会议审议决定；最后由制定单位主要负责人签署有发布功能的公文予以公布。

## 三、规章制度的种类

规章制度是一个总称，其种类比较多。一般来说，由政府或企事业单位根据实际需要，用行政机关的名义制定并公布的，叫作规章制度；由群众公议订立的，叫作公约。

常见的规章制度有章程、条例、规定、制度、规程、办法、规则、细则、守则、须知等。常见的公约有学习公约、班级公约、服务公约、卫生公约、拥军优属公约、拥政爱民公约等。下面主要介绍章程、条例、规定和办法四种。

### （一）章程

章程是政治、经济、文化、科学等党团组织，为所属成员制定的共同遵守的法规性文件，如《中国共产主义青年团章程》。章程要对一个组织或团体的性质、宗旨、任务、目的、组织、成员、权利、义务、活动方式及纪律等进行明确的说明与规定。它是一种系统性、根本性的规章制度，对组织成员有很强的法规性和约束力。章程的使用范围有限，多用于党团组织规定其组织性质、任务、宗旨等。此外，一些企业单位在规定其业务性质、活动方式时也采用章程的形式。其他方面的规范一般不用章程。

### （二）条例

条例是指对某方面行政工作做出比较全面、系统的规定的文件。它属于行政法规文件，如《党政机关公文处理工作条例》。条例实质上是国家领导机关对法律、政策所做的补充说明和辅助性规定，是对某些法律、政策的进一步说明。条例是具有权威性、法制性和强制性的行政法规文件，只有党和政府的领导机关才能制定条例。它具有较强的约束力，是行政人员执行公务时的具体依据，具有很强的指导性；同时，它对执行对象具有强制性，如《党政机关公文处理工作条例》对执行者、执行对象、执行方式等都进行了明确的规定。

### （三）规定

规定是某个组织针对某项工作或活动提出一定的要求，并制定相应的措施，要求下级机关或有关部门贯彻执行的指令性文件。规定具有一定的法规性，是一种应用极为广泛的机关事务文书。凡党政机关、企事业单位、社会团体，都需要对某方面工作进行特定的要求，都可以制定相应的规定，以保证工作的顺利完成，如《国务院关于职工探亲待遇的规定》。与条例相比，规定所规范的对象和范围要集中一些，措施要求也要具体一些；与办法相比，规定又更具原则性。

### （四）办法

办法是针对有关法令、条例、规章提出的具体可行的实施措施，是针对国家或某一地区政治、经济和社会发展的有关工作、有关事项的具体办理、实施提出的切实可行的措施。办法重在可操作性。它的制定者是国务院各部委、各级人民政府及其所属机构。例如，《南方工业学校班主任工作考核办法》《广东省普及九年制义务教育实施办法》等。

## 四、规章制度的格式

规章制度的格式一般包括标题、正文、制定单位署名和成文日期几部分。

### （一）标题

规章制度的标题应标明规章制度的种类和规范的对象、内容等，写在第一行的正中。规章制度的种类不同，标题的写法也不完全一样，归纳起来有五种写法。

（1）内容+种类，如《出版物汉字使用管理规定》《服务公约》。

（2）单位+种类，如《中国作家协会章程》。

（3）人员+种类，如《中学生守则》《企业职工奖惩条例》。

（4）单位（地域）+内容+种类，如《××百货商场服务公约》《中华人民共和国国库券条例》。

（5）公文式，如《北京市关于禁止燃放烟花爆竹的规定》。

如果规章制度在内容上还不够成熟，可以在标题内写明"暂行""试行""草案"等字样，如《高等学校学生行为准则（试行）》。

### （二）正文

正文要写清楚规章制度的具体内容，一般都是分条列出，一个意思一条。正文主要有两种写法。

（1）章条式的写法，即分章、分条目来写。第一章叫总则，简要说明制定本规章制度的依据、目的和总的要求。以下各章叫分则，说明具体要求执行的事项和办法。分则各章要设小标题，标明本章的主旨。最后一章叫附则，说明本规章制度及具体实施办法的制定权、修订权、解释权，以及适用对象和生效日期等。适用对象和生效日期也可写在总则内。每章下分若干条，条的序数按整个规章制度统一排列；每条下有时又分若干款，但一般不写"第×款"，只用序码标明即可。

例文二维码：章条式

（2）条文式的写法。这种写法一般适用于内容比较简单的规章制度，只要分条写出规章制度的内容即可，如守则、须知、公约等。有的分三层意思来写：第一层先简单说明制定这项规章制度的目的、意义；第二层分条写出应遵守的事项；第三层补充说明解释权限、生效日期等。也有的把第一层意思作为第一条，接着按序号排列，而把第三层意思作为最后一条。

例文二维码：条文式

### （三）制定单位署名和成文日期

制定单位署名和成文日期一般写在正文结尾后面。有的规章制定已在标题中写明制定单位名称，结尾就不必重复；有的规章制度是由政府机关随文颁发的，也不再署名。有的规章制度从公布起需要长期实行，可以不写日期；有的规章制度随文件颁发，文件上已有日期，也可以不再写。凡要写成文日期的，就应用阿拉伯数字具体写明年、月、日。

## 五、企业管理制度

企业管理制度是企业员工在企业生产经营活动中共同遵守的规定和准则的总称。企业管理制度的表现形式或组成包括企业组织机构设计、职能部门划分及职能分工、岗位职责工作说明、专业管理制度、工作或流程、管理表单等管理制度类文件。企业依法制定规章制度是企业内部"立法"的主要形式之一，是企业规范运作和行使用人权的重要方式之一。

企业管理制度是实现企业目标的有力措施和手段。它作为规范员工行为的文件，能使员工个人的活动得以合理进行，同时又可以维护员工的共同利益。因此，企业管理制度是企业进行正常经营管理活动所必需的、强有力的保证。优秀的企业管理制度必然是科学、完整、实用的管理方式的体现。

企业管理制度大体上可以分为规章制度和责任制度。规章制度侧重于工作内容、范围和工作程序、方式，如管理细则、行政管理制度、生产经营管理制度；责任制度侧重于规范责任、职权和利益的界限及其关系。一套科学完整的企业管理制度可以保证企业的正常运转和员工的合法权益不受侵害。

企业管理制度要依照企业自身的实际情况来制定，制定的目的是让企业更加高效、稳定的运行。但由于每家企业在行业结构、组织结构、人员结构等方面存在着差异，所以世界上没有任何一套企业管理制度适用于所有的企业。

在制定企业管理制度的时候，要遵循以下几个原则：一是要严格依照法律法规和规章制度的原则；二是坚持从企业实际出发，认真调查研究；三是坚持民主集中制原则。

可扫码看企业管理制度样本。

例文二维码：企业管理制度样本

## 4.4.4 任务实施

张扬因为是第一次制定规章制度，心里没有底，因此他首先向上级王主任请教该如何着手起草该文书。王主任让他先了解规章制度的相关内容，熟悉规章制度的制定程序，从公司实际出发，掌握目前公司办公用品采购及管理情况，结合实际拟制符合公司需求的规章制度，再按照公司流程公布即可。张扬一刻也不敢怠慢，按照王主任的要求进行拟制，直至最后所制定的《熙心贸易有限公司办公用品管理制度》正式公布才松了一口气。该规章制度的全文如下。

熙心贸易有限公司办公用品管理制度

为规范公司办公用品的管理，使之管理有序、责任明确、避免浪费，特制定本制度。

一、办公用品的分类

按使用的性质可将办公用品分为低值易耗品和高值管理品两类，如表1所示。

表1 办公用品的分类

| 类别 | 包含范围 | 管理责任部门 | 备注 |
|---|---|---|---|
| 低值易耗品 | 签字笔、圆珠笔、铅笔、信封、刀片、胶水、回形针、胶带、气泡袋、大头笔、割刀、刀座、绑带、大头针、图钉、曲别针、橡皮筋、复印纸、打印纸、便笺纸、橡皮擦、原子笔、笔芯、夹子、涂改液、白板笔、荧光笔、记事本、电风扇、线插板、插座、剪刀、订书机、计算器、电话机、装订机、档夹、裁纸刀、印泥、一次性纸杯等 | 公司办公室 | 单品价值为3000元以下的日常办公用品 |

续表

| 类 别 | 包 含 范 围 | 管理责任部门 | 备 注 |
|---|---|---|---|
| 高值管理品 | 复印机、电脑、移动硬盘、打印机、扫描仪、碎纸机、文件柜、空调、相机、摄影机、投影仪、音响、电视机、办公桌椅、窗帘、茶具、影碟机、名贵瓷器等 | 生产综合部 | 单品价值超过（含）3000元的大件管理品 |

二、办公用品的申购

1．每月的25号前，各部门需制订相应的《次月办公用品购买计划》报公司办公室，办公室完成公司办公用品购买计划汇总并报公司审核。每个部门当月的支出应当限定在报批的计划经费之内，如有超支的，需要列出超支的缘由；超支极大的需要书面解释。

2．办公用品的领用需要填写《熙心贸易有限公司物资采购单》，并经部门负责人签批，统一向公司办公室提出申请。各部门应当根据自己部门的办公需要，及时提出采购申请。

3．在填写《熙心贸易有限公司物资采购单》后，申请部门应将申请单交公司办公室汇总并审核。公司分管领导负责审批所分管部门所需购买办公用品的申请。单品价值超过（含）3000元的，由分管领导审批后，再呈公司总经理审批。

4．各部门填写的《熙心贸易有限公司物资采购单》在得到批准后，交到公司办公室统一采购。办公室做好供应商的建档工作，编制出常用办公用品的价格表，把握好办公用品的价格行情，做好供应商的比较、甄选工作，坚持"货比三家"原则，尽最大可能控制好办公用品的采购成本。

5．根据公司日常办公需要，办公室负责对一些常用的办公用品进行批量购买，经过验收后，在办公室保持一定库存，以保证及时满足正常办公的需要，提高供给效率。

三、办公用品的入库管理、领用和保管

1．办公用品购买后，由专人验收入库，办公室统一保管和发放。各部门申请的办公用品应当及时发放。已发放的办公用品由办公室做好相应的领用记录，明确领用部门、领用人、领用日期。涉及高值管理品的，必须是使用人前来领取并签字，以明确保管责任。

2．办公室建立办公用品管理台账，每一季度汇总一次报表，实行定期盘点制。每季度末的25日至31日抽取时间进行大件管理品的盘点。由公司办公室、生产综合部、监察部、财务部各派一人组成盘点小组对各部门的办公用品进行盘点。盘点内容包括检查相应的办公用品的存在情况、问题情况，并让相应的保管人签字确定，以便及时发现问题、处理问题。

四、办公用品的报废

公司对高值管理品的报废实行审批管理制度。各部门如有高值管理品损坏，不能使用的，应当依据以下程序进行处理。

1．出现简单问题的高值管理品可以自行维修处理。

2．对于有保修服务，且在保修期内的物品，不得擅自处理。可维修品出现问题时应当提交《办公用品维修申请单》至办公室统一进行处理。

3．对于维修不成的高值管理品实行报废处理。报废物品应当是在提交过维修申请，经过维修但无法修好的情况下，或无条件维修的，或无维修价值的，经过办公室的故障认定，方可由该管理品的保管人填写《办公用品报废申请单》，经办公室签字确认后进行报废处理。报废品原购买价值单件超过1000元的，应报请公司分管副总经理的批准；原购买价值单件超过（含）3000元的，应报请公司总经理的批准，按固定资产报废程序办理固定资产报废手续。

4．高值报废品在得到报废审批后应当由办公室进行回收处理，以求尽可能开源节流。

五、辞职清退情况处理

对于提出辞职的员工，在办理解除劳动合同手续时，必须在办理完办公用品清退手续后方可办理工资的领取等事项。

六、本制度的实施时间

本管理制度自 2019 年 8 月 1 日起施行。

### 4.4.5 知识拓展

在互联网上有关规章制度的网络资源非常多，且都提供各种规章制度的现成模板，当然，这些模板一般都是要收费的。可根据自身工作的需要选择下载某个模板，以提高工作效率。这里介绍闪办网的规章制度模板下载操作方法。

第一步，在网页上搜索"闪办网"，进入其官网首页，如图 4-4-1 所示。

图 4-4-1

第二步，搜索"行政管理规章制度"，便可出现各种汇编模板，如图 4-4-2 所示。

图 4-4-2

第三步，选择需要的规章制度模板支付下载即可，如图 4-4-3 所示。

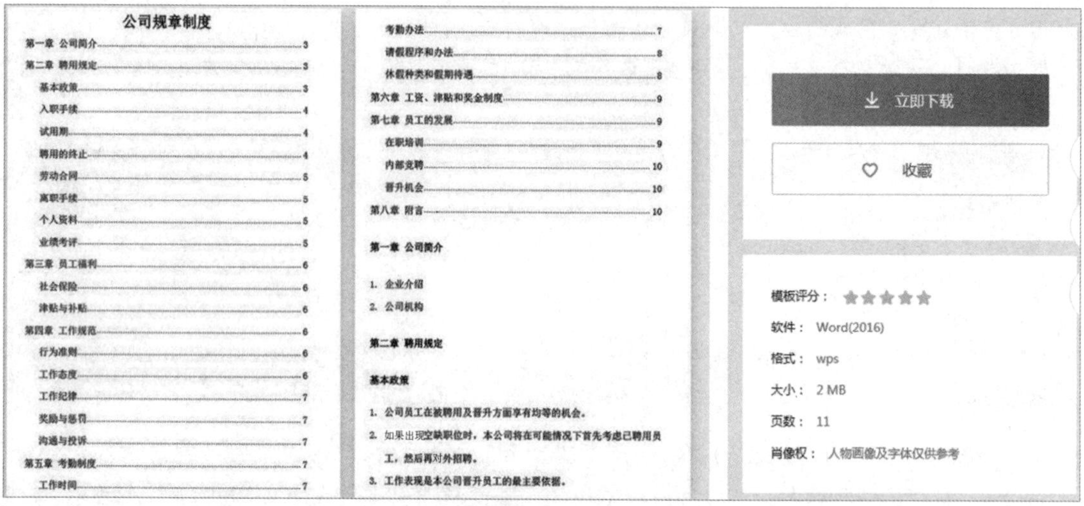

图 4-4-3

## 4.4.6　总结提升

　　规章制度这类文书应用十分广泛，是社会管理的有力工具。它为企业生产经营服务，为组织的高效率运转服务，为社会的稳定和安宁服务。任何一个团体、机关、单位、部门等，都是一个相对独立的系统，每个独立的系统又由若干个体组成，为了众多的个体朝共同的目标和方向迈进，必须对个体行为进行约束和规范。这是各种规章制度产生的原因，也是它的作用。只有用这些规章制度来约束、控制和指导个体，才能确保工作、学习、生产、生活等有秩序地、协调地进行。规章制度在写作时应注意以下事项。

　　（1）制定规章制度必须符合党和国家的方针、政策、法令，以严肃审慎的态度进行拟制。

　　（2）制定规章制度必须结合本单位或本部门的实际情况，要具备针对性、可行性。为了使受众能自觉遵守，制定过程中应该通过各种方式，广泛征求群众意见。

　　（3）所规定的内容要全面、系统。在写作时对组织内部涉及的各个方面都要考虑到，不能遗漏某方面内容，对内容的简述要分章、分节交代清楚，条款分明，不能前后混杂，更不能前后矛盾。

　　（4）所规定的内容既要有原则性的内容，又要有具体性的内容。规定不能过于死板，要有一定的灵活性，以便各地根据自己的实际情况贯彻执行。

　　（5）用词要准确，概念要单一，语气要肯定。规章制度应条文清楚，语言简洁，便于记忆和执行。

　　（6）规章制度制定后要定期检查，发现有不合适或不完善的地方，要及时修改补充。

**课外任务**

1. 病例会诊。

××市人民政府关于加强自行车交通管理的规定

为进一步贯彻《××市道路交通管理暂行规则》和《××市道路交通管理暂行处罚规则》,加强自行车交通管理,将重申并补充以下规定:

一、凡骑自行车者,必须遵守以下规定。

1. 沿路靠右行驶,禁止逆行。在带有车辆分道线的道路上,不准在机动车或便道上骑行。

2. 转弯要提前减速,照顾前后左右情况,并伸手示意。在带有上下四条以上机动车道的路段上左转弯时,必须推车从人行横道内通过。不准突然猛拐、争道抢行。

3. 在三环路以内的郊区城镇或公路上,不准骑车带人,不准与骑车同行者扶身并行;不准双手离把、持物或攀扶其他车辆;不准骑车拖带车辆;不准追逐竞驶或曲折竞驶。

4. 自行车在道路上停车、载物、停放等均应按《××市道路交通管理暂行规则》的规定执行。

二、对违反规定的,要批评教育,处罚款××元至××元。

三、因骑车人违反规定,造成交通事故由骑车人承担全部责任。

四、本规定由市公安局负责实施。

××××年××月××日

2. 请为你所在的公司拟写一份考勤管理制度。

# 模块五

# 商务经济文书写作

在现代社会中,各级各类单位的商务往来越来越频繁,为传递经济信息、联系经济工作、保障企业经营有序进行,商务经济文书应运而生。所谓商务经济文书,是指人们用于沟通商务信息和处理商务事务的文书。本模块选取使用较多的商务经济文书种类进行分析与归纳,包括经济活动分析报告、市场调查报告、活动策划书、广告文案、邀请函、商务信函、招标书与投标书、经济合同及经济纠纷起诉状。

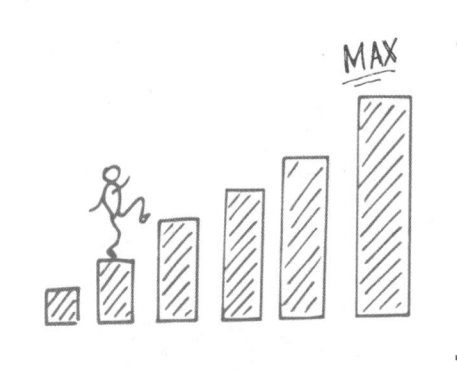

## 任务 1　正确评估，指导管理——经济活动分析报告

### 知识目标

1. 了解经济活动分析报告的定义和作用。
2. 熟悉经济活动分析报告特点和种类。
3. 掌握经济活动分析报告的结构与写法。

### 能力目标

1. 具有一定的经济活动分析能力。
2. 能根据工作需求撰写经济活动分析报告。

### 素质目标

1. 熟悉经济活动分析工作的流程。
2. 培养严谨细致的写作态度。
3. 培养信息化素养。

## 5.1.1　情景导入

情景描述：

按照熙心贸易有限公司的常规工作安排，财务部需要对 2019 年上半年的经济活动状况进行分析，并撰写书面报告。财务部主任是郑敏，助理是杨洁。

郑敏：小杨，下周一董事会要讨论今年上半年公司的经济活动状况，你周五加一下班，写好报告发给我。

杨洁：好的，主任。

情景导入小视频观赏

## 5.1.2　任务分析

根据情景内容，杨洁接到的写作任务是撰写经济活动分析报告。要撰写经济活动分析报告，首先要了解经济活动分析报告的定义、作用、特点和种类，其次要掌握经济活动分析报告的结构与写法，能根据工作需求撰写经济活动分析报告。

## 5.1.3 知识准备

### 一、经济活动分析报告的定义

经济活动分析报告是以科学的经济理论和现行的经济政策为指导，以国家有关方针、政策为依据，根据计划指标、会计核算、统计资料和经济调查所掌握的材料和数据，对本部门或有关单位一定时期内的经济活动状况进行科学的分析研究，做出正确的评估，找出成绩和问题，探讨问题产生的原因，寻找改进方法，指导经营管理的书面报告。

### 二、经济活动分析报告的作用

撰写经济活动分析报告是各个经济部门和单位的一项经常性的工作，是提高经济效益的一项重要措施。它的作用主要有以下几个方面。

（1）有助于企业及时修订或制订经济计划。要想制订经济计划，必须依据市场的需求变化规律。所以，企业在制订计划之前，必须进行各方面的经济活动分析，为制订计划提供科学可靠的依据。

（2）有助于企业改善经营管理水平，提高经济效益。经济活动分析报告反映经济活动的进程与效果，反映各项经济技术指标的情况，能够帮助企业确定生产经营的目标，制订科学合理的发展计划，切实提高企业的经济效益。

（3）有助于政府经济部门或企业管理机构掌握情况，有效地发挥职能管理的作用。经济活动分析报告全面反映企业生产、流通、经营管理情况，帮助企业及时发现不足，找出原因，有利于企业加强全面经济核算，节约原材料，降低成本，进一步提高产品质量，促进设备更新，深化企业经济改革。

### 三、经济活动分析报告的特点

#### （一）专业性

经济活动分析报告专用于经济领域，涉及工业、商业、农业等不同行业及金融、财税等不同部门的各种专业问题，专门分析生产、商品流通、资金运转等过程中的各项经济指标的完成情况或整个经济活动中的各种专业问题，如物价、消费等，专业性强。

#### （二）时效性

经济活动分析报告的时效性和经济活动本身的特点是一致的。在撰写经济活动分析报告时要迅速、及时。再透彻、全面的经济活动分析报告，一旦过了时，都只是一纸空文，毫无价值。

#### （三）真实性

真实性是经济活动分析报告赖以存在的生命基础。撰写经济活动分析报告必须尊重事实，实事求是，分析必须量化，即用数据说明经济活动状况，以指标数据为核心展开分析，以数据变化来评判执行计划的结果并剖析原因。如果经济活动分析报告中引用的材料不真实、数据不准确，不仅会给企业的生产经营造成无法弥补的损失，还会给政府职能部门的决策带来无法估计的损害。

#### （四）指导性

经济活动分析的一个主要作用，就是通过分析总结，找出影响计划指标完成情况的主要因素和影响总体经济效益的薄弱环节，进而制定相应的措施加强管理，提高经济效益。因此，经济活动分析报告是经济部门和企业确定发展规划的重要依据，具有重要的指导意义。

### 四、经济活动分析报告的种类

经济活动分析报告的应用非常广泛，因而其种类较多，按照不同的划分标准可以分为不同的类别。

按经济部门划分：有工业（经济效益与产品质量、消耗、成本、利润等有关）分析报告、农业分析报告、商业（经济活动的中心是商品流通）分析报告、交通运输分析报告等。

按分析的内容划分：有全面分析报告、简要分析报告、专题分析报告。

按经济活动分析的时间划分：有定期分析报告和不定期分析报告。

按职责分工划分：有专业性的分析报告和一般性的分析报告。

按分析目的划分：有预测决策分析报告和评价总结分析报告。

### 五、经济活动分析报告的结构与写法

#### （一）经济活动分析报告的结构

由于其内容和写作目的不同，经济活动分析报告的格式并不固定，一般情况下，都要有数据、有分析、有针对性意见。其结构一般包括标题、正文、落款三部分。

1. 标题

经济活动分析报告的标题一般有两种形式。

（1）公文式标题。这种标题包括分析的范围（地区、部门或单位名称）、时间、内容与对象（成本、利润、效益）、文种四个要素，如《××有限公司一季度生产成本分析报告》《××市北国商城2018年上半年财务分析报告》。有的也可只写事由和文种，如《关于原材料消耗的分析报告》。

（2）文章式标题。这种标题一般写明分析的对象和事由，或点出文章的论题范围，或提出建议、意见、观点，如《加强商品购销过程中的经济核算》《库存结构分析》等。有时也可采用双标题，如《零售市场全面复苏，商品销售走出谷底——2017年第三季度市场简析》。

经济活动分析报告的标题中的文种往往还以"分析""情况汇报""完成情况""问题与思考""评估与建议""状况分析""情况说明书"等形式出现。

2. 正文

正文分导语、主体、结尾三部分。

（1）导语。导语即前言、引言，是经济活动分析报告的开头部分。导语具有提纲挈领的作用，一般用简练、概括的语言或典型的数据，对经济形势或分析对象基本情况的要点进行简要介绍。有的经济活动分析报告也在导语部分交代分析目的、起因和背景；有的经济活动分析报告则在导语部分概述企业在某项经济活动中所做的主要工作、采取的主要措施和可能存在的主要问题。

（2）主体。主体作为经济活动分析报告的重点部分，应将分析作为写作重点，用资料和数据对经济活动从整体到局部进行具体的分析说明，反映经济分析的过程及结果。所以，主体部分主要包括以下内容。

① 具体情况。此部分主要介绍分析对象的情况，包括对技术或管理措施实施情况、业务工作开展情况的文字说明和具体数字说明，如指标、百分比、有关数据等。写情况是为了总结经验，揭露问题，为下文的分析做好铺垫。

② 综合分析。综合分析就是依据国家的政策和经济的规律，对有关数据进行运算推导，或对有关情况进行综合分析研究，运用对比、综合、归纳等方法，总结成绩，找出存在的问题，提出改进的建议和措施。由于分析的目的不尽相同，因此其内容可各有侧重。有的经济活动分析报告以分析取得成绩的原因、总结经验为主；有的经济活动分析报告则以分析存在的问题，找出解决的办法，从而改进工作，提高经济效益为主。总而言之，经济活动分析报告要以"分析"为主，不能只是堆砌材料、罗列事实。缺少有理有据、深入细致的分析，其写作就不能算成功。只有分析得当，才能对经济活动做出正确的评价，才能对其成败的原因有所认识，才有可能把握经济活动的本质和规律。有的经济活动分析报告把"情况"和"分析"放在一起写，即写完一个方面的情况，接着便进行分析，然后写另一个方面的情况，再对之进行分析，边写情况，边进行分析，边提出问题，边做出回答。

③ 提出意见或建议。在此部分中，一般要根据分析的结果，回答今后的经济活动将会"怎么样"或者应当"怎么办"的问题。在不同的经济活动分析报告中，这部分内容的侧重点常常有所不同。如果其内容以说明成绩、总结经验为主，这部分应着重写明推广的经验，以及进一步提高经济效益的途径；如果其内容以揭露问题、总结教训为主，这部分则应着重写明解决问题或改进工作的措施。还有的经济活动分析报告着重对经济活动的前景和趋势做出预测，其目的是解决问题，"建议"是"分析"的归结点。这部分也是经济活动分析报告中比较重要的一项内容。

经济活动分析报告的主体部分多采用综合式结构。整体上是纵式的，首先提出具体情况，然后综合分析，最后提出意见或建议。但对上述每一层次的安排又是横式的，即根据具体情况横向展开，侧面反映各种不同情况和问题。

（3）结尾。现在大多数经济活动分析报告都不专门安排结尾部分，一般写完建议就自然作结。有的经济活动分析报告也会写几句总结式或展望式的话，作为一个简略的总结以结束全文。

**3. 落款**

落款一般包括单位名称或作者署名和写作日期。落款通常在正文的右下方，但公开发表的经济活动分析报告的单位名称或作者署名则应写在标题下面，写作日期可省略不写。

### （二）经济活动分析报告的写法

经济活动分析报告的写法要根据不同的需求和使用的不同要求灵活变动。如果是涉及的范围较广或时间跨度比较大、内容比较多的经济活动分析报告，为了便于阅读和查看相关内容，可以设计封面、序言及目录等（可扫码看例文）。这里主要对一般的经济活动分析报告的写法进行梳理。

例文二维码：经济活动分析报告

××公司20××年上半年经济活动分析报告

导语（用简练、概括的语言或典型的数据，对经济形势或分析对象基本情况的要点进行简要介绍。）

一、具体情况（主要介绍分析对象的情况，包括对技术或管理措施实施情况、业务工作开展情况的文字说明和具体数字说明。）

二、综合分析（依据国家的政策和经济的规律，对有关数据进行运算推导，或对有关情况进行综合分析研究，运用对比、综合、归纳等方法，总结成绩，找出存在的问题，提出改进的建议和措施。）

三、提出意见或建议（根据分析的结果，回答今后的经济活动将会"怎么样"或者应当"怎么办"的问题。）

××公司<br/>××××年××月××日

## 5.1.4 任务实施

接到写作任务后，杨洁首先收集相关资料，并对资料进行分析和研究，进而按照其结构写法着手撰写经济活动分析报告。文稿框架拟定如下。

熙心贸易有限公司 2019 年上半年经济活动分析报告

2019 年上半年，在公司各部门的共同奋斗下，公司整体经济态势运行良好，各种经济指标较去年均有了一定幅度的增长，经济效益明显提高。然而，由于受各种条件的限制和市场方面的约束，公司部分经济指标与年度目标的要求仍有差距，未能达到预期目标。为了更好地总结经验、找出差距，现将公司上半年的经济活动综合分析如下：

一、上半年各项指标完成情况及分析

（一）公司上半年经济指标全面完成情况

（略）

（二）公司上半年主要经济指标完成情况分析

（略）

（三）公司上半年经营管理取得的主要成绩总结

（略）

二、公司上半年主要工作

（略）

三、存在的问题和不足

（略）

四、采取的措施和建议

（略）

五、经营预测分析

（略）

熙心贸易有限公司<br>2019 年 7 月 12 日

注：经济活动分析报告属于经济类专业性文书，因而要根据实际情况如实撰写。由于此篇经济活动分析报告的篇幅较长，因而在此不详尽呈现，可扫码细看各部分写作思路说明。

杨洁以其较强的专业写作能力完成了公司 2019 年上半年的经济活动分析报告，这份分析报告较充分地反映了公司近半年来的整体情况，提出了公司经营中存在的不足并找出原因，为促进和深化公司的发展发挥了重要的作用。

例文二维码：经济活动分析报告写作思路说明

## 5.1.5 知识拓展

### 一、经济活动分析工作的流程

经济活动分析工作一般要按照以下流程进行。

（一）制订分析计划

分析计划的内容应该包括分析的目的、要求、范围、主要课题，分析工作的组织、分工、进度设计、资料来源等。做好分析计划可以保证有目的、有步骤地进行该项工作，以达到预期效果。

## （二）收集分析资料

为分析工作做好准备，其中十分重要的基础工作就是根据分析的目的和范围收集有关资料。资料的收集可从两方面进行：一是收集企业外部的资料，包括国家有关法规、政策、市场供需情况的信息，国内外同行业的经济技术指标、技术措施等；二是收集企业内部的资料，包括企业各种核算资料和报表、技术标准和技术规程，企业各项计划、预算、定额标准等。资料的数量和质量，直接影响分析的正确性、有用性，因此资料务必真实可靠。

## （三）分析研究

要做好经济活动分析工作，关键的一步就是分析研究。分析研究可以使资料形成一个体系，反映企业生产经营的真实面貌，揭示企业经济发展的规律。分析研究不仅要肯定成绩，还要找出不足，揭露问题的实质。可以采取定量分析和定性分析两种方法进行分析研究，在实际工作中可根据具体情况选择使用哪种方法。

## （四）提出措施

在综合概括分析研究的结果并做出正确评价的基础上，要着重找出存在不足或缺点的原因，提出改进经营管理、挖掘内部潜力、提高经济效益的具体措施或建议。

## （五）撰写书面报告

最后，将经济活动分析的结果和意见写成书面报告的形式，使之在经济管理活动中发挥指导实践的作用。

## 二、活用办公软件中的经济活动分析报告模板

WPS 软件中一般有经济活动分析报告模板，通过精确搜索"经济活动分析报告"，便可看到相关搜索结果，若是稻壳会员则可免费使用，如图 5-1-1～图 5-1-3 所示。

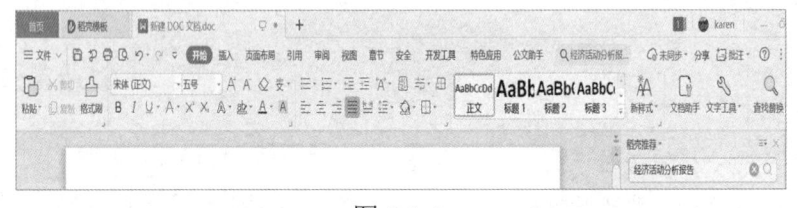

图 5-1-1

图 5-1-2

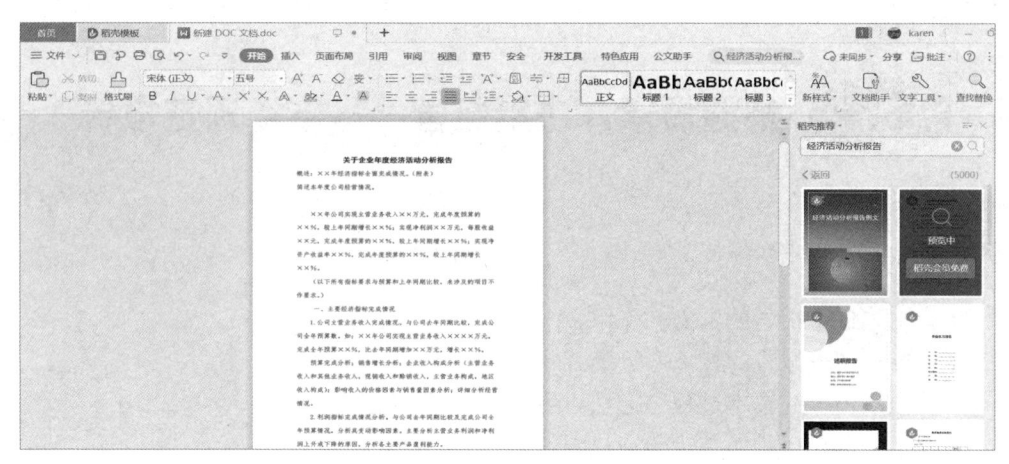

图 5-1-3

## 5.1.6 总结提升

经济活动分析报告是一种管理总结性文书，主要对企业的实际工作进行回顾分析和评价，肯定成绩，找出差距，查清原因，总结经验和教训，为今后的工作提出措施。但企业的经济活动，从计划的制订、实施到最后的实践成果，都主要体现在数据指标上。因此，企业的经济活动分析主要围绕数据指标来进行，通过分析来揭示数据指标的变化，找出影响数据指标变化的因素及影响的程度，从而总结出经济活动的发展规律，提出改进措施。在拟写书面报告的过程中，还应注意以下事项。

（1）要敢于揭露问题。经济活动分析报告是加强企业管理的重要手段，必须如实地反映企业的经济活动。在写作时必须坚持实事求是的原则，肯定成绩，不回避矛盾，不掩盖事实，要有科学的态度，全面看待、分析各种指标。

（2）要突出重点。经济活动分析报告不能写得面面俱到，不分主次，要抓住关键问题，深入分析，揭示潜在的问题，提出有预见性的意见，只有这样才会给人留下深刻的印象，才会有利于企业经营决策和管理。

（3）要防止单纯罗列数据。经济活动分析是用数据来分析问题的，因此数据在书面报告中占据重要地位。但是数据分析必须与因素分析相结合，只有这样才能反映问题的本质。在书写书面报告时切勿单纯罗列数据，使人不得要领，而应重视分析叙述的角度，将数据分析与因素分析紧密结合。

（4）要加强科学性。撰写经济活动分析报告要客观全面，切忌片面性。既要肯定成绩，又要找出差距；既要说明有利因素，又要说明不利因素；既要分析客观因素，又要分析管理上的主观因素。同时，要注意观点和依据的统一，不主观臆断，凭空推测，也不罗列现象，缺乏主观的分析和意见。此外，提出的结论和建议应十分明确，具备可行性。

**课外任务**

1. 经济活动分析工作是按照怎样的流程进行的？
2. 请为所在的部门拟写一份本年度利润完成情况的分析报告。

## 任务 2　把握需求，决策经营——市场调查报告

### 知识目标

1. 了解市场调查报告的定义和作用。
2. 了解市场调查报告的特点和分类。
3. 知悉市场调查的基本过程与方法。
4. 掌握市场调查报告的结构与写法。

### 能力目标

1. 具有撰写市场调查报告的基础能力。
2. 能根据需要撰写合格的市场调查报告。

### 素质目标

1. 培养严谨细致的写作态度。
2. 培养信息化素养。

## 5.2.1　情景导入

情景描述：
　　熙心贸易有限公司董事会如期召开 2019 年上半年经济活动分析报告会，分析了公司上半年的整体运营情况，针对大学生休闲服饰销售情况没有达到预期效果的问题进行了研讨与分析。营销中心主任是赵捷，助理是林珊。

情景导入小视频观赏

　　赵捷：小林，董事会召开的经济活动分析报告会上反映公司今年上半年大学生休闲服饰销售情况不太乐观，咱们得做一个详细的市场调查。
　　林珊：好的，主任，我这就去筹备。

## 5.2.2　任务分析

　　根据情景内容，林珊接到的任务是进行市场调查，撰写市场调查报告。要想完成该项任务，首先要弄清楚什么是市场调查报告，了解市场调查报告的作用、特点和分类，知悉市场调查的基本过程与方法，其次要掌握市场调查报告的结构与写法，能根据实际需要撰写市场调查报告。

## 5.2.3 知识准备

### 一、市场调查报告的定义和作用

#### （一）市场调查报告的定义

市场调查报告是运用科学的方法，有目的地、有系统地收集、记录、整理相关的市场营销信息和资料，分析市场情况，了解市场现状及其发展趋势，经过认真分析、研究和处理后而写成的为市场预测和营销决策提供客观的、正确的资料的报告性文书。

#### （二）市场调查报告的作用

市场调查报告是经济调查报告的一个重要种类，它是以科学的方法对市场的供求关系、购销状况及消费情况等进行深入细致的调查研究后所写成的书面报告。其作用在于帮助企业了解市场的现状和趋势，提高企业在市场经济大潮中的应变能力和竞争力，从而有效促进企业经营管理水平的提高。一份好的市场调查报告，能给企业的市场经营活动提供有效的指导，能为企业的决策提供客观的依据。

### 二、市场调查报告的特点和分类

#### （一）市场调查报告的特点

1. 针对性

市场调查报告是决策机关决策的重要依据之一，因此其内容必须有的放矢。

2. 真实性

市场调查报告必须从实际出发，通过对真实材料的客观分析得出正确的结论。

3. 典型性

市场调查报告的典型性主要表现为两点：一是对调查得来的材料进行科学分析，找出反映市场变化的内在规律；二是报告的结论要准确可靠。

4. 时效性

市场调查报告要及时、迅速、准确地反映、回答现实经济生活中出现的新情况、新问题，突出"快""新"二字。

#### （二）市场调查报告的分类

市场调查报告可以从不同的角度进行分类。

按其所涉及内容的不同，可以分为综合性市场调查报告和专题性市场调查报告。

按调查对象的不同，可分为关于市场供求情况的市场调查报告、关于产品情况的市场调查报告、关于消费者情况的市场调查报告、关于销售情况的市场调查报告及关于市场竞争情况的市场调查报告。

按表述手法的不同，可分为陈述型市场调查报告和分析型市场调查报告。

### 三、市场调查的基本过程与方法

#### （一）市场调查的基本过程

要撰写好市场调查报告，首先要进行深入细致的市场调查，只有透过市场现状，才能揭示市场运行的规律和本质。

市场调查的基本过程如下。

**1. 明确调查目标**

要进行市场调查工作，首先要明确市场调查的目标。企业的要求不同，市场调查的目标有所不同。企业在制定市场营销策略时，要调查市场供求状况、市场竞争状况、消费者购买行为和营销要素情况；企业在实施市场营销策略时，必须调查宏观市场环境的发展变化趋势，尤其要调查所处行业未来的发展状况；企业在经营中遇到了问题时，应针对存在的问题和问题产生的原因进行市场调查。

**2. 设计调查方案**

一份完善的市场调查方案一般包括调查目的、调查对象、调查内容、调查表、调查地区范围、样本的抽取及资料的收集和整理方法等。

**3. 制订调查工作计划**

调查工作计划主要包括组织领导及人员的配备、调查人员的招聘及培训、安排工作进度及计算费用预算等。

**4. 组织实地调查**

市场调查的各项准备工作完成后，就要开始进行实地调查工作，收集市场调查的资料了。组织实地调查要做好两方面的工作：一是做好实地调查的组织、领导工作；二是做好实地调查的协调、控制工作。

**5. 调查资料的整理和分析**

实地调查结束后，就进入调查资料的整理和分析阶段了。收集好已填写的调查表后，由调查人员对调查表进行逐份检查，剔除不合格的调查表，将合格的调查表统一编号，便于调查数据的统计。调查数据的统计可利用 Excel 来完成。将调查数据输入 Excel 表格中，经计算即可获得统计数据。利用上述统计数据，就可以按照调查目的和要求，针对调查内容进行全面的分析工作了。

（二）常见的市场调查方法

按调查范围的不同，市场调查可分为市场普查、抽样调查和典型调查三种。

（1）市场普查，即对市场进行一次性的全面调查。这种调查方法量大、面广、费用高、周期长、难度大，但调查结果全面、真实、可靠。

（2）抽样调查，即从全部调查对象中，选择一部分个体进行调查，据此推断总体的情况。例如，想要销售一种面向小学生的食品，完全可以选择一两个学校的一两个班级的小学生进行调查，从而推断小学生群体对该种产品的市场需求情况。

（3）典型调查，即从调查对象的总体中挑选一些典型个体进行调查，据此推算总体的一般情况。例如，对竞争对手的调查，可以从众多竞争对手中选出一两个典型代表，对其进行深入研究，分析其内在的运行机制和经营管理的优缺点，而不必对所有的竞争对手都进行调查，这样难度大、时间长。

按调查方式的不同，市场调查可分为访问法、观察法和试销或试营法三种。

（1）访问法，即事先拟定调查项目，通过面谈、信访、电话等方式向被调查者提出问题，以获取所需要的调查资料。这种调查方法简单易行，有时也不见得很正规，在与人闲谈时就可以把所调查的内容穿插进去，在不知不觉中进行市场调查。

（2）观察法，即调查人员亲临顾客购物现场（如商店或交易市场）、服务项目现场（如酒店内或客车上），直接观察和记录顾客的类别、购买动机和特征、消费方式和习惯，以及商家的价格与服务水平、经营策略和手段等。这种调查方法取得的第一手资料更真实可靠，但要注意调查行为不要被经营者发现。

（3）试销或试营法，即对拿不准的业务，可以通过产品试销或试营的方式来了解顾客的反映和市场需求情况。

### 四、市场调查报告的结构与写法

#### （一）市场调查报告的结构

由于调查内容、调查人员的差异，市场调查报告的撰写也有所不同，但其基本结构是相同的。规范的市场调查报告，一般包括标题、序言、摘要、正文、附件几部分。

1. 标题

标题常见的形式有两种：一种是公文式标题，如《关于大学生手机消费状况的调查报告》；另一种是文章式标题，如《"问题少年"的出现，原因何在？》。有的还采用正副标题的形式，正标题揭示调查市场报告的中心，副标题表明调查的对象，如《远山的呼唤——关于土家族聚居的樟木村人口素质的调查》。

2. 序言

序言主要介绍调查项目的基本情况，通常包括扉页、目录和简介。

（1）扉页。扉页一般占一页，内容包括以下几项。

① 市场调查报告的题目。
② 委托进行市场调查的单位名称。
③ 执行该市场调查项目的单位名称。
④ 市场调查项目负责人的姓名及单位。
⑤ 市场调查报告的完成日期。

（2）目录。如果市场调查报告的内容较多，为了方便读者阅读，应当使用目录或索引的形式列出报告的主要章节和附录，并注明标题、有关章节序号及页码。一般来说，目录的篇幅不宜超过一页。

（3）简介。简介主要阐述调查的基本情况，即按照市场调查的顺序将问题展开，并阐述对调查的原始资料进行选择、评价，以及得出结论、提出建议的原则等。简介主要包括三方面内容。

① 简要说明调查目的，即简要说明调查的由来和委托调查的原因。
② 简要介绍调查对象和调查内容，包括调查时间、地点、对象、范围，以及调查要点和调查所要解答的问题。
③ 简要介绍市场调查的方法。介绍市场调查的方法，有助于让人相信调查结果的可靠性。因此，对所用方法要进行简短叙述，并说明选用该方法的原因。例如，是用抽样调查法还是用典型调查法，是用实地调查法还是用文案调查法，这些都是在调查过程中会使用的方法。如果此部分内容很多，应有详细的工作技术报告加以补充说明，并附在市场调查报告的附件中。

3. 摘要

摘要是用简单明了的语言对市场调查结果进行概括介绍，包括市场容量、与竞争对手的竞争情况、与竞争对手的广告策略的对比、产品在消费者心目中的优缺点、竞争对手的销售策略、影响产品销售的因素等。其目的在于让企业的相关人员快速了解市场调查的基本结果，从而采取相应的措施。

摘要是市场调查报告中相当重要的内容，但在有些市场调查报告中经常被忽略。无论什么原因，忽略摘要部分都有损于市场调查报告的价值。

4. 正文

正文是市场调查报告的主体部分，它包含前言。这部分必须准确阐明全部有关论据，包括从提出问题到引出结论的全部过程，并分析研究问题的方法，还应当包括可供决策者进行独立思考的全部调查结果和必要的市场信息，以及对这些结果和信息的分析与评论。

正文一般包括情况概述、分析预测、建议措施三部分。

（1）情况概述。这部分应概括地介绍市场调查的整体情况，介绍市场调查的资料、数据及图表，说明被调查者的过去和目前的情况。

（2）分析预测。这部分是在陈述市场调查结果的基础上，进行具体的数据分析研究，并得出规律性的结论，或是针对调查目的，得出结论性意见，预测市场未来的发展和变化趋势。市场调查结果的描述形式通常是图表，调查人员必须对图表中的数据所隐含的趋势、关系或规律进行客观的描述。

（3）建议措施。这部分是针对调查获得的结论对该企业的产品及其营销方式提出具体的要求及应该采取的改进措施。另外，市场调查报告中应提出多种方案，供决策者选择。同时，最好说明可能需要支付的费用，并对未来市场的变化趋势和该企业产品的销售状况做出合理的预测。

当然，正文部分还可以写结语，视具体情况而定即可。

5. 附件

附件是指市场调查报告正文包含不了或没有提及的，但与正文有关的必须加以说明的部分。它是对正文的补充或更详尽的说明。每份附件都应该按顺序标上序号。附件中一般包括访问提纲、调查问卷、抽样有关细节的补充说明、工作进度安排、原始资料的来源及调查获取的原始数据图表等。

（二）市场调查报告的写法

市场调查报告的规范格式大体包括上述几部分内容，可根据不同的需求或使用的不同要求灵活写作。市场调查报告的标题（封面）、序言、摘要和附件部分，因其篇幅较长，在此不详细展示，可扫码看例文，这里只梳理其正文的写法。当然，不同的市场调查报告其写法不一定都一样，根据具体情况灵活运用即可。

例文二维码：市场调查报告

××××××××市场调查报告

前言（说明市场调查的目的、时间、地点、对象、范围及采用的调查方法，或简要介绍市场调查报告的主要内容和观点等。）

一、情况概述（介绍市场调查的资料、数据及图表，说明被调查者的过去和目前的情况。）

二、分析预测

1．对所获得的调查数据进行分析、归纳和整理。

2．在分析、归纳和整理的过程中发现的问题和得出的关于市场状况的结论。

三、建议措施（根据分析、归纳和整理的调查数据提出有针对性的建议或措施。）

四、结语（概括全文的观点，写出总结式的意见；或说明调查中存在的问题、主要的情况倾向；或预测可能遇到的风险等。）

## 5.2.4 任务实施

林珊首先按照市场调查的基本过程，一步一步地实施，收集相关的调查数据，并对所获得的数据进行分析、归纳和整理,从而得到结论,在此基础上提出解决问题的对策和措施。接着,林珊将上述内容写入市场调查报告中,完成该项写作任务(以下只展示正文部分)。

## 熙心贸易有限公司关于大学生休闲服饰市场的调查报告

随着现代人们生活节奏的加快和压力的增加,人们在工作、学习之余喜欢追求一种放松、悠闲的状态,也越来越追求舒适、自然的新型休闲服饰。当前,休闲服饰已成为服装行业的主流趋势,休闲服饰的市场空间和发展潜力非常大。而大学生作为引领潮流的主力军,他们个性张扬,重视自我价值的体现,因此大学生休闲服饰市场亟待开发。为了公司接下来能更好地进军大学生休闲服饰市场,进一步了解该市场的竞争现状和市场份额,把握大学生购买休闲服饰的习惯、需求等,公司营销中心组建了专项市场调查团队进行了为期一个月的市场调查。

一、调查基本情况

此次调查的对象是区域内各所高校的大学生和服饰市场的竞争对手,包括大卖场、商贸城、商业街及高校生活区中的各服饰店。调查方法主要采用街头访问法,在城区大卖场、商贸城和学校附近的商业街等区域对过往大学生进行问卷调查,针对这些区域内的竞争对手及其销售情况进行资料的收集。同时,通过对该区域内各品牌的经营情况及休闲服饰品牌的种类进行深入调查及对该区域内高校大学生代表进行小组访谈,了解大学生对于休闲服饰的购买习惯、需求等,收集第一手资料。之后,通过对收集到的资料进行整理分析,总结调查基本情况。调查基本情况如下:

(一)大学生休闲服饰的市场状况分析

在调查中发现,有67%的大学生最近有购买休闲服饰的经历。从这个数据可以看出,目前大学生休闲服饰的目标市场是很大的,产品的市场占有率也随之提高,休闲服饰的市场空间会越来越广阔。

(二)大学生休闲服饰的购买行为分析

1. 购买服饰的原因分析

根据调查可以得知大学生因生活需求而购买服饰的比例最大,占58%。从这个数据可以看出大学生的消费趋于理性化,他们不再盲目消费。其他购买服饰的原因及比例如下:追求潮流占15%,打折占13%,赠送礼品占11%,其他占3%。

2. 购买服饰的主要时机分析

在调查中可以发现,很大一部分大学生是在换季的时候去购买服饰,因为这个时候正是需求量最大的时候,要根据不同的季节来购买不同的服饰以达到保暖或美观的功效。其次是在新款上市的时候去购买服饰,因为现代的年轻群体越来越注重自己的品位、追求时尚,他们都希望自己能引领潮流,成为别人羡慕的对象。再次,打折也是吸引大学生消费者的一种很好的方式,因为一些大学生不会盲目消费,而是选择在打折、降价的时候购买服饰,这样同样能满足他们的需求。

3. 购买休闲服饰的原因分析

大学生选择自己喜欢的休闲服饰品牌的原因也大致相同,分别是款式、舒适度、面料、价格等。其中,款式占24%,舒适度占22%,面料占21%,价格占14%,品牌效应占10%,时尚潮流占9%。

4. 购买休闲服饰的频率分析

大学生购买休闲服饰没有一个固定的时间,不过大多数是一个月购买一次,每两周就购买一次的只占一小部分,毕竟大学生的消费水平还是有限的,不能经常购买。一季度购买一次的也占很大部分,这样更符合大学生的消费水平。

5. 购买休闲服饰的信息来源分析

在购买休闲服饰的时候,大学生的信息来源主要是亲友的介绍或自己以前使用过的经验,通过现场销售员的介绍而达成交易的也占很大一部分。但随着网购的流行,大学生也越来越喜欢通过网购这种便捷的方式来购买休闲服饰。

(三)大学生休闲服饰的需求分析

1. 大学生对休闲服饰的要求

从调查中可知,款式是大学生在购买休闲服饰时最注重的因素,他们很在意款式的选择,款式越新越好。其次是对舒适度的要求较高。现在的大学生消费者越来越注重性价比,所以在面料和价格方面的要求也较高。当然,品牌和时尚也是不可缺少的一部分。

2. 大学生喜欢休闲服饰的设计风格

对于各种流行元素,消费者的服饰消费观念呈现出个性化特征,尤其是年轻的大学生,他们更善于接受新事物,也乐于大胆尝试,所以他们最喜欢的还是牛仔系列服饰,占38%;而运动休闲类服饰也是大部分大学生的最爱,也占很大的比例,有28%。

二、调查结论分析

通过此次专项调查,调查团队发现,大学生休闲服饰市场是很有前景的,主要原因包括以下几点。

(1)休闲服饰将"以人为本"的理念深深植入人心,稳居大众喜爱的服饰排名的前列。而大学生群体作为新一代的引领者,个性、时尚、舒适的休闲服饰是他们的首选标准。

(2)多数大学生因为需求而购买服饰,体现了他们不再盲目追求时尚,而是更趋于理性消费。在选择购买时机方面大多数大学生也是考虑在换季、打折时进行购买,这也体现了现代大学生的理性消费的观念。在众多休闲服饰类型中,最受大学生喜爱的还是牛仔系列服饰。同时,各种运动的风靡带动了休闲服饰的流行元素,塑造了炙手可热的运动休闲类服饰,该类服饰也被越来越多的大学生所接受,成为酷爱运动的消费群体的最爱。

(3)大学生在选择购买休闲服饰时最注重的还是款式和舒适度,这给了服饰生产厂家一个很好的提醒,在生产产品时不仅要注重款式,更要注重产品的舒适度,不能因为要谋取更多的利益而忽视消费者的真正需求。

(4)休闲服饰鲜明的舒适感正慢慢渗透人们的日常生活,休闲服饰也正融入传统服饰中。传统的正装开始运用休闲服饰的设计理念,不论是色彩、样式,还是搭配,都越来越体现休闲化特征。由此可见,休闲服饰正引领着服装行业发展的潮流。

三、建议和措施

(1)目前,大学生消费者正在引领休闲潮流,因此我公司应该多注意收集资料,生产适合大学生消费者的"个性""时尚"等性格的服饰,风格各异的服饰能获得很大一部分大学生消费者的青睐。

(2)在选购休闲服饰时大学生消费者看重的不仅是款式、舒适度,还有很重要的一点就是销售人员的服务质量。因此,我公司应着力打造一流的品牌服务,提高品牌竞争力,增强大学生消费者的忠实度,吸引更多的大学生消费者。

(3)面对竞争日益激烈的服饰市场,公司间的竞争已演变为品牌的竞争,因此我公司要建立牢固的品牌优势,既要在宣传上下功夫,还要不断完善服装质量,更要设计出适合不同个性年轻大学生需求的服饰。

林珊将这份写好的市场调查报告提交给公司决策层,报告中相关的数据及建议为公司制定下一步的营销策略提供了一定的依据。

## 5.2.5 知识拓展

### 一、网上调查概述

市场调查相对于企业而言,如同情报之于军队,二者都是战略决策与战术设计的重要依据,其准确性越高，其正面的支撑作用越明显。

市场调查常用的一种调查方法就是网上调查，网上调查正在成为一些中小型企业和一些市场调查公司快速获得市场信息的一种简单方便的市场调查方法。

网上调查是伴随互联网的发展而出现的一种新的调查方法。这种方法同传统的调查方法相比有较多的优势：它可以减少问卷印制、邮寄和数据记录的环节；可以提高回收的速度，扩大回收的样本量；可以节约调查的费用；其调查设计的视觉效果较好，可以吸引更多的人参与；不受地点限制，适合全球性调查。

网上调查的范围很广，如销售活动评估、产品与包装分析、价格分析、市场进入策略、创新和产品开发研究、流通渠道分析、消费行为分析、市场竞争分析、客户意识分析、员工状况分析等，均属于网上调查的内容。

网上调查的方式主要有在线调查、电子邮件调查、海量数据库搜索调查、网站数据库分析调查等。网上调查与其他市场调查的核心区别就在于其充分利用互联网的特性展开市场调查，技术含量高，调查目标定位更为准确，调查数据更加科学精准。

## 二、网上调查的几个常见步骤

### （一）明确问题并确定调查目标

首先，调查人员可使用网络搜索的手段来明确问题并确定调查目标。互联网可以带来大量的信息流。当在网上搜索时，可能无法精确地找到所需要的重要信息，不过在搜索过程中会发现一些其他有价值、抑或价值不大但自己很有兴趣的信息。

### （二）制订最为有效的信息搜索计划

具体来说，信息搜索计划包括资料来源、调查方法、调查手段、抽样方案和联系方法。

### （三）收集信息

网络通信技术的突飞猛进式发展使得信息收集的方法越来越多样。互联网中没有时空和地域的限制，因此网上调查可以在全国甚至全球进行。同时，网上调查收集信息的方法也很简单，直接在网上搜索并下载即可，这与传统市场调查的收集信息的方法有很大的区别。

### （四）分析信息

收集信息后要做的是分析信息，这一步非常关键。调查人员要从收集的信息中提炼出与调查目的相关的信息，这将直接影响最终的结果。

### （五）撰写报告

报告不是数据和信息的简单堆砌，调查人员不能把大量的数据和复杂的统计技术扔到管理人员面前，否则就失去了调查的价值。正确的做法是把与市场营销关键决策有关的主要调查结果报告出来，并以市场调查报告的形式写出来，这样才能得到一份有效的网络在线市场调查报告。

## 二、问卷网网络调查平台

问卷网是一个专业的在线问卷调查、测评、投票平台，专注于为用户提供功能强大、人性化的在线设计问卷、采集数据、自定义报表、调查结果分析系列服务。与传统调查方式和其他调查网站或调查系统相比，问卷网具有快捷、易用、低成本的明显优势，被大量企业和个人广泛使用。

其使用步骤如下。

第一步,在网页上搜索"问卷网",如图 5-2-1 所示。

图 5-2-1

第二,进入其官网首页,如图 5-2-2 所示。

图 5-2-2

第三,单击"新建项目"按钮,选择项目创建类型,之后按照提示步骤操作即可,如图 5-2-3、图 5-2-4 所示。

图 5-2-3

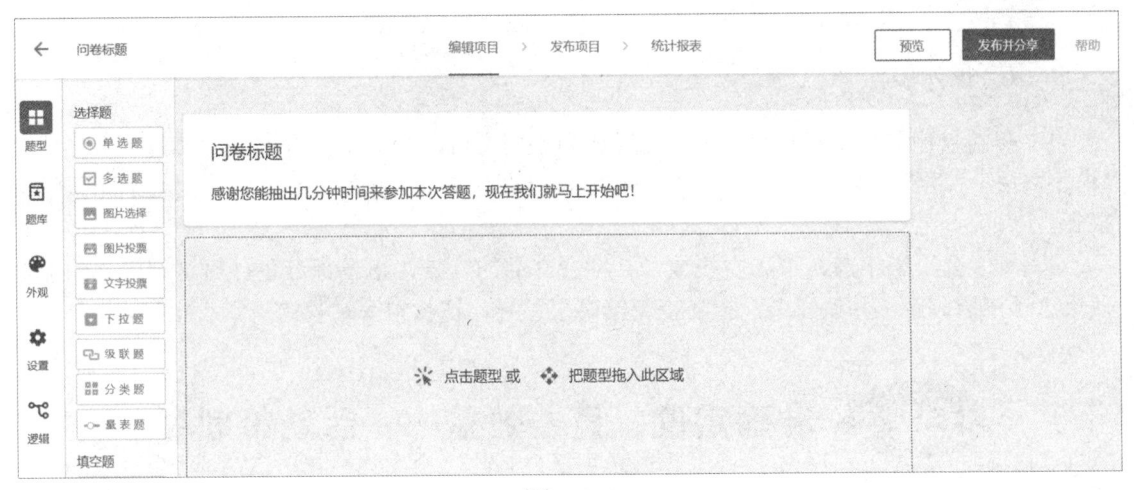

图 5-2-4

## 5.2.6 总结提升

市场调查报告是市场调查研究成果的集中体现，其撰写的好坏将直接影响整个市场调查工作的成果质量好坏。要写好市场调查报告，应做好以下几方面的工作。

（1）必须掌握符合实际的、丰富确凿的资料，这是市场调查报告的生命。符合实际的、丰富确凿的资料一方面来自实地考察，另一方面来自书报、杂志和互联网。在知识爆炸的时代，获取第二手资料似乎比较容易，难的是深入实地获取第一手资料。这就需要脚踏实地地到实践中认真调查，掌握第一手资料，这是写好市场调查报告的前提，必须下一番功夫。

（2）对于获得的资料，要做艰苦细致的辨别真伪的工作，从中找出事物的内在规律。市场调查报告切忌面面俱到。要在第一手资料中，筛选出最典型、最能说明问题的资料，对其进行分析，从中揭示出事物的本质或找出事物的内在规律，得出正确的结论，总结出有价值的东西，这是在写市场调查报告时应特别注意的。

（3）用词力求准确，文风朴实。撰写市场调查报告，应该用概念成熟的专业用语，非专业用语应力求准确易懂。市场调查报告一般是针对解决某一问题而产生的，因此需要陈述问题发生、发展的起因、过程、趋势和影响。如果用词概念不清，读者就难以了解事物的本来面目，也就达不到解决问题的目的。

（4）逻辑严谨，条理清晰。市场调查报告要做到观点鲜明、立论有据。论据和观点要有严密的逻辑关系，条理清晰。逻辑关系是指论据和观点之间内在的必然联系。如果没有逻辑关系，无论多少论据也很难证明观点的正确性。

（5）调查人员要有扎实的专业知识和思想素质。市场调查报告的好坏是由调查人员的基本素质决定的。调查人员既要有深厚的理论基础，又要有丰富的专业知识。一项政策往往涉及国民经济的许多方面，并且会影响不同的社会群体，因此调查人员只有具备较宽的知识面，才能深刻理解国家的大政方针，正确判断政策所涉及的不同社会群体的需要，才能看清复杂事物的真实面目。调查人员一定要具备透过现象洞察事物本质的能力，这源于日积月累，非一朝一夕之功。

### 课外任务

1. 在当今移动互联网时代，手机已经成为人们不可缺少的生活方式，尤其是大学生可谓"机不离手"。请结合本校大学生的手机使用情况展开调查，并撰写一份具有针对性的市场调查报告。
2. ××公司半年前在市场中投放了一则新产品的广告，市场部准备针对这则广告的促销效果进行市场调查，并撰写书面报告提交给高层领导，请代拟写这份市场调查报告。

## 任务 3　准确定位，直击效益——活动策划书

### 知识目标

1. 了解活动策划书的定义及作用。
2. 理解活动策划的类型。
3. 掌握活动策划书的撰写原则和写作的基本步骤。
4. 掌握活动策划书的结构与写法。

### 能力目标

1. 能撰写格式规范的活动策划书。
2. 能根据实际需求策划一场活动。

### 素质目标

1. 培养严谨细致的写作态度。
2. 培养准确得体的文字表达能力和信息化素养。

## 5.3.1　情景导入

情景描述：

熙心贸易有限公司针对新推出的"轻·时尚"休闲系列产品，拟借助"双11"进行网络推广，电商中心负责策划此次活动。

钟奇：小李，今年公司新推出的"轻·时尚"休闲系列产品准备做网络推广，你负责撰写这次活动的策划书。董事会例会讨论的相关事宜，我一会儿发给你。

李玲：好的，主任。

情景导入小视频观赏

## 5.3.2 任务分析

李玲接到的写作任务是撰写活动策划书。要想撰写活动策划书，首先要了解活动策划书的定义及作用，理解活动策划的类型，其次要掌握活动策划书的撰写原则和写作的基本步骤，然后要掌握活动策划书的结构与写法，能根据实际撰写规范的活动策划书。

## 5.3.3 知识准备

### 一、活动策划书的定义及作用

活动策划书，又称活动策划案，是指为企业营销、接待、参观、开业、产品发布会、捐助等大型活动所撰写的行动计划书。

活动策划是提高产品市场占有率的有效行为，一份可执行、可操作、创意突出的活动策划书，可有效提升企业的知名度及品牌美誉度。活动策划书是相对于市场策划书而言的，它们是相辅相成、相互联系的，它们都属于企业的整体营销思想，只有在此前提下做出的活动策划书和市场策划书才兼具整体性和延续性，也只有这样，才能使受众认可一个品牌的文化内涵。

### 二、活动策划的类型

活动策划主要有以下四种类型。

（一）营销主导型活动策划

营销主导型活动策划是指以销售获利为主、以品牌宣传为辅而展开的策划活动，如 2018 年中国南方汽车展、首届"广东企业家 VS 中国明星"足球赛等。此类活动旨在提高品牌知名度，主办方的初衷往往是以活动为引爆点，吸纳企业客户的广告投放和读者、目标消费者的门票资源。此类活动的主要特点是活动本身就是一块"磁场"，具有足够的吸引客户和消费者眼球的魅力。

（二）传播主导型活动策划

传播主导型活动策划是指以品牌宣传为主、以销售获利为辅而展开的策划活动，如诺贝尔经济学奖得主广东行、小区电影巡回展、概念时装秀暨客户联谊会、华语电影传媒大奖等。此类活动注重媒体形象的传播，Logo 和报纸版面图片以背景板、单册（页）、海报、白皮书、礼品等形式出现。另外，名人明星或相关领导参与活动开幕、颁奖、抽奖或闭幕仪式，往往可以带来意想不到的效果。

（三）娱乐政治活动策划

娱乐政治活动策划是指受文件的指示或人为的安排而展开的策划活动，如公司庆典晚会、联谊舞会等。此类活动的规模相对来说不是很大，因为其常常以一定范围内的对象为主，所以其营利性和宣传性不强，主要作用是加强人们之间的感情联络。

（四）混合型活动策划

混合型活动策划兼备营销主导型活动策划和传播主导型活动策划的特点，属于"鱼和熊掌兼得"型，如中国酒业财富论坛、世界华文广告论坛、创意冷餐会等。此类活动往往以客户下单参与定额广告投放等为前提条件获得参与活动的资格，而活动本身也常伴随着声势浩大的品牌推广行为。

在当前媒介经营市场竞争日益白热化的形势下，媒体将越来越多地扮演企业或准企业的角色，将越来越倚重营销主导型活动策划和混合型活动策划，因此这两个领域也将成为国内各大媒体未来的战场。

### 三、活动策划书的撰写原则

活动策划书的撰写应遵循以下原则。

一是目的性，即明确活动举办的最终目的。
二是差异性，即突出活动的亮点及独特的魅力。
三是周密性，即把活动的细节落到实处。
四是后备性，即考虑突发事件，准备后备方案。
五是有效性，即合理安排相关人员分工协作，共同完成。
六是后继性，即要保证活动的顺利进行与系列活动的连续性。

### 四、活动策划书写作的基本步骤

#### （一）确定活动主题

活动策划书的写作关键在于选定主题。主题是活动策划书的灵魂，是对活动内容的高度概括，是活动策划书所要表达的理念与构思，用以统领整个活动、连接各个活动环节。主题既要有一定的高度，又要贴近活动对象的心理。

#### （二）确定活动的四要素（时间、地点、人物、事件）

活动四要素的确定需要考虑活动对象的具体情况、活动的性质、活动的经费及活动的可行性等诸多因素。

#### （三）确定活动流程

活动的流程包括活动前期的筹备、活动过程中的布置与安排及活动之后的相关工作。在撰写活动策划书时，需要对整个活动的开展过程进行合理优化的设计、精心的安排。

#### （四）确定具体实施方案

此步骤主要是对整个活动的开展过程从目的、方式到工作步骤等进行详细的说明，以保证活动顺利进行。

#### （五）确定时间推进表

对于时间跨度比较大的活动，除了有具体的实施方案，还需要制定具体的时间推进表，以便更加清晰明了地落实活动的开展工作。

#### （六）确定经费预算

活动的各项费用在根据实际情况进行具体、周密的计算后，可用经费预算表列出来。各项费用务必详细、准确，因为其关系到活动的开展情况。

### 五、活动策划书的结构与写法

#### （一）活动策划书的结构

活动策划书的结构一般包括标题、目录、正文、落款几部分。

1．标题

活动策划书的标题通常采用以下两种形式。

（1）完整式标题，由"单位名称+活动名称+文种"组成，如《××公司"环保在你身边"活动策划书》。

（2）省略式标题，由"活动名称+文种"组成，如《开业庆典活动方案》。

2．目录

如果是小型的活动，则可以不用编制目录；如果是大型的活动，涉及的内容比较多，则最好编制目录以便查找阅读。

3．正文

正文一般包括前言、主体两部分。

（1）前言，即概括介绍活动背景及概况，包括活动的目的、背景、方法、依据、重要性等。

（2）主体，主要内容包括活动名称、活动主题、活动开展情况（此部分是核心内容，包括活动时间、活动地点、活动对象、活动流程、活动宣传、活动现场布置等）、所需资源、经费预算、活动组织机构及分工、预期效果、执行的应变程序等。

4．落款

落款包括策划者名称和完成时间。如果封面或标题中已写明策划者名称，则此处只写活动策划书的完成时间即可。

（二）活动策划书的写法

活动策划书的写法比较灵活，可根据不同的需求或使用的不同要求灵活写作。因其篇幅较长，在此不详细展示例文，可扫码看例文，这里只梳理其常见的写法。

例文二维码：活动策划书

××公司×××活动策划书

一、活动背景及概况

为了提高/促进××××，拟举办××××××，并制订如下策划方案。

二、活动名称

三、活动主题

四、活动时间

拟定于××××年××月××日至××日举办×××活动，为期××天。

五、活动地点

六、活动对象

（一）参加人数

（二）参加对象（主要领导、特邀嘉宾、一般人员、新闻媒体、正式代表、列席代表等）

七、活动流程（可用表格列出活动安排）

八、活动宣传

九、活动现场布置（包括总体风格、色调、布局等）

十、所需资源

十一、经费预算（包括资料费、交通费、宣传联络费、场地租借费、办公费及各种杂费等，可用财务预算表详细列出，后附附件即可）

十二、活动组织机构及分工

十三、预期效果

十四、执行的应变程序（人员问题、场地问题、设备问题、资料问题、行为问题等）

十五、其他事项

附件：1. 活动具体安排

      2. 经费预算表

××公司

××××年××月××日

## 5.3.4 任务实施

李玲带领其他三位员工，连续奋战了三天，终于将《2019年"轻·时尚"休闲系列产品"双11"网络推广策划书》敲定，并呈递给领导等待审批。文稿内容如下。

2019年"轻·时尚"休闲系列产品"双11"网络推广策划书

一、活动背景

在中国当代女性的实际个人消费构成中，服装占35.4%，女装市场的发展潜力不可限量。目前，女装品牌数量大幅增加，市场竞争激烈，女装企业必须及时了解和把握服装消费潮流动态，不断开发新产品、新设计，才能满足客户求新、求变的服装消费心理。而电子商务的发展，既为女装品牌提供了线上销售的平台，也为各个女装品牌创造了营销机会和品牌的传播舞台。

虽然公司现拥有在业内具有较高知名度和较大影响力的品牌，且目前在网络销售平台也占有一定的份额，尤其在淘宝网上做得最出色，淘宝网的店铺访问量和收藏量都比较高，但是在其他网络销售平台缺乏类似的宣传力度，导致公司在淘宝网以外的网络销售平台的品牌知名度不高。另外，服装行业竞争激烈，类似的品牌众多，因此公司需要整合多渠道的营销策略。

围绕公司当前的营销状况，结合当下最火的网络狂欢节"双11"主题活动进行强势的网络推广，是"轻·时尚"休闲系列产品突破的必经之道。那么，该怎么借助网络媒体传播的力量提升品牌的知名度呢？这是目前摆在公司面前的挑战。

本策划书针对夏秋季，主要为9—11月，进行产品推广活动，因此我们为公司设立的目标也将以此季度为基础，以提高产品的品牌知名度。季度目标是：（略）

二、网络推广策划

（一）活动名称

"轻·时尚"夏秋装休闲搭配大赛暨"双11"网络营销活动

（二）活动目的

随着夏秋季到来，各品牌推出各类新品来吸引消费者，占领市场份额。公司通过举办服装搭配大赛，并将其作为夏秋季推广活动之一，以此来吸引客户对夏秋装休闲新品的关注，吸引有兴趣的客户参与我们的活动，进而宣传本服装品牌，提高品牌知名度。

（三）目标客户

公司产品的风格是"轻·时尚"休闲风格，产品的价格主要为100~200元，产品以女装、女鞋、女包及配饰为主，目标客户是18~35岁的都市时尚女性人群。

（四）活动时间

9月启动大赛仪式，10月进行阶段赛，11月进行决赛（详见附件1"轻·时尚"夏秋装休闲搭配大赛实施方案）。

（五）活动创意

公司现已有春夏装新品发布，并发起了"轻·时尚"春夏装新品单品包邮优惠活动。针对已有活动，我们策划了"轻·时尚"夏秋装休闲搭配大赛，通过丰厚的奖品来吸引客户。参赛者将个人夏秋装休闲搭配照上传至指定网站，由专业评审团、特邀陪审团及网友三方投票，构成参赛者的成绩并产生优胜者。此活动将在淘宝网、京东、拼多多等电商网站上进行广告宣传。

（六）营销方式

活动期间，为配合大赛的进行，淘宝网等电商网站上的旗舰店均推出"双11"主题优惠营销活动，具体包括以下几项。

1. 所有新品一律8.8折，凡购买新品消费超过1000元的均可参与抽奖一次。奖项设置：特等奖（1名），国内著名景点三日游；一等奖（5名），500元现金抵扣券；二等奖（10名），300元现金抵扣券；三等奖（15名），100元现金抵扣券。

2. 满300元包邮，满500元减100元，上不封顶。

3. 赠送样品促销。

（七）宣传渠道

1. 前期宣传（9月）。前期宣传的途径主要包括以下几种。

（1）平面广告。设计本次服装搭配大赛的平面广告，并将其投放于公司官方网站及淘宝网、京东、拼多多等商城旗舰店。

（2）横幅广告。在淘宝网的首页上投放横幅广告，以便让更多喜欢上网的消费者获取比赛信息，扩大影响力，吸引更多的消费者前来参加。考虑到作品上传时间为9月25日，所以应提前在淘宝网首页投放横幅广告，投放时间为9月10日。

2. 中期宣传（10月）。中期宣传的途径主要包括以下几种。

（1）参赛选手自我宣传。在比赛期间，参赛者可以积极开展投票活动，鼓动更多的人为其参赛作品投票，但是此投票行为必须是淘宝会员才能进行，这也有利于让更多喜欢网购的人知道这个比赛的存在及"轻·时尚"休闲系列产品。

（2）公司的宣传。公司除了在其官方网站、微博、微信及各大论坛中进行宣传，还通过与淘宝网的合作，让参赛者将其作品展示在淘宝网平台上，从而让更多的人看到这些作品，以达到对新品牌的推广宣传效果。

3. 后期宣传（11月）。后期宣传的途径主要包括以下几种。

（1）专栏报道。在公司的官网上设置一个专栏，对本次服装搭配大赛进行跟踪报道，将每一个阶段的活动进程及图片上传到这个专栏，也可以吸引那些对此类比赛感兴趣但又很少浏览公司网站的人群，或者通过这个专栏传达给客户，公司回馈客户的活动丰富多样这样一个信息，以提高客户的忠诚度。

（2）获奖作品的展示。在公司为本次服装搭配大赛而专门设计的版面上，将参赛的获奖作品效果图展示出来，以吸引客户目光。

三、经费预算

活动详细经费预算表见附件2。

四、活动组织机构及分工

活动组织机构及具体分工见附件3。

五、执行的应变程序

1. 密切监控网络宣传流量。鉴于各大网站日均IP访问量较高，因此应加大对淘宝网等几大网站的流量检测力度，统计宣传广告的曝光次数，为调整宣传推广方案提供数据支撑。

（略）

六、其他事项（略）

附件：1."轻·时尚"夏秋装休闲搭配大赛实施方案

2．活动详细经费预算表

3．活动组织机构及具体分工

电商中心企划组<br>2019 年 8 月 6 日

让李玲意想不到的是，此活动策划书很快就审批了下来，李玲兴奋不已，下班后与其他三位员工相约聚餐庆祝。

## 5.3.5 知识拓展

在 WPS 软件中本身自带很多的活动策划书模板，会员可免费使用。其操作步骤很简单，只要搜索"活动方案"等关键词，便可看到很多模板，如图 5-3-1 所示。

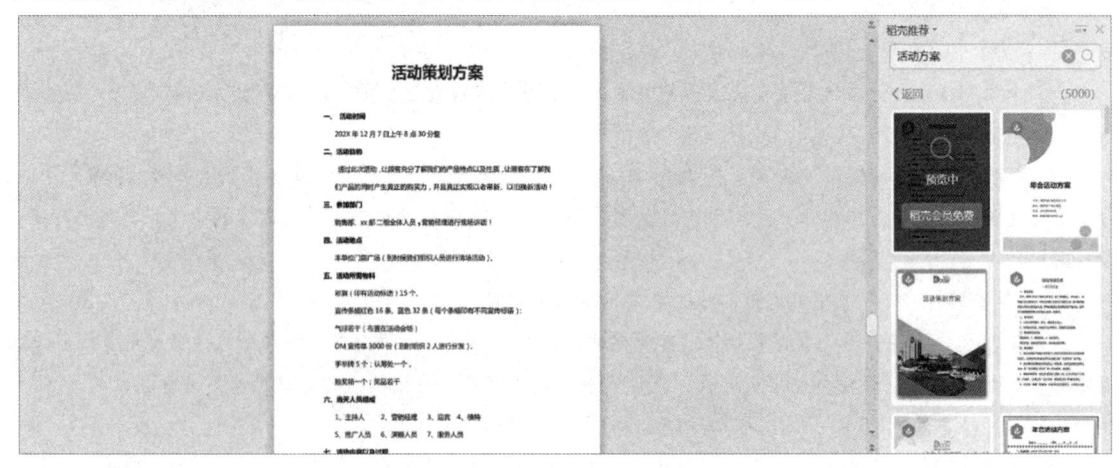

图 5-3-1

活动策划的关键要素包括以下几项内容。

一是可信度。活动策划要求有一定的可信度。在大多数情况下，可信度源自方案的执行力。特别是专门从事活动策划的公司，活动策划得再好，没有足够的执行资源也是不行的，长年的活动策划经验不但能为活动策划者提供丰富的经验，而且能积累足够的执行资源，提高活动策划的可信度。

二是吸引力。对用户的吸引力大小是活动策划成功与否的根本。在一份活动策划书中，要充分吸引用户的注意，就要抓住用户关注的热点，对用户晓之以理，晓之以利，激起用户的热情，促使用户踊跃参加。要提高活动的吸引力，就需要有构思，所策划的主题要能满足用户的好奇心、荣誉感、责任感、利益等各方面的需求，还能给予用户恰当的物质鼓励，这样才能大大提高用户的重视度及参与度。

三是关联度。活动策划内容要和活动本身的目的紧密衔接，要擅长整合关联性较强的事情及关联的资源。以房地产为例，一个高档房产楼盘策划一项草根红人炒作活动就十分不妥，因为房产楼盘需要根据用户的定位来开展推广活动，因此可以开展表现楼盘高端生活的活动，如邀请高尔夫比赛冠军参与房产推广等。

四是执行力。活动策划不单单需要前期精心的策划，还需要最大限度地执行策划方案。执行力首要表现为具体的任务描绘、任务流程步调、执行人员、执行时间、突发事情的处置计划等。在活动执行的过程中若出现问题，引起用户的不满，那活动的推广作用就会大打折扣，乃至对活动策划公司起到恶劣的反作用。因此，活动策划需要慎重、有序的执行力，这是整个活动策划中十分重要的要素。因此，在活动前，要反复推敲关于整个活动的活动计划，查看是否有遗漏。关于大型的线下策划活动，为保障执行顺利，最好进行一次训练或演习，在活动中要统一指挥，保证严格、有序地执行活动。

五是传达力。公司在开展活动策划时，其目的是希望把其品牌文化传达给更多的用户，实现最大化的品牌宣传效益，而活动策划的传达力表现在活动前、中、后的各个时期。活动前，应引起用户的重视，为活动的开展预热；活动中，做好活动组织工作，把活动的内容与主题展现出来，经过活动的开展，获取用户对公司及公司文化的反馈；活动完成后，把宣传效益进一步扩大和延伸，再经过其他的信息传播媒介，把活动的影响力进一步扩展，获取更大的商业价值。

### 5.3.6 总结提升

活动策划书在当今的商务活动中使用非常广泛，它是公司在短期内增加销售额、提高市场占有率的有效途径。一份创意突出且具有良好的可执行性和可操作性的活动策划书，无论对于公司的知名度，还是对于品牌的美誉度，都将起到积极的提高作用。在撰写活动策划书时还应注意以下事项。

（1）准备要充分。充分的准备工作，是活动策划书具备科学性的重要保证。

（2）目标要明确、具体。有明确、具体的目标可以防止活动策划的盲目性、片面性，根据公司本身的实际问题和市场分析做出准确的判断。

（3）方案要清楚、具体。活动策划书的方案越清楚、具体，就越有助于指导和规范活动的开展。

（4）安排要合理、周全。活动策划书对活动起导向性作用，是成功开展活动的重要的保障，因而在活动时间、地点、任务等的安排上必须科学合理，尽量周全。此外，还要考虑不可测量的因素，如天气、民俗、环境的影响。

**课外任务**

1. ××公司将在成立 30 周年之际举行大型庆典活动，请代之拟写一份活动策划书。

2. ××公司为增强团队凝聚力和员工归属感，拟于中秋节期间举办一场主题为"月亮之心"的中秋亲情会，请代之撰写一份活动策划书。

## 任务 4  创新创意，宣传推广——广告文案

**知识目标**

1. 了解广告的定义和类型。

2. 理解广告文案的定义和特点。
3. 掌握广告文案的结构与写法。
4. 理解广告策划和软文。

### 能力目标

能根据需求完成广告文案的撰写任务。

### 素质目标

1. 培养严谨细致的写作态度。
2. 掌握文字在信息传播中的运用以培养信息化素养。

## 5.4.1 情景导入

情景描述：
  熙心贸易有限公司营销中心网络营销团队刚刚申请了微信公众号，拟通过定期投放各类广告以提高公司的形象和知名度。此项工作由唐晶负责。
  赵捷：唐晶，微信公众号由你负责运营。
  唐晶：好的，主任，我会按计划投放广告文案。

情景导入小视频观赏

## 5.4.2 任务分析

  根据情景内容，唐晶接到的写作任务是撰写广告文案。要写好广告文案，首先要了解广告的定义和类型，理解广告文案的定义和特点，其次要掌握广告文案的结构与写法，能根据需求撰写广告文案。

## 5.4.3 知识准备

### 一、广告的定义

  "广告"一词源自西方。"广告"顾名思义就是广而告之，即向社会广大公众告知某件事物。广告就其含义来说，有广义和狭义之分：广义的广告是指不以营利为目的的广告，如政府公告，政党、宗教、教育、文化、市政、社会团体等的启事、声明等；狭义的广告是指以营利为目的的广告，通常指商业广告，或称经济广告，是指以付费的方式，通过公共媒介对其商品或劳务进行宣传，借以向消费者有计划地传递信息，影响消费者对所广告的商品或劳务的态度，进而诱发其行动而使广告主获利的活动。

### 二、广告的类型

  根据不同的分类标准，可以对广告进行不同的分类。

按用途来分，有商品信息广告和商品介绍广告。

按内容来分，有商品广告、劳务广告、企业广告、公益广告等。

按传播媒介来分，有报纸广告、杂志广告、电视广告、电影广告、网络广告、包装广告、广播广告、招贴广告、POP广告、交通广告、直邮广告、车体广告、门票广告、餐盒广告等。

随着新传播媒介的不断增加，按传播媒介来分的广告种类会越来越多。

### 三、广告文案的定义

广告文案是指广告从设计到表现整个过程中能够传递广告信息内容的所有的文本，即广告策划者撰写的与广告活动相关的文字作品。狭义的广告文案是指广告作品中用以表达主题和创意的语言（包括言语）和文字符号。可以从以下几个方面来理解广告文案。

（1）广告文案只存在于已经完成的广告作品中。广告文案是幕前的，是明明白白显示出来的，通过广告文案，受众可以一目了然或一听即明。

（2）广告文案是指广告作品中的语言（包括言语）和文字符号。这里的"语言"，既指广告中有声的话语（言语），刺激受众的听觉；也指广告中的书面语，刺激受众的视觉；还指影视广告中的身体语言。

（3）广告文案中表现出的言语和书面语大体指的是广告的标题、正文、广告语、随文等几项内容，它体现着一篇广告文案的整体结构。

（4）广告文案是要表达主题和创意的，所以它应当十分精当、诱人。广告文案是整个广告作品的眼睛。正如人们常说的"眼睛是心灵的窗户""画人先画眼"一样，广告文案所表现的正是商品之"眼"、服务之"眼"、公益之"眼"。

（5）广告文案统领着整个广告作品，一则广告作品如果缺少了文案，也就失去了其存在的价值。意在形先，才会有完整的设计；以意托形，才会有画面的展现。由此可见，广告文案统领并集中表现着整个广告作品的核心与灵魂。

### 四、广告文案的特点

广告现已深入生活中的一切领域，尤其在现今移动互联网时代，广告已经渗透到每一个细节中。广告可以没有图画，有时也可以没有声音，但是不能没有文字。无论采用哪一种媒介传播广告信息，一旦离开了文字就寸步难行。声音绝大多数情况下是文字的另一种表现形式，画面也是为了配合文字或声音而产生的。调查资料显示，广告效果的50%~70%来自广告的文字。

广告文案属于特殊的应用文文种。它的特殊性表现在，它要利用推销原理写出雅俗共赏、生动有趣的文字，要考虑受众的接受心理，要具有特殊的感染力，能在瞬间引起受众的注意，刺激其心理需求，使受众保持记忆，最终促成购买行为的实现。而一般的应用文写作，完全出于工作与学习的需要，写作时不必考虑上述因素。因此，广告文案虽然属于应用文的范畴，但是它更具有应用性、实用性和功利性。

### 五、广告文案的结构与写法

广告文案的结构一般包括标题、正文、广告语（广告口号）和随文几部分。

#### （一）标题

标题往往放在广告文案之首，是全篇广告文案中最重要的组成部分。标题好比一个人的眼睛，"描龙画凤，全在点睛"，它既能突出最重要的广告信息，提示广告正文内容，又能引起受众的兴趣，诱导受众阅读（或收听、收看）广告正文，还能直接诱发受众产生购买行为，起到直接的促销作用。成功的广告标题一般有五条规则：一是激发受众的兴趣；二是提供最新的信息；三是引起受众的关注；四是暗示一条方便快捷之路；五是可信。

### （二）正文

正文是广告文案的主体部分，在这部分要摆出强有力的证据来说明商品的优越性。广告正文承载着传播广告文案主要内容的任务，通过细说详情、论证标题和广告语、描述广告内容、向受众解释广告、为受众提供咨询，激发受众的兴趣。广告正文以传达广告主体信息，使受众能读完全文为目的，因此其不一定非要构成层次、段落，而要以有实际内容为准，该长则长，该短则短，还可以干脆不写广告正文。所以，广告正文的写作往往没有固定的模式，在主题鲜明的基础上发挥创意以达到吸引受众的目的即可。

### （三）广告语（广告口号）

广告语实质上就是广告的主题，是为了改变或强化受众的观念和行为而反复、长期使用的口号性语句，是带有强烈鼓动作用的特定商业用语。广告语往往比广告正文更能被记忆。它可以出现在正文的任何部分，一般情况下，它独立于正文之外，作为广告相对独立的一部分。广告语的写作要求如下：高度概括，语言凝练，具有很强的号召力，可反复使用。例如，脑白金的广告语：今年过节不收礼，收礼只收脑白金；李宁运动品牌的广告语：一切皆有可能；农夫山泉的广告语：农夫山泉有点甜；雀巢咖啡的广告语：味道好极了。

### （四）随文

广告文案的随文在文案写作中比较简单，如无特殊需要，不应加任何修饰语，只要写出广告主的企业名称、地址、电话、联系人就可以了，无须下多大功夫，但必须写得准确。当然，富有创意的随文能使广告文案再一次出现闪光点。

## 六、广告策划

一份好的广告文案的诞生，离不开广告策划。广告策划包括以下五步。

第一步，广告环境分析，包括市场分析、企业分析、产品分析、销售分析、消费分析、地域分析等。

第二步，确定广告目标，包括知名度、品牌形象、市场占有率、消费目标等。

例文二维码：电视广告文案

第三步，明确广告主题，包括广告口号、广告象征物、广告观念等。

第四步，选择适合的广告媒体，包括报刊、广播、电视、网络等。

第五步，合理做出广告预算，包括策划费、制作费、刊播费等。

可扫码欣赏一则经典的电视广告文案：《南方黑芝麻糊电视广告文案》。

## 七、软文

软文实质上也是广告，它是相对于硬性广告（如电视广告、报纸广告）而言的。软文是指由企业的市场策划人员或广告公司的文案人员来负责撰写的"文字广告"。与硬性广告相比，软文的精妙之处在于一个"软"字，软文追求的是一种春风化雨、润物无声的传播效果。

软文的定义有两种：一种是狭义的软文，指的是早期的付费文字广告；另一种是广义的软文，指的是企业通过市场策划人员在报纸、杂志或网络等宣传载体上刊登的，可以提升企业品牌形象和知名度的，或可以提高企业销量的，具有宣传性、阐释性的文章，包括特定的新闻报道、深度文章、付费短文广告、案例分析等。软文的内涵是通过特定的概念诉求，以摆事实、讲道理的方式使受众走进企业设定的"思维圈"中，以强有力的针对性心理刺激受众，实现产品销售的文字（图片）模式。

随着大数据时代的到来，在网络媒体与自媒体缺乏监管且费用低廉、发布手段与流程简便的情况下，软文的发展更加兴盛，特别是随着微信与各类专业、非专业娱乐网站论坛的流行，软文更加发挥出其无限的力量。

软文的推行几乎是零成本的，现在很多企业都借助网络媒体、微信公众号、抖音视频或电商平台深入研究产品和服务，只要写好一篇能实实在在为受众提供价值的软文，就很容易与受众达成共识，被受众无限地转发、下载、谈论，引导受众自动检索企业的信息。

例如，常温酸奶安慕希刚上市的时候，就借助网络媒体有计划地投放新闻软文，极力打造品牌形象，起到了很好的宣传效果。图 5-4-1 所示为其中一篇新闻软文的截图。

图 5-4-1

软文写作已经成为网络媒体营销人员必须掌握的技能之一。

在撰写软文之前必须按照以下三步来厘清自己的思路：第一步，了解受众对软文的接受过程，明确推广的概念和主题，只有主题明确，才能有的放矢，达到预期的广告效果；第二步，要有新颖、富有创意的标题与广告文案；第三步，选择与广告文案相匹配的表现形式。

要想写好广告文案，首先要有亲身体验，写自己知道的、经历过的、平时工作过程中的一些发现、心得和经验。这样写出来的广告文案才算得上是"干货"，才容易引发受众的共鸣。同时，也要站在受众的角度去发现、理解他们所想的、所需要的，只有这样才能真正吸引受众。

## 5.4.4 任务实施

唐晶在深入了解目标受众的需求及心理诉求的基础上，根据当季公司推出的"轻·时尚"

休闲系列产品的特点,把握微信公众号平台的特色,与团队成员精心撰写了两篇广告文案。

第 1 篇

三大穿衣元素集合宠爱你,一键惊艳路人!

生活需要有阳光、自由

和一点儿花的芬芳。

阳光给你热情与温暖,

自由让你更快乐,

而花的芬芳就是生活的格调……

而我,

愿意成为你生活中的

阳光

自由

与花的芬芳。

穿出你的腔调,像花儿般绽放

&gt;&gt;&gt; 花卉元素 &lt;&lt;&lt;

白色小披肩
+印花中长款连衣裙

摆动你的100灵气,是你向往的自由

&gt;&gt;&gt; 波点元素 &lt;&lt;&lt;

吊带波点百褶
蛋糕裙连衣裙

敢造你的潮流，如阳光般热情

>>> 格纹元素 <<<

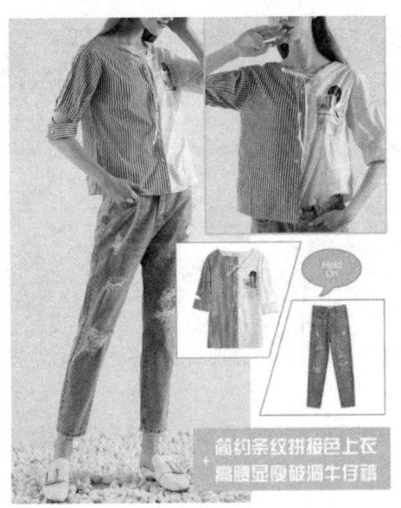

简约条纹拼接色上衣
高腰显瘦破洞牛仔裤

生活要充满仪式感，
那这份仪式感就包在我身上吧！

END

本期互动话题：

夏日续命"法宝"

炎炎夏日，
什么对你来说才是续命的？
空调？奶茶？西瓜？
还是什么？
评论区看你表现了。
抽取一位"北鼻"送指定的套装一件哦～
听说点亮"在看"的人中奖率会更高哦～

**第 2 篇**

妈妈爱自己，孩子更自信

寻找Ta乡的故事

身体和灵魂总有一个在路上

很多"宝妈"都一样，一旦结了婚，有了新家庭，有了孩子，有了老公，很快就没有了自己。我自从生下两个孩子后，做了五年的全职妈妈，把时间都贡献给了家庭和孩子，结婚前那些精致的连衣裙、高跟鞋通通被锁进柜子，取而代之的是宽松的T恤、长裤和运动鞋。作为妈妈，我似乎也逃不掉开始不在意衣服美丑的魔咒，怎么舒服怎么来。我也曾试图和身边的"宝妈"们讨论"打扮自己"这件事，大多都是一句"都已经当妈了，还漂亮给谁看"草草敷衍过去！

当孩子们上幼儿园后，我开始重返职场，身材自然回不到从前，心里也总想着孩子，想为孩子提供尽可能多的物质，然而却很少给自己买衣服。直到有一天，儿子放学回家，递给我一幅画，画中有一个长发的女人，穿着一件美丽的、五颜六色的百褶裙，那是儿子在幼儿园里画的。我好奇地问他："这是谁呀？"儿子高兴地说："是妈妈呀，妈妈穿裙子最好看了。"我顿时惊讶不已，在我渐渐对自己的容貌、衣着不在意的时候，是儿子的赞赏让我重拾了信心。他说："妈妈，你是最美的，我永远爱你！我希望你每天都穿着漂亮的裙子来接我放学！"

从那以后，我又开始关注自己，重新爱自己。我郑重地对自己说："每天都要漂漂亮亮的！"这不是要打扮得多么花枝招展，而是要每天收拾得干干净净，面貌可人，衣着得体。儿子的话给我最大的感触就是，妈妈应当好榜样，首先要学会爱自己。于是，我开始每天坚持跑步、练习瑜伽，三个月后我从110斤瘦到98斤。同时，我开始学服装搭配，关注"熙心"服饰每期的搭配分享，找到最适合自己的衣服，找回属于自己的气质。

心理学家张怡筠博士曾说过："妈妈越时髦，孩子越自信；妈妈的身材越好，孩子越骄傲；妈妈越有进取心，孩子越勤奋；妈妈越坚持做自己，孩子越独立；妈妈越懂得付出爱，孩子越阳光；妈妈越坦诚并友善沟通，孩子越正直。"

是的，自己变美了，心情也好了，工作更加有干劲了，最兴奋的是每次接儿子放学，他都用骄傲的眼神看着我，还经常会说："妈妈，你真漂亮，幼儿园的小朋友都说你很漂亮。"儿子比起以前更开朗、更自信，和小朋友也玩得更加融洽了。

如果女人当了妈妈，就放弃追求美丽，每天素面朝天、衣不合体，把生活的重心全部放到老公和孩子身上，被生活琐事助长了暴跳如雷的脾气，过着鸡飞狗跳的日子，而毫无快乐可言，那么孩子也会变得沉默寡言、自卑内向。对一个家庭来说，有一个开心快乐的女主人，是一个家庭的福气，有一个自信爱打扮的妈妈，也是孩子的福气！

作为妈妈，我们有责任带着孩子走得更远，走向自信、幸福和快乐！

以上两篇软文广告比较适合在微信公众号发布，第一篇是硬性广告和软文广告相结合，抓住服饰产品的特点，通过诗意的语言向目标受众展示美好的生活状态，图片与文字的有机结合，更显示了产品独特的风格。第二篇采用故事式手法，抓住目标受众在此年龄段的心理诉求，通过叙说故事的方式增强与目标受众的互动沟通，也可以取得较好的宣传效果。

## 5.4.5 知识拓展

在各种传媒非常发达的今天，每天看到的广告可谓不计其数，要想在信息爆炸的移动互联网时代抓住受众的眼球，其广告就要有创意。优秀的广告创意可以冲击受众的感官，引起受众强烈的情绪性反应，是减小购买阻力、促进消费行为的有效因素；而拙劣的广告创意，只会增加受众的反感，导致受众对商品的美感度下降，并最终导致受众终止对该商品的购买。

那广告怎样才能凸显创意呢？其标准是"简单、准确、独特、突出卖点"。一个好的广告创意表现为两个方面：简单明了和构思精巧。广告的创意除了从思想上提炼，还可以从形式上提炼。简单明了不等于无须构思的粗制滥造，构思精巧也并不意味着高深莫测。所以，"平中见奇、意料之外、情理之中"往往是传媒广告人在凸显广告创意时渴求的目标。

在撰写广告文案时要凸显创意，可以把握以下几点。

（1）抓住核心：主题。广告的主题是广告定位的重要构成部分，即"广告是什么"。广告的主题是广告策划活动的中心，每一阶段的广告工作都紧密围绕广告的主题来开展，不能随意偏离或改变广告的主题。

（2）把握基准：目标对象。广告的目标对象是指广告的诉求对象，是广告活动的所有的目标受众。这是广告定位中"向谁广告"的问题。广告创意除了以广告的主题为核心，还必须以广告的目标对象为基准。"射箭瞄靶子""弹琴看听众"，在撰写广告文案时要针对广告的目标对象，要以广告的目标对象为基准进行广告主题的表现和策略的准备，否则难以达到良好的广告效果。

（3）创造生命：新颖独特。广告创意的新颖独特是指广告创意不要仿造其他广告创意，人云亦云，给人雷同与平庸之感。唯有在创意上新颖独特才能在众多的广告创意中一枝独秀、鹤立鸡群，从而产生感召力和影响力。

（4）运用手段：情趣生动。要想将受众带入一个印象深刻、浮想联翩、妙趣横生、难以忘怀的境界中，就要在广告文案中运用情趣生动的表现手段，立足现实、体现现实，以引发其共鸣。但是，广告创意的艺术处理必须严格限制在保证真实的范围之内。

（5）善于表现：形象化。广告创意要基于事实，要凝练出广告的主题思想与广告语，并且从表象、意念和联想中获取素材，用形象化的妙语、诗歌、音乐和富有感染力的图画、摄影融会贯通，构成一个完善的广告作品。

总之，一个带有冲击性、包含深邃内容、能够感动人心、新奇又简单的广告创意，首先需要想象和思考。只有运用创新的思维方式，获得超常的创意来打破受众视觉上的"恒常性"，寓情于景，情景交融，才能唤起广告作品的诗意，达到超乎寻常的传播效果。

## 5.4.6 总结提升

随着时代的不断发展、技术的不断创新、新媒体的不断演变，广告在生活场景中无孔不入，可以说已经和生活融为一体。所以，不论从事哪个行业，都应掌握一定的宣传推广能力，其中广告文案的写作能力将成为人们必备的技能之一。

广告文案的写作重在构思与创意，首先要把握市场趋势，其次要突出主题，最后要紧扣消费心理。在用文字表达广告文案时，要立足于独创性。不管何种形式的广告文案，其目的都是诱发受众的共鸣，激发受众潜在的需求，以说服受众。因此，只有能让受众对企业产生信任、对商品及服务产生好感的广告文案，才是真正有价值的广告文案。

### 课外任务

1. 请为垃圾分类活动拟写一则广告语。
2. 请为你家乡的某一特产拟写一篇微信公众号软文广告。

## 任务 5　礼仪邀请，得体文雅——邀请函

### 知识目标

1. 了解和熟悉邀请函的定义和种类。
2. 掌握邀请函的适用范围及处理过程。
3. 掌握邀请函的结构与写法。
4. 了解电子邀请函制作的注意事项。

### 能力目标

1. 会写常用的邀请函。
2. 能根据不同的应用情景，应用相关知识制作邀请函（包括电子邀请函）。
3. 能根据所接收到的邀请函进行处理。

### 素质目标

1. 培养严谨细致的写作态度。
2. 能用礼仪性文字正确表达邀请。
3. 培养信息化素养。

## 5.5.1　情景导入

情景描述：

　　王明：小张，咱们公司为推广新产品将举办一场客户答谢会，会期两天，时间是 2019 年 10 月 3 日至 4 日，邀请现有客户前来参加，客户的交通和食宿费用由公司承担。届时，除了展示本公司上市 10 年来所获得的成果，还将有最新产品的演示，另外还安排了客户交流发言及抽奖活动，你去准备一下邀请函吧。

　　张扬：好的，主任。

情景导入小视频
观赏

## 5.5.2 任务分析

在实际的工作中，为了业务的开展经常需要邀请客户参加公司所举办的各项活动，因此要用到社交应用文书进行处理。在上述情景描述中，张扬要完成的工作是撰写邀请函。要想撰写邀请函，首先要了解邀请函的定义和种类，其次要掌握邀请函的适用范围及处理过程，最后要掌握邀请函的结构与写法。

## 5.5.3 知识准备

### 一、邀请函的定义和种类

邀请函又称邀请信、邀请书，是团体或个人邀请有关单位、个人出席隆重的会议、典礼，参加某些重大活动时发出的礼节性书信。它是一种具有礼仪性、实用性的社交应用文书。一般认为，凡精心安排、精心组织的大型活动与仪式，如宴会、舞会、纪念会、庆祝会、发布会、单位的开业仪式等，只有采用邀请函邀请嘉宾，才会被人视之为与其档次相称。

常见的邀请函根据写作的内容不同，可以分为以下三类。

**（一）商务类邀请函**

此类邀请函是邀请相关人员参加各类展览、商务活动，为达到交流、洽谈目的而发出的信函，如例文1。

例文1

**加西亚品牌经销商年会邀请函**

尊敬的各合作经销商：

　　您好！

　　即将过去的20××年，是我们走过的最不平凡的一年。面对市场新常态，我们一起努力、一起拼搏，共同迎接挑战，突破市场困境，创造出"金刚釉Ⅱ代"引领行业的传奇，这充分体现出加西亚人百折不挠、勇往直前的精神。

　　"宝剑锋从磨砺出，梅花香自苦寒来。"逆境给我们宝贵的磨炼机会，只有经得起环境考验的人，才能成为真正的强者。

　　市场在变，我们也需要改变，是强者就要跟上时代的步伐，不断超越自己。20××年我们如何改变？如何创造新的盈利增长点？值年会盛典之际，我们衷心期待与您一起聆听行业大师的智慧，探索品牌发展新思路，体验智能营销新时代，见证明星促销模式新突破，鉴赏引领行业的新产品。我们诚邀您出席年会，共同开启加西亚品牌飞跃发展的新时代。

　　报到时间：20××年12月17日

　　活动地点：××省××市华美达广场酒店

　　活动时间：20××年12月18日—19日

　　真诚希望您能接受我们的邀请，烦请您于12月13日前通知我们您的行程安排，以便我们安排相关事宜。顺祝商祺！

组委会联系人：陈×× 　　07××-×××××××× 　　　137××××××××

×××市加西亚瓷砖有限公司诚邀

20××年12月1日

## （二）会议类邀请函

此类邀请函是邀请单位或者个人前来参加会议、座谈会等而发出的信函，如例文2。

**例文2**

**从前沿语言学理论到汉语国际教育应用**

——汉语国际教育语境下的句式研究与教学专题研讨会邀请函

尊敬的×××先生/女士：

为进一步满足第二语言教学对汉语句式研究的迫切需要，促进语法研究新成果向国际汉语教学应用的转化，××大学汉语学院拟于20××年8月20日在××大学举办"汉语国际教育语境下的句式研究与教学专题研讨会"。鉴于您在第二语言研究领域的丰厚学术成果，诚邀您出席并发表鸿文，嘉惠学林。

有关会议安排如下。

1. 会议时间：20××年8月20日—22日。

2. 会议地点：××大学。

3. 会议主旨：促进前沿语言学理论的创新及其向国际汉语教学的转化与应用，推动语言学理论的本土化研究。

4. 会议议题如下。

（1）类型学视角下的汉语句式研究。

（2）汉语句式研究的跨文化视角与相关语言事实。

（3）跨文化视角下的汉语第二语言句式教学。

（4）汉语教材、大纲、教学设计中的句式问题。

（5）汉语作为第二语言句式教学中的相关问题。

5. 遴选参会论文，出版论集《汉语句式研究与教学》。

6. 20××年8月8日前，将论文题目及摘要以Word文档形式发至会务组邮箱。要求：摘要1000字，标题用三号宋体，正文用小四号宋体。摘要请标注作者姓名、单位、电子邮箱、通信地址、邮政编码、联系电话、传真等，并请于8月10日之前提交论文全文，以便制作论文集。

7. 会议日程安排如下。

8月19日下午，在××大学会议中心大堂报到。报到地址：××市海淀区学院路15号。乘坐地铁2号线到××换乘13号线××下车（A西北出口），步行至××大学会议中心。

8月20日，8:30开幕式、大会发言、分组研讨。

8月21日，上午分组研讨，下午闭幕式。

8月22日，文化考察一天（京郊），如不参加文化考察，请回函说明，以便筹备组统计人数。下午5:00离会。

8. 会议通信地址：××市海淀区学院路15号××大学汉语学院。

9. 其他事宜。

（1）往返交通由会议代表自行购票。

（2）会议筹办费、餐费、住宿费、论文集出版费由会议主办方承担。如有特殊情况，需代买车票，请于

7月8日前将身份证号及返程日期通过邮箱通知会务组,过期不再受理。

联系电话:××××-××××××××

句式研究与教学研讨会筹备组<br>20××年××月××日

### (三)纪念类邀请函

此类邀请函是邀请相关人员参加为纪念某个重大节日或仪式而举行的活动所发出的信函,如例文3。

**例文3**

××公司首次周年庆邀请函

尊敬的×××先生/女士:

您好!感谢百忙之中阅读此邀请函。

仰首是春,俯首成秋!××公司迎来了首次周年庆,在这成长的一年里,承蒙贵公司一直以来的鼎力支持,我公司的业绩才能蒸蒸日上。为此,特向贵公司同人致以真诚的感谢!

借此次周年庆,为表达对您的诚挚谢意,在全体同人共同联欢的同时也诚邀您参与我们的周年庆,分享我们的快乐!活动相关安排如下。

活动时间:20××年××月××日中午12:00开始。

活动地点:×××××××××。

本次活动我们准备了丰盛的午宴和精彩的节目与君共享,还安排了一系列抽奖环节,大奖连连机会不容错过。让我们欢聚一堂,共同欣赏全体同人精心编排的精彩节目,一起品尝美酒,共话未来。活动的筹办如能得到您的鼎力相助,将会更加精彩。热情期待您的参与,望贵公司能一如既往地支持我公司,与我公司架起一座坚固的合作桥梁!

承蒙赞助,不胜感激!再次感谢您的支持与信赖,期待我们在合作中互惠双赢,共同发展!顺颂商祺!

××公司<br>20××年××月××日

## 二、邀请函的适用范围及处理过程

在邀请时,用当面、电话、手机等口头方式来邀请是可以的,但从交际效果和体现企业的形象来看,采用书面形式特别是定制设计精美的邀请函更为正式、庄重。在当今社会中,邀请函是非常重要的,尤其是商务类邀请函,它是商务活动主办方为了郑重邀请其合作伙伴(投资人、材料供应商、营销渠道商、运输服务合作者、政府部门负责人、新闻媒体朋友等)或重要客户参加其举办的活动而制发的礼仪信函。它体现了商务活动主办方的友好盛情,反映了商务活动中的人际社交关系,所以要依据活动的目的和企业的特色来撰写。

邀请函的实际处理过程如下。

首先,在起草邀请函之前,对邀约活动的各方面情况要充分了解,如活动的主题、活动的时间和地点、活动的具体安排及邀请对象所要做的工作等,这样写出的邀请函才能准确清楚、有条理。

其次,邀请函要依据具体举办的活动主题和内涵、使用目的和需求、所采用的形式等来撰写,行文措辞要得体、礼貌、郑重,同时给对方一种热情周到的感觉。

最后,邀请函务必要提前发送,让邀请对象有足够的时间做好行程安排以便准时参加。

## 三、邀请函的结构与写法

### （一）邀请函的结构

一般来说，邀请函的结构包括主体内容和回执（有些是设定的报名表），而主体内容包括标题、称谓、正文、结尾、落款和附注及附件内容几部分，如例文4。

例文4

网聚财富主角××公司年终客户答谢会邀请函

尊敬的××先生/女士：

　　过往的一年，我们用心搭建平台，您是我们关注和支持的财富主角。

　　新年即将来临，我们倾情希望实现网商大家庭的快乐相聚。为了感谢您一年来对本公司的大力支持，我们兹定于××××年1月10日14:00在××大酒店一楼丽晶殿举办××××年度××公司客户答谢会，届时将有精彩的节目和丰厚的奖品等待着您，期待您的光临！

　　让我们同叙友谊，共话未来，迎接来年更多的财富、更多的快乐！

　　附件：网聚财富主角××公司年终客户答谢会回执

××公司<br>××××年12月28日

附件

网聚财富主角××公司年终客户答谢会回执

| 单位名称 | 姓名 | 职务 | 联系方式 | 是否住宿 | | 备注 |
| --- | --- | --- | --- | --- | --- | --- |
| | | | | 9日晚 | 10日晚 | |
| | | | | | | |
| | | | | | | |
| | | | | | | |

注：随行人员含司机共＿＿＿人

请于××××年1月5日前传真至××××-×××××××××，或发邮件至×××××××××。

联系人：梁小姐　　　联系电话：××××-×××××××

　　这是一篇常见的商务类邀请函，主体内容写明了活动举办的时间和地点、活动的内容安排等，措辞得体、礼貌、热情，回执也写得清楚明白，符合商务类邀请函的写作要求。

### （二）邀请函的写法

1．标题

标题一般只写文种"邀请函"即可，字号比通常标题要略大一些。有时也可以加"事由"，如《关于参加研讨的邀请函》，有时还可包括活动主题标语，如《网聚财富主角××公司年终客户答谢会邀请函》。

2．称谓

称谓是对邀请对象的称呼。要顶格写被邀单位名称或个人姓名，后加冒号。需要注意的是，要写明对方姓名、职务、职称、学衔，通常还要加上"尊敬的"之类的定语，如"尊敬的×××先生/女士"或"尊敬的×××总经理（局长）"。

3. 正文

正文是邀请函的主体。开头可向被邀人员简单问候，位置在称谓下一行，空两字。接着写明举办活动的缘由、目的、事项及要求，写明活动的日程安排、时间、地点、被邀人员及其所要做的工作等，并向被邀人员发出得体、诚挚的邀请。若附有票、券等物品也应同邀请函一并发送给被邀人员。有较为详细的出席说明的，通常要另附纸说明，避免邀请函写得过长。

4. 结尾

结尾一般要写常用的邀请惯用语，即敬语，如"敬请光临""敬请参加""请届时出席""期待您的光临"等。有些邀请函可以用"此致敬礼""顺致节日问候"等敬语。

5. 落款

落款处署上被邀单位名称或发函者个人名称及发函日期。落款处还应加盖公章，以示庄重。

6. 附注及附件内容

附注是正文需补充内容的说明，附件内容则为正文需补充说明的具体内容，一般印在邀请函上合适的位置或另外制作，随邀请函一同发送，如活动具体的安排、食宿安排、经费、交通示意图、日程表等。

7. 回执

邀请函的回执常采用表格的形式，将需要被邀人员填写的事项逐项列出，一般包括参会企业名称，参会人员姓名、性别、职务、民族习惯，参会要求（如参与某项专题活动），被邀单位的联系人、联系电话、电子邮件，以及活动组织部门的名称、联系人、联系电话、电子邮件、企业网址等。回执要随邀请函同时发出，并要求按时回复。有些是根据举办活动的需要而设定的报名表，一般与回执的使用情况相同。

综上，邀请函的写法如下。

××公司××××邀请函

尊敬的×××先生/女士：

（应时应景依据活动主题叙述诚挚邀请的话语）

为了感谢您一年来对本公司的大力支持，我们兹定于××××年××月××日在××××举办×××年度××公司××××××活动，届时将有×××××××等待着您，期待您的光临！

附件：××××××回执

××公司<br>××××年××月××日

附件

×××××回执

| 单 位 名 称 | 姓　　名 | 职　　务 | 联 系 方 式 | 备　　注 |
| --- | --- | --- | --- | --- |
|  |  |  |  |  |
|  |  |  |  |  |

请于××××年××月××日前传真至××××-××××××××，或发邮件至×××××××。

联系人：×××　　　　联系电话：××××-××××××××　　　13×××××××××

## 5.5.4 任务实施

张扬接到上级交代的写作任务后,根据之前所学的邀请函写作知识,马上拟写了一份邀请函,大体的内容如下。

**关于邀请参加客户答谢会的函**

尊敬的李先生:

  我们公司将于2019年10月3日至4日在金华悦酒店举办客户答谢会,诚挚邀请您参加。届时,除了展示本公司上市10年来所获得的成果,还将有最新产品的演示,另外还安排了客户交流发言及抽奖活动。敬请光临!

熙心贸易有限公司<br>2019年10月1日

  张扬将拟好的邀请函交给王主任过目,王主任阅览后不太满意,于是打回给张扬,并告诉他该文稿有些细节处理不当,写得不够规范,让他再仔细考虑,将邀请函写得更加具体、完善且更富热情。

  根据情景内容,张扬要完成这项工作,首先应掌握活动开展的各项具体细节,如确定被邀人员的身份、时间节点的安排、活动的详细流程,以及对被邀人员的其他要求等,然后在这个基础上按照邀请函的结构和写法来行文,措辞要恰当得体。值得注意的是,一定要预留出足够的送达时间,考虑周到,把工作做得细致入微。张扬通过分析自己拟写的邀请函,发现其中存在的问题主要有以下几处。

  (1)标题写作不正确。"邀请函"是一个完整的文种名称,不能拆开来表述,如若拆开则与函混淆了。

  (2)称谓写作不规范。如果被邀人员是合作公司,应该写上该公司的全称;如果是邀请某一位确定的客户,则应写明其姓名、职务、职称、学衔。

  (3)正文内容不详尽。虽然文稿对于活动的基本信息都有涉及,但不够详细,语言表达也较为平淡,没有体现公司诚挚邀请的热情。同时,正文内容一般还会根据实际所需,将活动的具体流程列入其中或者另纸附上,以便被邀人员知悉,让其提前做好相关准备。

  (4)相关事项不周全。公司举办此类隆重活动,涉及的事项较多,为了更好地做好组织工作,应周全考虑每一个细节,如交通与食宿安排、入场凭证及相关资料、被邀人员的特殊情况等。

  (5)发送时间不合理。邀请函制作完之后,一般要求预留足够的时间以送达被邀人员,但这个时间的把握,不能太早也不能太迟。太早送达可能会出现被遗忘的情况,太迟送达则会打乱被邀人员的常规工作安排,应根据实际情况确定较为适宜的送达时间。

  张扬经过慎重考虑,重新修改了邀请函文稿。这一次,王主任看完后不仅通过了审核,还对他大加赞赏。其详细内容如下。

**2019年熙心客户答谢会邀请函**

尊敬的_____:

  金秋十月,硕果累累。感谢您一直以来对本公司的关心和支持,使公司得以蓬勃发展。为了让您更好地了解我公司,也使我们更好地合作共赢、共创辉煌,我们特举办2019年熙心客户答谢会,届时除了展示本公司上市10年来所获得的成果,分享上市过程中的经验和不足,还将倾心演示公司最新的产品,另外还安排了客户座谈会以及抽奖活动，精彩的节目和丰厚的奖品将等待着您。诚意邀请您拨冗出席。具体安排如下。

1．时间：2019年10月3日至4日（会期两天，提前一天报到）。
2．地点：金华悦酒店。
3．具体安排：

| 日　期 | 时　间 | 内容安排 | 地　点 | 参加人员 | 备　注 |
|---|---|---|---|---|---|
| 10月2日 | 8:30 | 报到 | 金华悦酒店一楼大堂 | 全体 | |
| 10月3日 | 9:00—11:50 | 公司10年来成果展示 | 金华悦酒店鹅城厅 | 全体 | |
|  | 15:00—17:00 | 公司新产品演示 | 金华悦酒店鹅城厅 | 全体 | |
| 10月4日 | 9:00—11:50 | 客户交流座谈会 | 金华悦酒店鹅城厅 | 全体 | |
|  | 14:30—17:00 | 联欢、抽奖活动 | 金华悦酒店鹅城厅 | 全体 | |

4．其他事项：交通和食宿费用由公司承担。
诚挚欢迎您的到来！
附件：1．回执
　　　2．交通路线

熙心贸易有限公司<br>2019年9月25日

附件1

回执

| 姓　名 | 单　位 | 联系方式 | 说　明 |
|---|---|---|---|
|  |  |  |  |
|  |  |  |  |

请于12月25日前传真至××××-×××××××××，或发邮件至×××××××××。
联系人：杨小姐　　　联系电话：138××××××××

附件2

交通路线如下：
1．自驾车直接导航至金华悦酒店。
2．长途客车至客运总站，出站后可乘坐29路公交车或乘坐出租车到达。
3．乘坐飞机到达后可乘坐机场专线至客运总站，出站后再乘坐29路公交车或乘坐出租车到达。

综上，在写作邀请函的过程中需要注意如下事项。

第一，"邀请函"三字是完整的文种名称，与公文中的"函"是两种不同的文种，因此不宜拆开写成《关于邀请出席××活动的函》。

第二，称谓写作要根据实际情况灵活处理。如果被邀人员是公司，要写其全称；如果是个人，则应写全其姓名，不应写绰号或别名，同时还应写明其职务、职称、学衔等。而网上或报刊上公开发布的邀请函，由于对象不确定，则可省略称谓，或以"敬启者"统称。

第三，严格遵守写作格式，称谓、邀请事由、具体内容、活动时间、活动地点、相关事宜、联系方式、落款等是必不可少的部分，不能遗漏信息。

第四，邀请事项务必周详，使被邀人员可以有备而来，也使举办活动的个人或单位减少一些意想不到的麻烦。

第五，邀请函应提前送达，使被邀人员有足够的时间对各种事项进行统筹安排。

总之，邀请函属于社交应用文书，具有社会公关及礼仪功能。它不仅表示礼貌庄重，也有凭证作用，因此要写得简明得体、准确文雅，在写作时要根据实际情况灵活处理。

## 5.5.5 知识拓展

随着移动互联网的深入发展，人们的生活方式发生了根本性的改变，移动端的应用越来越普及，邀请函以电子传播的形式（以下称电子邀请函）更突显其低成本、方便、美观等特点，因而受到不少中小公司的欢迎。除利用传统的 Word 文档、Photoshop 软件制作电子邀请函外，现在互联网上出现越来越多的平台及软件，更加方便、快捷地辅助公司或个人制作独具特色的电子邀请函，如兔展、创客贴、战鼓网等。其制作界面简单、容易操作，各式各样的设计也精美无比，只是大多数平台都要收费。

电子邀请函绿色环保，可支持多样的设计，更具个性化，传播方式也很简单，通过 QQ、微博、微信等都可以告知被邀人员更丰富的邀约信息，且在现阶段非常流行，传播速度也非常快。一般来说，电子邀请函具有以下几大优势。

（1）省钱实用。纸质邀请函需要提前一段时间购买或定制，假如公司有 200 位客户，每张纸质邀请函以 1 元钱的成本来算，总成本就是 200 元，而借助网络平台设计一款符合公司实际情况的电子邀请函的成本则低得多，且制作出的邀请函内容丰富、形象生动，更吸引眼球。

（2）个性十足。电子邀请函可以将公司活动的详细信息、图片等展示其中，加上炫酷的互动效果、优美的音乐，更显大气。

（3）方便快捷。纸质邀请函不仅需要一张张地手写被邀人员的姓名，而且还要亲自一个一个地登门呈送，有时候遇见客户不在，还有可能白跑一趟，但如果邮寄，常常还要再用电话相告以示诚恳，处理过程相对费时、费力。而电子邀请函则可以在已建立好的客户维护群中即时发送，方便快捷，如若维护管理得当，可以达到更好的效果。

（4）环保低碳。电子邀请函可以设计为单张的图片格式，也可以设计为动画格式，这种格式可在任何电脑上播放，不需要安装其他插件，绿色、环保、低碳，并且可以永久珍藏。

制作电子邀请函常用的互联网平台有以下几家。

（1）兔展：https://www.rabbitpre.com/
（2）创客贴：https://www.chuangkit.com/
（3）战鼓网：https://www.zhangu365.com/

以下为使用相关的平台制作的电子邀请函参考图，如图 5-5-1～图 5-5-4 所示。

图 5-5-1　　　　　　　　图 5-5-2

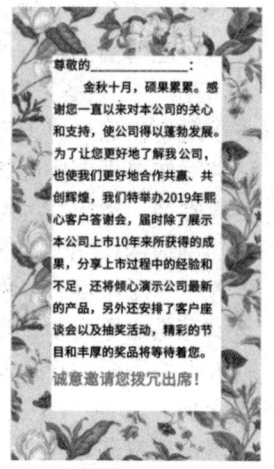

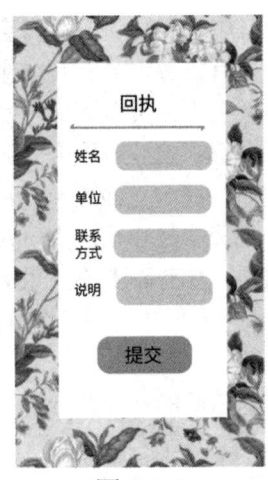

图 5-5-3　　　　　　　　　　　　　　图 5-5-4

## 5.5.6　总结提升

### 一、邀请函的制作步骤

邀请函的制作步骤如下。
（1）明确邀请的目的，把握活动的各项具体情况。
（2）确定被邀人员名单并选择邀请函的形式和风格。
（3）撰写邀请函的详尽内容。
（4）如需纸质邀请函，可自行在 Word 文档或 Photoshop 软件上制作好并交由文印部门印制，或委托邀请函设计商代为设计和印制；如需电子邀请函，则可借助互联网平台来制作并发布。

### 二、邀请函与请柬的异同

提到邀请函，人们一般会想起日常生活中常见的请柬。请柬又称为请帖、柬帖，通常是个人或家庭为了邀请客人参加某项喜庆活动而发出的礼仪性书信。在使用时，邀请函和请柬有时候可以通用，但随着社会的发展，两者之间也存在一定的差别，其异同如下。

（1）相同之处：两者邀请的对象都是特定的单位或个人，都是以书面形式邀请对象参加某项活动，都具有庄重性和礼仪性的特点。

（2）不同之处主要有以下几点。

① 邀请函的使用范围比请柬广。邀请函涉及国家元首互访、大小会议、庆典、报告等社交生活的各个方面，而请柬多用于喜庆之事，且多为个人使用。

② 邀请函的内容比请柬复杂，信息容量更大。邀请函除要像请柬一样写明活动的时间、地点外，还要写明活动举办的背景、意义及活动的具体安排等，因此其有更详细的邀约内容。

③ 邀请函的措辞及制作比请柬更朴实。邀请函的语言更为平实晓畅，较少使用文言词语。邀请函可以有艺术性的装饰，也可以是一张普通的礼仪信函，不需要具备请柬制作所要求的精美性。

### 三、邀请函制作的尺寸

虽然对于邀请函的制作没有严格的要求，但是其形式也很重要，用书信纸或单位的信函纸固然可以，但用印制精美的纸张会显得更加郑重、礼貌和有诚意。邀请函和请柬一样，在传统的设计中主要有三种形式：正方形、长方形、长条形。这三种形式的尺寸有一定的比例要求，过大或过小都会不太美观。

（1）正方形：尺寸范围为 130mm×130mm～150mm×150mm。在国外，通常在卡内增加副卡，请柬（如路线卡、回复卡、项目卡等）副卡一般可以做到 100mm×100mm 左右。

（2）长方形：尺寸范围为 170mm×115mm～190mm×128mm，大小要随比例改变，要符合黄金分割原则，如有副卡不宜太大。

（3）长条形：尺寸范围为 210mm×110mm～250mm×110mm，大小要随比例改变，只适合横向和单边打开。

而电子邀请函的设计符合发布平台的规格要求即可。

### 课外任务

1．第××届中国品牌节将于××××年 10 月 1 日—3 日在××会展中心举行，拟邀请有关贵宾及商家参加。请根据此信息以该活动组委会的名义制作一封邀请函。

2．××信息科技有限公司拟于××××年 12 月 12 日 9:00—18:00 在白天鹅大酒店举办上市××周年纪念酒会，拟邀请公司所有客户参加。请根据此信息以该公司的名义制作一封邀请函。

## 任务 6　寻求合作，商务沟通——商务信函

### 知识目标

1．了解商务信函的适用范围和定义。
2．理解商务信函的特点和分类。
3．掌握商务信函的结构与写法。

### 能力目标

1．能撰写格式规范、结构完整、内容完备、表达正确、要素齐全的商务信函。
2．能根据实际工作需要掌握不同类型的商务信函的写法。

### 素质目标

1．培养严谨细致的写作态度。
2．培养与人沟通的书面表达能力。
3．培养信息化素养。

## 5.6.1 情景导入

情景描述：

在熙心贸易有限公司举办完客户答谢会后，营销中心收到一份来自本市人人乐商场的咨询函，其对公司"轻·时尚"休闲系列产品有订购意向。

赵捷：小林，我已将人人乐商场的咨询函发到你的邮箱，你安排处理一下。

林珊：主任，我看了邮件，对方公司想了解这一系列产品的板型设计、面料介绍、价格目录及结算方式等资料，我这就去处理。

情景导入小视频观赏

## 5.6.2 任务分析

根据情景内容，林珊要拟写的文书是商务信函。要拟写该文书，首先要了解商务信函的适用范围和定义，理解商务信函的特点和分类，其次要掌握商务信函的结构与写法，能撰写合格的商务信函。

## 5.6.3 知识准备

### 一、商务信函的适用范围和定义

在商务活动中，许多日常业务的处理都需要通过大量来往的商务信函来解决，所以商务信函在商务活动中的地位是举足轻重的。通过商务信函可以销售产品或提供服务、建立信贷或收款、调解矛盾或消除误会、与客户建立合作关系等。所以，商务信函在当今社会中应用非常广泛。一份好的商务信函可以为企业带来巨大的经济效益和社会效益。

商务信函是指企业与企业之间往来的，在各种商务场合或商务往来过程中交流信息、联系业务、洽谈贸易、磋商和处理问题的信件。目前，其传递方式主要有邮寄、电子邮件、传真、电传及电报等。

### 二、商务信函的特点

#### （一）格式的规范性

商务信函的结构与一般的书信类似（除公函外），有标题、称谓、问候语、正文、祝颂语、落款及附件几部分。外贸商务信函的写作则必须依照国际惯例，用英语或用对方国家所使用的语言书写，在文法和书写格式上也要符合对方国家的语言规范和习惯。

#### （二）内容的直接性

商务信函是企业常用的文书，它不需要华丽的词句，只要写得简明扼要、短小精悍、切中要点即可。商务信函具有纯粹的业务性，一般要求专文专事，内容集中单一，围绕公务，突出主旨。当涉及数据或者具体的信息时，如时间、地点、价格、货号等，要用语精确，使交流的内容更加清楚，这有助于加快商务活动的进程。

### （三）表达的礼貌性

商务信函是两个平等法人之间的往来文书，反映双方平等、互惠互利的关系。商务信函的写作应讲究礼貌、相互尊重、真诚相待。无论是歉意的道歉函，还是善意的劝说函，或者是订购函，都可以通过信函中的语言、语气、语调来表现。

### （四）要求的时限性

商务信函是在商务活动的每个环节中形成的，每一封都是一定时限内的双方意愿的明确表达。因此，收到对方的信函后必须及时回复。目前，商务信函的传递越来越多地使用图文传真、电子邮件等快速传递方式，以适应这一特点的需要。

## 三、商务信函的分类

根据不同的分类标准，可将商务信函分为多种不同的类型。

按行文方向划分，有致函和复函。

按具体业务项目或内容划分，有联络函、咨询函、推销函、询价函、报价函、接受报价函、订购函、催款函、寄样函、索赔函、理赔函、致歉函、谈判函、调解函和婉拒函等。

以下是常见的商务信函例文。

### （一）推销函

××公司：

从我国驻意大利使馆商务处来信中获悉贵公司希望与我国经营工艺品的外贸出口公司建立业务联系，我公司非常愿意在开展这类商品的贸易方面与贵公司合作。

我公司经营的工艺品有绣品、草竹编、灯具、涤纶花、珠宝首饰及仿古器物和书画等。这些品种均制作精美，质量上乘。特别是涤纶花，式样新颖，色泽鲜艳，形态逼真，可与鲜花媲美，目前在欧美、亚洲的许多国家极为畅销，深受消费者的喜爱。现寄上涤纶花样照一套，以供参考。欢迎来信联系。

××进出口公司<br>××××年××月××日

### （二）询价函

××茶叶厂：

我公司对贵方生产的绿茶感兴趣，需订购君山毛尖茶。品质：一级。容量：每包100克。

望贵方能就下列条件报价：

1．单价。

2．交货日期。

3．结算方式。

如果贵方报价合理，且能给予最惠折扣，我公司将考虑大批量订货。

希速见复。

××副食品公司<br>××××年××月××日

### （三）报价函

××副食品公司：

贵方××月××日询价函收悉，谢谢。兹就贵方要求，报价详述如下：

商品：君山毛尖茶
品质：一级
容量：每包100克
单价：每包×元（含包装费）
包装：标准纸箱，每箱100包
结算方式：商业汇票
交货方式：自提
交货日期：收到订单10日内发货

我方所报价格极具竞争力，如果贵方订货量为1000包以上，我方可按95%的折扣收款。

如贵方认为我方的报价符合贵方的要求，请早日订购。

恭候佳音。

××茶叶厂

××××年××月××日

## （四）接受报价函

××公司：

  贵方××月××日的报价函收悉，谢谢。我方接受贵方的报价，并乐意按贵方提出的条件订货：

商品：五粮液
规格：特曲
容量：每瓶500克
单价：每瓶200元（含包装费）
数量：100瓶
包装：标准纸箱，每箱10瓶
结算方式：承兑汇票
交货日期：××××年××月××日
交货地点：××市火车站

请速予办理为荷。

××公司

××××年××月××日

## （五）订购函

××公司：

  非常高兴收到贵方××月××日第32号100瓶五粮液特曲酒订单。我方即速办理，货物将在贵方要求日期内运抵指定地点。

  根据商业汇票的规定，我方通过××银行开出以贵方为付款人的银行承兑汇票，面额为×××元，承兑期限为3个月。我们相信此汇票必得承兑。

  贵方对此货还有何要求，请即函告。

  感谢贵方的惠顾，希望我们能保持贸易联系。

××公司

××××年××月××日

### 四、商务信函结构与写法

商务信函一般由标题、称谓、问候语、正文、祝颂语、落款及附件几部分组成。

#### （一）标题

商务信函除公函外，一般不写标题。如有标题，位置在首页第一行，居中书写，其内容主要标明事由。事由要求概括出信函的主旨、中心，使收信人通过标题就对信函的主要内容有大致的了解。常见的商务信函标题由"事由+文种"构成，如《关于要求承付打印机货款的函》。

#### （二）称谓

称谓是对收信人或收信单位的称呼，一般写收文者的尊称，这是商务信函必须有的一项。其位置一般在标题下一行，顶格书写。书写时有以下两种称谓。一种泛指尊称，即在"尊敬的"后加称谓，如"尊敬的先生""尊敬的女士"等。称谓中可以使用职务，如"尊敬的办公室主任""尊敬的财务部部长""尊敬的销售部经理"等。另一种指具体称谓，即在姓名后加称谓。这类称谓一般用于写信人与收信人彼此认识或者非常熟悉的情况。因为这种称谓能够体现写信人与收信人之间密切的关系。称谓可用泛称中的"先生""女士"等，也可以使用职务，如"尊敬的办公室石主任""尊敬的财务部张部长""尊敬的销售部王经理"等。

#### （三）问候语

问候语即应酬语或客气语。开头的问候语是商务信函中必不可少的，即写信人向收信人打招呼的礼貌问候语。如果是致函，一般用"您好""见信好"等礼节性用语，再说明发信意图，表明主旨；如果是复函，则可采用"收到贵公司的来函，非常荣幸""惠书敬悉，不胜感激"等话语表示感谢来函。

#### （四）正文

正文是商务信函的主体，叙述商务往来联系的实质问题。正文写作要求内容简单，一文一事，文字简明、事实有据、行文礼貌。不同的商务信函其正文内容是不同的，但一般包括以下两部分内容。

1. 发函缘由

此部分应直截了当、简明扼要地说明发函的目的、根据、原因等。若是复函则要引述对方来函的要点，根据来函的内容进行答复。

2. 发函事项

此部分是函的主体部分，一般根据发函缘由详细陈述具体事项，或针对所要商洽的问题及联系的事项，阐明自己的意见。此部分要求语气要平和，问题要明确，事实要清楚，表达要明白。

正文结束以后，一般用精练的语言将所叙之事加以简单概括，并提出本函的有关要求，强调发函的目的。结尾语视写信人与收信人的关系及信函的内容而定，要求恰当得体。

#### （五）祝颂语

一般商务信函可以在结尾处写上祝颂语，如"顺祝商祺"。

#### （六）落款

落款包括署名和日期。商务信函的署名可根据企业的要求或写信人的意见而定。有的企业署名用单位名称加盖印章的方式；有的企业要求写信人直接签名，以示对信函的内容负责。日期一般是发信的具体时间。商务信函因为涉及商务往来,因此务必写明发信日期。发言日期要写全,以便存档备查,如"2018年08月08日",不能写成"18年08月08日"。

### (七)附件

附件是随函附发的有关材料,如报价单、发票、确认书、单据等。如果需要标注附件,则在正文下一行左空两字标注附件说明;如果附件是两个以上的,要分别标注附件1、附件2等。

## 5.6.4 任务实施

林珊详细了解了人人乐商场来函询问的相关内容后,对于"轻·时尚"休闲系列产品的板型设计、面料介绍、价格目录及结算方式等进行了详尽的说明,并将其写入商务信函的附件中。林珊拟出的文稿如下。

**熙心贸易有限公司回复询购函**

人人乐商场:

  收到贵公司的来函,非常荣幸。我们很高兴随函附寄一份贵公司索要的"轻·时尚"休闲系列产品的板型设计、面料介绍、价格表单及结算方式的说明书。在准备这份最新的产品说明书时,我们耗费大量精力,力求使这份产品说明书外形美观、信息性强。从其详细内容里,贵公司将找到我们达成合作的有关说明。

  我们诚挚邀请贵公司负责领导到我公司的服装体验馆和创新生产工厂进行参观,在那里不仅可以见到优质材料与精湛手工艺是怎样融进我们的产品制作中的,还可以带给贵公司更多有助于销售的有用信息。

  希望我们能有机会在任何一方面为贵公司提供服务,只要贵公司愿意采用我们的产品,我们将尽可能满足贵公司的要求。

  附件:"轻·时尚"休闲系列产品说明书

熙心贸易有限公司<br>2019年10月12日

  林珊拟好文稿后,发给赵主任过目。赵主任审阅后,认为林珊撰写的这份回复询购函还是比较得体的,其语言表达比较礼貌、流畅,能站在对方公司的角度,真诚表达合作的意愿,于是让林珊以电子邮件的方式将此回复询购函发送给人人乐商场负责人。林珊按照商务信函的处理流程及时完成此项工作任务。

## 5.6.5 知识拓展

### 一、电子商务函电的定义

电子商务函电是企业在商务活动中利用电子手段——网页或电子邮件的形式向其合作伙伴或客户发出的消息或信函。

### 二、个人电子邮箱申请步骤

第一步,进入网站首页进行邮箱注册,如图5-6-1所示。

图 5-6-1

第二步，在注册界面依次填写信息，如图 5-6-2 所示。

图 5-6-2

第三步，注册成功，如图 5-6-3 所示。

图 5-6-3

## 三、电子商务函电邮件的编写与发送

电子商务函电邮件的编写与发送步骤如下。

第一步，进入网站界面，输入邮箱账号和密码，登录邮箱，如图 5-6-4 所示。

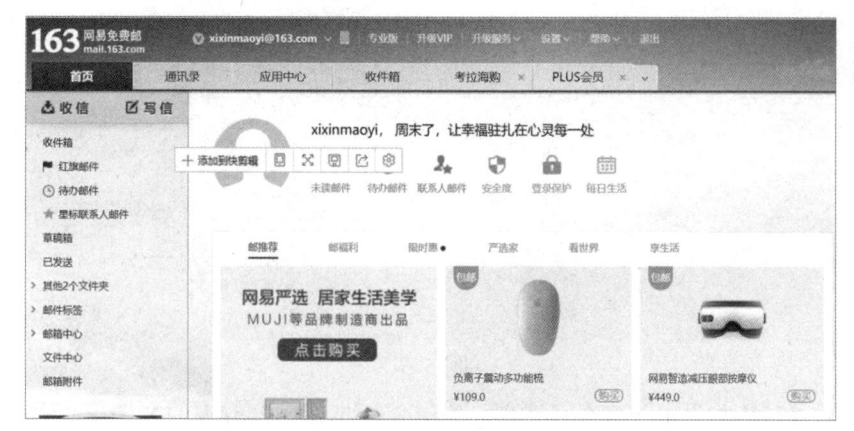

图 5-6-4

第二步，单击"写信"按钮，进入写信状态，如图 5-6-5 所示。

图 5-6-5

第三步，输入收件人邮箱地址、信函内容，如图 5-6-6 所示。

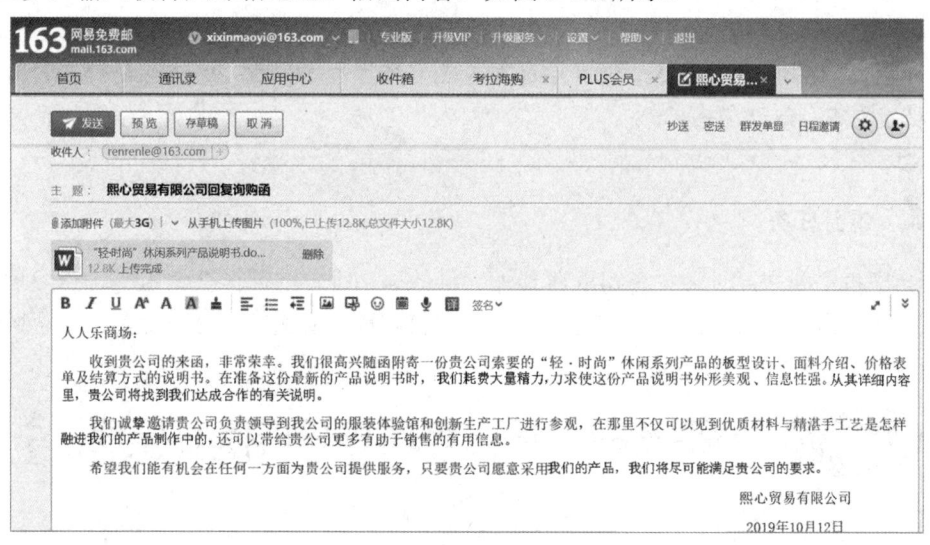

图 5-6-6

第四步，发送邮件并查看发送情况，如图 5-6-7 所示。

图 5-6-7

企业在通过邮箱发送电子商务函电时，有时需要携带内容较大的文件、合同范本、报价单等，这就需要使用邮箱附件功能。许多网站都在不断改进自己的邮箱附件功能，使之达到传输速度更快、携带量更大的效果。

### 5.6.6 总结提升

商务信函是在日常的商务往来中用以传递信息、处理商务事宜及联络和沟通关系的一种文书。它在商务活动中扮演着非常重要的角色，也起着举足轻重的作用。商务信函的写作需要注意以下几点。

（1）准确、完整。商务信函的内容多与双方的利益有着直接的关系，因而要准确、完整地表达意思，即使标点符号也要做到准确无误，以免造成不必要的麻烦。

（2）简洁。在做到准确、完整的前提下，应用最少的文字表达真实的意思，不能拖沓冗长。

（3）具体、明确。商务信函所要交代的事项必须具体、明确，尤其要注意需要对方答复或对双方关系产生影响的内容，不能语焉不详。

（4）礼貌、得体。要掌握礼貌、得体的文字表达方式，以便双方保持良好的关系。

（5）体谅。要学会换位思考，能够站在对方的立场上思考问题，这样容易获得对方的认同，有利于双方达成有效的沟通。

**课外任务**

1. 为了推广新产品，××公司准备参加大型的展销会，请代该公司拟写一份参展推销函。
2. ××公司与×××商场签订的合作合同即将到期，请代××公司拟写一份合同续签函。

## 任务 7 公平竞标，优化管理——招标书与投标书

**知识目标**

1. 了解招标与投标的定义、意义、特点。
2. 了解法律规定必须进行招标的项目。

3．熟悉招标与投标的一般程序。
4．掌握招标书、投标书的结构与写法。

### 能力目标

1．能根据招标、投标的法律法规撰写招标书。
2．能够根据招标、投标的法律法规及招标单位的要求撰写投标书。

### 素质目标

1．培养严谨、认真、刻苦的学习态度，爱岗敬业、团结协作的精神，吃苦耐劳、诚实守信的基本素质。
2．培养对工程项目进行公开招标或投标的意识。

## 5.7.1 情景导入

情景描述：
　　熙心贸易有限公司信息管理部查阅到××农村商业银行的服装定制项目招标书，并将此事上报董事会。董事会审议通过决定投标，并由信息管理部负责该项工作。该部负责人是唐光，助理是晨晓。
　　唐光：晨晓，董事会通过了投标项目，你联系购买招标文件，并组建团队研读文件内容，下周一部门研讨投标事项并撰写投标书。
　　晨晓：好的，主任，我马上处理。

情景导入小视频观赏

## 5.7.2 任务分析

　　根据情景内容，晨晓接到的写作任务是撰写投标书。要完成该项工作，首先要了解招标与投标的定义、意义、特点，了解法律规定必须进行招标的项目，其次要熟悉招标与投标的一般程序，掌握招标书、投标书的结构与写法，能根据招标、投标的法律法规撰写招标书及依据招标单位的要求撰写投标书。

## 5.7.3 知识准备

　　招标与投标是现今国际上通用的交易形式，是一种引入竞争机制、适用范围极广的商品交易行为。20世纪80年代，我国因经营管理中引进竞争机制的需要，开始使用招标与投标的贸易形式。

### 一、招标与投标的概述

#### （一）招标与投标的定义

　　招标是招标单位为承包建设项目，在采购大宗商品或合作经营某项业务时，寻找和选择理想的合作伙伴，将自己的要求和条件事先对外公布，希望投标单位前来投标承建或承包，从中择优选取投标单位的行为。这种对外发布的文书，就是招标书。招标书有狭义和广义之分：狭义的招标书特指用于发布招标信息的招标公告（又名招标启事、招标广告等）；广义的招标书泛指在整个招标过程中所涉及的一系列文件材料。

投标是与招标相对应的概念，它是指投标单位应招标单位的邀请或投标单位满足招标单位最低资质的要求而主动申请的，按照招标的要求和条件，在规定的时间内向招标单位递交投标书，争取中标的行为。《中华人民共和国招标投标法》第二十八条规定："投标人应当在招标文件要求提交投标文件的截止时间前，将投标文件送达投标地点。招标人收到投标文件后，应当签收保存，不得开启。"而中标后与招标单位签订合同所要包含的重要内容应全部列入其中，并在有效期内不得撤回投标书、变更投标书报价或对投标书内容进行实质性的修改。

（二）招标与投标的意义

招标在国际上广泛用于采购货物、工程、服务领域，在经济活动竞争中具有重要的意义。它不仅有利于实现社会资源的优化配置，而且其公平的、透明的操作程序有利于防止腐败，倡兴廉政，有利于经济的繁荣和社会的发展。

招标的结果是要优选一个合作对象建立合作关系，招标书的内容实质上是招标单位发出的要约。投标是投标单位之间比实力、比技术、比信誉、比价格、比能力、比策略的竞争过程。招标、投标有利于打破垄断，打破条块封闭，引入公平的竞争机制，调动承办人挖掘潜力、降低成本、改善经营管理、提高经济效益的积极性。

（三）招标与投标的特点

1．程序的规范性

在招标与投标活动中，从招标、投标、评标、定标到签订合同，每个环节都有严格的程序。这些程序具有法律约束力，当事人不能随意改变。

2．过程的公开性

招标与投标的基本原则是"公平、公正、公开"，将采购行为置于透明的环境中，防止行业腐败现象的发生。

3．机会的一次性

投标单位只能一次报价，不能与招标单位讨价还价，并以此报价作为签订合同的基础。

4．报价的保密性

投标单位需要将投标报价及相关材料密封递交给招标单位，招标单位在评标前不能私自公开或泄露报价。

5．法律的约束性

招标与投标依据国家基本法律《中华人民共和国招标投标法》进行管理，因而具有法律约束力。

## 二、法律规定必须进行招标的项目

《中华人民共和国招标投标法》第三条规定："在中华人民共和国境内进行下列工程建设项目包括项目的勘察、设计、施工、监理以及与工程建设有关的重要设备、材料等的采购，必须进行招标：

（一）大型基础设施、公用事业等关系社会公共利益、公众安全的项目；

（二）全部或者部分使用国有资金投资或者国家融资的项目；

（三）使用国际组织或者外国政府贷款、援助资金的项目。"

## 三、招标与投标的一般程序

招标与投标的一般程序如下。

（1）招标单位编制和报审招标文件，发表招标公告，公布招标书。

（2）投标单位购买或领取招标书。

（3）招标单位组织投标单位勘查现场，解答招标书中的疑问。

（4）投标单位撰写投标书，并向招标单位报送。

（5）招标单位对投标单位的资格及信誉进行审查。

（6）招标单位按时召开揭标会议，当众开标，公布标底、标价，评定中标单位，并发出中标通知书。

（7）招标单位和中标单位签订合同，招标、投标工作结束。

## 四、招标书、投标书的结构与写法

### （一）招标书

招标文件一般包括招标申请书、招标公告、招标书、招标邀请书、中标通知书等。下面主要介绍招标书。

#### 1. 招标书的结构

招标书即招标说明书，是用于对有关招标事项做出具体的说明的一种文书。招标书大体包括标题、正文两大部分。

（1）标题。招标书的标题主要有以下几种形式：一是由招标单位名称、标的名称或事由、文种构成，如《××市第三污水处理厂设备安装工程招标书》；二是只写招标单位名称和文种，如《××市第三污水厂筹建处招标书》；三是只写事由和文种，如《建筑安装工程招标书》；四是只写文种一项，如《招标书》《招标说明书》。

（2）正文。正文一般由前言、主体、结尾三部分组成。

前言部分应写明招标单位的基本情况，即招标的目的、依据及标的名称等，文字要简洁准确。主体部分要写明招标书的核心内容，一般采用条文式，有的也可采用表格式或条文和表格结合的形式。由于不同招标书的性质和内容不同，其写法也不尽相同，如商品招标书要求标明商品名称、数量、规格、价格等，科技项目招标书则要求写清招标原则、项目名称、任务由来、研究开发目标、研究开发内容、经济技术指标、研究开发的进度要求、成果要求、经费要求、承包单位的条件及要求等。招标书还有一些附件，如工程量清单、图纸、欲购商品清单等，内容力求详尽、具体，表述力求规范、明确。招标书的内容较多时，要装订成册。结尾部分通常是主体部分未提但又要说明的其他事项，如出现违约情况时的处理方法、咨询联系方式等。

#### 2. 招标书的写法

招标书的写法见例文1。

例文1

**服装 CAD 相关设备采购项目招标书**

我公司现面向社会公开对服装 CAD 相关设备采购项目进行招标，以确定供货渠道。请感兴趣的单位进行积极踊跃的投标!

一、综合说明

(一)招标项目

招标项目为服装CAD相关设备采购项目。

(二)采购设备名称、规格及要求、数量、用途

| 名　　　称 | 规格及要求 | 数　　量 | 用　　途 |
|---|---|---|---|
| CAD软件 | 满足多电脑运行要求;支持打印机、切割机等外部设备;与其他系统兼容(可支持其他CAD格式文件) | 1套 | 打版、放码、排版 |
| 数字化仪 | 1.2米×1.5米 | 1台 | 扫描母版及客供版 |
| 高速喷墨绘图机 | 打印最大幅宽1.65米 | 1台 | 打印唛架 |
| 切割机 | 切割1.0米×1.3米,满足350克卡纸打印 | 1台 | 切割纸样 |
| 计算机 | — | 1台 | 运行系统 |

(三)质量及技术要求

1．以上设备必须符合国家相关产品质量标准。

2．投标单位必须提供详细安装、培训方案。

3．投标单位必须提供明确的系统升级周期及费用。

4．投标单位必须明确系统环境要求。

(四)供货日期

供货日期先由投标单位提出,签订合同时再行商定。

(五)付款方式

由投标单位先提出付款方式和报价的最优结合,签订合同时再行商定。

二、投标单位须知

(一)投标书

投标单位应承认并履行投标书中的各项规定及要求,否则投标无效。

(二)投标文件的组成、投标书的签署

1．投标文件包括投标单位营业执照复印件、税务登记证复印件及业绩证明等文件。

2．投标书由投标单位按规定栏目填写并加盖企业公章,并由企业法人授权代表签章方为有效。

3．投标书不应该有涂改,如必须修改时,修改处需有授权代表的签章。

4．投标单位必须提供投标保证金5000元,待评标结果公布后,将如数退还未中标单位,中标单位的保证金则在合同履行完毕且无违约现象出现时如数退还。

(三)投标文件的密封与标记

1．投标单位应将投标文件装入投标书袋内,在投标书袋上口、下口加贴密封条,并加盖企业公章和法人授权代表签章,否则以废标论处。

2．投标文件的信袋上应写明如下内容。

(1)招标单位:××股份有限公司。

(2)招标项目名称和标书编号。

（3）投标单位。

（4）注明"开标时才能启封"字样。

（四）报名日期、投标限期和发送方式

报名日期：20××年××月××日。

投标期限：20××年××月××日至××日。

发送方式：投标单位必须在20××年××月××日11:30以前，将投标书寄至或送至××股份有限公司招标办公室。

（五）开标、评标、中标

1．按照我公司制定的《招标投标管理规定》，在截止日后，组成评标委员会公开开标、评标。

2．评标委员会将根据投标单位资格审查情况，投标书的内容及是否满足我公司技术要求、商务要求、价格要求等综合因素，采用综合评议表决法，确定中标单位。

3．我公司保证开标、评标过程的公平、公正、公开。评标委员会有权选择或拒绝投标单位中标。

（六）中标通知

在评出中标单位之后，立刻通知中标单位，并电话通知未中标单位。

（七）合同的签订

1．中标单位收到中标通知后，应于3日内与我公司签订采购合同。

2．签订的合同应以本标书的具体条款为基础，原则上不做变动。

3．如招标单位或中标单位拒签合同，则按违约处理，承担相应的违约责任。

（八）其他事项

1．招标单位如遇中标单位违约，可从候选中标单位中重新选定中标单位，与其签订合同。

2．本次投标的有关咨询事项请按下列通讯录联系。

招标单位：××股份有限公司招标办公室

联系人：李先生

电话/传真：××××-××××××××

地址：××省××市黄河2路819号

邮编：××××××

## （二）投标书

投标文件一般包括投标申请书、投标单位资格审查材料、投标书、演讲或答辩书等。下面主要介绍投标书。

1．投标书的结构

投标书的结构与招标书相同，包括标题、正文两部分。

（1）标题。标题可由项目名称和文种构成，如《××项目投标书》；也可由投标单位名称和文种构成，如《××单位投标书》；还可只写文种，如《投标书》。

（2）正文。正文由前言、主体和结尾三部分组成。前言部分简要介绍投标单位的基本情况，并表明投标的意愿。主体部分主要包括三方面的内容：一是投标项目的各项指标；二是实现各项指标的具体措施；三是对招标单位提出希望配合与支持的要求。结尾部分需要写明投标单位名称、联系方式及投标日期等。

2．投标书的写法

投标书的写法见例文2。

**例文 2**

### 服装 CAD 相关设备采购项目投标书

（摘要）

致：××股份有限公司招标办公室

在研究了贵公司服装 CAD 相关设备采购项目的招标条件和质量及技术要求后，经我们认真研究审核，正式授权下述签字人×××（设备主管）代表我方××铭力数控设备制造有限公司全权处理本次项目的投标有关事宜。投标书的内容如下：

一、服装 CAD 相关设备的报价表（略）

二、投标单位概况（略）

三、设备生产资质、技术力量（略）

四、投标供货设备配置及技术规格详细说明（略）

五、技术方案、服务承诺、培训承诺（略）

六、法定代表人授权书（略）

七、营业执照（批准机关、执照号码等）（略）

我们特此同意，在本投标书发出后的 30 天之内，都将受本投标书的约束，愿在这一期间的任何时候接到贵单位的中标通知。一旦我们的投标被接纳，我们将与贵单位共同协商，按招标书所列条款的内容正式签署相应合同，并按照合同的要求进行生产，保证按时供货。

我们承诺，本投标书一经寄出，不得以任何理由更改，中标后不得拒绝签订合同。一旦本投标书中标，在签订正式合同之前，本投标书连同贵单位的中标通知，将构成我们与贵单位之间有法律约束力的协议文件。

投标书发出日期：××××年××月××日××时

投标单位：××铭力数控设备制造有限公司（公章）

企业负责人姓名、职务：×××　×××

全权代表签字：×××

电话：××××-××××××××

传真：××××-××××××××

E-mail：××××××××

地址：××××××××

## 5.7.4　任务实施

晨晓接到写作任务后，马上联系招标单位购买了招标文件，然后与部门其他两位同事组成团队研读招标文件。该项目的招标书如下。

### ××农村商业银行服装定制项目招标书

为进一步提高企业品牌形象，促进企业文化建设，提高企业服务水平，努力打造标杆网点，××农村商业银行将实行服装统一规范，以体现金融企业的特色和新的风貌。现就员工统一定制服装项目进行公开招标，具体内容如下：

一、招标对象

国内（或合资）知名品牌的服装生产企业和省级以上的服装代理商，质优、价廉、服务好的企业优先入围。参加投标的单位需要出具营业执照副本（原件）、生产厂家对参与本次投标的授权委托书（原件）、相关资质证书(原件)及背景资料。

二、服装款式、技术要求与数量

(一)秋冬装(男装)

| 序 号 | 产品名称 | 技术要求 | 数 量 | 单 位 |
|---|---|---|---|---|
| 1 | 职业西服 | 面料:90%毛、5%绒、4.5%涤、0.5%导电纤维,100支纱、双经双纬、重280g;<br>款式:平驳头、三粒扣、翻袋盖、圆角下摆;<br>颜色:深藏青色、蓝条纹;<br>其他:每人一套,每套西服含两条西裤 | 320 | 套 |
| 2 | 长袖衬衫 | 面料:80%棉;<br>款式:常规翻领、明门襟;<br>颜色:蓝白相间条纹;<br>其他:每人两件 | 640 | 件 |
| 3 | 领带 | 面料:进口涤丝成分;<br>款式:标有农行Logo,总长度为145cm;<br>颜色:藏青色底;<br>其他:每人两条 | 640 | 条 |
| 4 | 马甲 | 面料:前面面料为90%毛、5%绒、4.5%涤、0.5%导电纤维,100支纱、双经双纬、重280g;后面面料为光泽里布;<br>款式:标有农行Logo;<br>颜色:深藏青色;<br>其他:每人两件 | 640 | 件 |

(二)夏装(男装)

| 序 号 | 产品名称 | 技术要求 | 数 量 | 单 位 |
|---|---|---|---|---|
| 1 | 男短袖衬衫 | 面料:80%棉;<br>款式:常规翻领、明门襟;<br>颜色:蓝白相间条纹;<br>其他:每人两件 | 640 | 件 |
| 2 | 男裤 | 面料:薄毛料、70%羊毛、20%涤丝、10%桑蚕丝;重230g;<br>颜色:以藏青或深蓝色基调为主;<br>其他:每人两条 | 640 | 件 |

(三)秋冬装(女装)

| 序 号 | 产品名称 | 技术要求 | 数 量 | 单 位 |
|---|---|---|---|---|
| 1 | 职业西服 | 面料:90%毛、5%绒、4.5%涤、0.5%导电纤维,100支纱、双经双纬、重280g;<br>款式:以二粒扣、平驳头为主,圆角下摆、公主分割加腰身修饰、合体收腰加攻针;<br>颜色:深藏青色、蓝条纹;<br>其他:每人一套,每套西服含两条西裤 | 350 | 套 |
| 2 | 长袖衬衫 | 面料:80%棉;<br>款式:常规翻领、明门襟;<br>颜色:蓝白相间条纹;<br>其他:每人两件 | 700 | 件 |

续表

| 序号 | 产品名称 | 技术要求 | 数量 | 单位 |
|---|---|---|---|---|
| 3 | 领带 | 面料：进口涤丝成分；<br>款式：标有农行Logo，总长度为145cm；<br>颜色：藏青色底、蓝白相间条纹；<br>其他：每人一条 | 350 | 条 |
| 4 | 丝巾 | 面料：100%真丝；<br>款式：图案中的农行Logo为主要纹样，尺寸为50cm×50cm正方巾；<br>颜色：粉红色；<br>其他：每人一条 | 350 | 条 |
| 5 | 马甲 | 面料：前面面料为90%毛、5%绒、4.5%涤、0.5%导电纤维，100支纱、双经双纬、重280g；后面面料为光泽里布；<br>款式：标有农行Logo；<br>颜色：深藏青色；<br>其他：每人两件 | 700 | 件 |

（四）夏装（女装）

| 序号 | 产品名称 | 技术要求 | 数量 | 单位 |
|---|---|---|---|---|
| 1 | 女短袖衬衫 | 面料：80%棉；<br>款式：尖角V领、常规翻领、明门襟；<br>颜色：蓝白相间条纹；<br>其他：每人两件 | 700 | 件 |
| 2 | 女士短裙 | 面料：70%毛、20%涤丝、10%桑蚕丝；<br>颜色：以藏青或深蓝色基调为主；<br>其他：每人一条 | 350 | 条 |
| 3 | 女裤 | 面料：薄毛料、70%毛、20%涤丝、10%桑蚕丝，重230g；<br>颜色：以藏青或深蓝色基调为主；<br>其他：每人一条 | 350 | 条 |
| 4 | 领带夹 | — | 2000 | 个 |

三、投标要求

1．根据对服装的有关要求，各投标单位应按照本招标书要求，提供能反映××农村商业银行特色的服装设计与搭配方案。

2．规范投标书一份。

3．本行服装招标委员会在符合招标要求的前提下，确定招标单位是否中标并及时通知中标单位。对中标的单位，××农村商业银行将派人实地考察并与厂方签订定制合同。

四、生产、供货与付款方式及质量要求

1．生产方式：量身定制。

2．供货方式：送货上门，中标单位应将制作好的服装送到指定地点。

3．付款方式：货到验收合格后付款60%，货到3个月后付款30%，剩下的10%为质保金，期限为一年，如无质量问题，到期后付清。

4．中标单位应按照要求保质保量地完成××农村商业银行的服装定制工作，面料成分应符合招标书要求，无色差、无明显的纱疵、无毛粒、无条印、无折痕、无油污、无锈斑、无破洞、无磨损等问题。若出现以上问题，视问题程度扣除总货款的20%~30%。

5．所有供货必须由中标单位完成货物的生产、制作，不得分包和转包，具体数量以实际量体为准。

6．中标单位应按合同规定的时间和数量与××农村商业银行负责人做好服装移交验收工作，运输过程中所发生的一切费用由中标单位承担。

五、售后服务

对不合身的服装，××农村商业银行将及时通知中标单位前来重新量身，中标单位应保证在20天内（自返修服装带回之日起计算）返修结束并送达××农村商业银行，否则延期一天从质保金内扣除1000元。

质保金：中标单位交货并经招标单位验收合格后一年内，在此期间如发现货物有质量问题，中标单位应在24小时内无条件免费更换货物。

六、交货期

合同签订后30日内完成。

七、投标期限

2019年10月5日—30日。

八、开标、评标时间及方式，中标依据及通知

开标时间：2019年11月5日。

评标时间：2019年11月15日。

开标、评标方式：由评标委员会进行评标（5人）。

中标依据及通知：本项目评定的依据是标价合理、投标单位社会信誉好，最低标价的投标单位不一定中标。评标结束后5日内，招标单位通过邮寄（或专人送达）的方式将中标通知书送达中标单位，并与中标单位在一个月内签订合同。

本招标方承诺，本招标书一经发出，不得改变原定招标书内容，否则将赔偿由此给投标单位造成的损失。投标单位按照招标书要求，自行参加投标准备工作和投标，投标书应按规定的格式撰写，字迹必须清楚，必须加盖单位和代表人的印章。投标书必须密封，不得逾期寄达。投标书一经发出，不得以任何理由要求收回或更改。

招标单位：××农村商业银行

地址：××区××路××号

联系人：高××

电话：××××-××××××××

传真：××××-××××××××

E-mail：××××××××

经过小组仔细研读，针对招标文件所列的招标条件和质量及技术要求，各成员积极思考讨论，根据公司的具体情况，明确了投标书的写作要点。在周一召开的部门会议上，晨晓进行了详细的汇报，会议最后确定了投标书写作的内容。晨晓根据上述资料，撰写了投标书的文稿。

## ××农村商业银行服装定制项目投标书

致：××农村商业银行招标委员会

根据已收到的《××农村商业银行服装定制项目招标书》，在仔细研究了贵单位对该项目的招标条件及质量要求后，经过反复论证、认真审核，我公司愿意履行贵单位所发文件中的各项条款，并参与此次投标。

一、投标单位概况

熙心贸易有限公司是一家集设计、生产、加工、销售于一体的专业性服装公司，长期致力于为客户提供外在形象服装的设计制作、团体服装的策划与销售等专业性服务。我公司不仅拥有优秀的服装设计师，还有做工

精湛的工艺师可以根据实际需要为贵单位塑造完美的形象。我公司自成立以来,始终坚持以质量为根本,以维护客户利益为宗旨,以诚实守信为原则,坚持为客户提供尽善尽美的服务,在业界有较高的品质保证和良好的声誉。

二、企业实力及资信证明(略)

三、投标报价及交货说明(略)

四、售后服务承诺

我们承诺,在本投标书发出后的 30 天之内,都将受本投标书的约束,愿在这一期间的任何时候接到贵单位的中标通知。一旦我们的投标被接纳,我们将与贵单位共同协商,按招标书所列条款的内容正式签订相应的合同,并按照合同的要求进行生产,保证按时供货。

同时,本投标书一经寄出,不得以任何理由更改,中标后不得拒绝签订合同。一旦本投标书中标,在签订正式合同之前,本投标书连同贵单位的中标通知,将构成我们与贵单位之间有法律约束力的协议文件。

投标书发出日期:××××年××月××日××时

投标单位:熙心贸易有限公司(公章)

企业负责人:×××(盖章)

联系人:×××(盖章)

电话:××××-×××××××

传真:××××-×××××××

E-mail:××××××××

地址:×××××××××

附件:1. 熙心贸易有限公司营业执照及其他资质证明材料

2. 熙心贸易有限公司合作供应商相关材料

3. 熙心贸易有限公司部分客户成功案例

晨晓将投标书文稿按照公司文书处理流程办理,并按规定时间寄送投标文件。

## 5.7.5 知识拓展

### 一、招标与投标的具体程序

(一)准备

(1)招标单位经有关部门审批后,设立招标机构,配备工作人员。

(2)确定标的(招标项目),按规定办法测定标底(通常指项目的定价,在开标前要绝对保密,不能泄露标底)。

(3)确定招标的指导思想、原则及方式方法。

(4)编制招标文件,包括招标申请书、招标书(招标公告或招标邀请书)、投标单、投标单位资格审查表、投标须知、招标章程、招标项目说明书、项目勘察设计资料和设计说明书、总预算表等。(招标的准备工作主要是文书工作。)

(二)招标

(1)招标单位发出招标公告或邀请通知。

(2)招标单位审查投标单位的资格。

(3)招标单位向投标单位提供招标书,组织投标单位勘查现场,解答招标书中的疑问。

## （三）投标

（1）投标单位填写投标单或撰写投标书。

（2）投标单位按规定密封并寄送投标书。

## （四）开标

（1）按照规定的时间及地点，在公证机关的公证员及有关部门的领导、投标单位代表的共同监督下，招标单位公开开标并登记。

（2）评选小组以标底为依据评标，选出若干个预选中标单位。

（3）公证员宣读公证书，确认预选中标单位。

## （五）中标和订立合同

（1）招标单位撰拟并发出预选中标单位通知书，约定时间、地点与预选中标单位再次协商。

（2）综合比较预选中标单位的标价、质量、交货期及其他条件，从中选出最佳者，确定为中标单位，并向中标单位发出中标通知书。

（3）与中标单位订立合同。

在上述工作程序中，招标及投标的文件很多，其中，招标书、中标通知书、投标单和投标书是必备的基本文件。尤其是投标书的编制是一项复杂的工作，内容多、时间短。只有合理地组织安排，加大办公自动化设备的投入，才能快速编制出高质量的投标书。其编制的主要要点有以下几项。

（1）投标书的版面设计及装帧应严格按照招标书的要求进行装订。

（2）投标资料准备越丰富，建立的模块越灵活，编制投标书的速度就越快。

（3）充分利用目前市场已有的投标编制软件、造价编制软件、制图软件等，组织一些计算机专业人员对相关软件进行集成，共享数据资源。

（4）要合理组织投标书的内容，在最短的时间内形成投标书的骨架，编制出初稿并进行审核和修改。

## 二、翰文标书制作软件

翰文标书及文档管理系统是由重庆翰文科技发展有限公司出品的一款方便实用、功能强大的标书制作软件。它是结合国内建设行业企业实际情况，专为帮助工程技术人员准确、快速地编制出高水平的标书而开发的一款软件。该软件为用户提供了大量的标书模板，并且能够根据用户的需求智能生成，操作简单，制作完成后即可一键导出，堪称标书制作的"良兵利器"。其操作流程如下。

第一步，下载翰文标书制作软件并安装，打开登录界面，登录后进入"系统管理"界面，如图 5-7-1、图 5-7-2 所示。

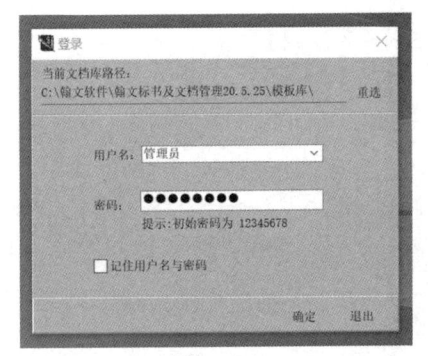

图 5-7-1

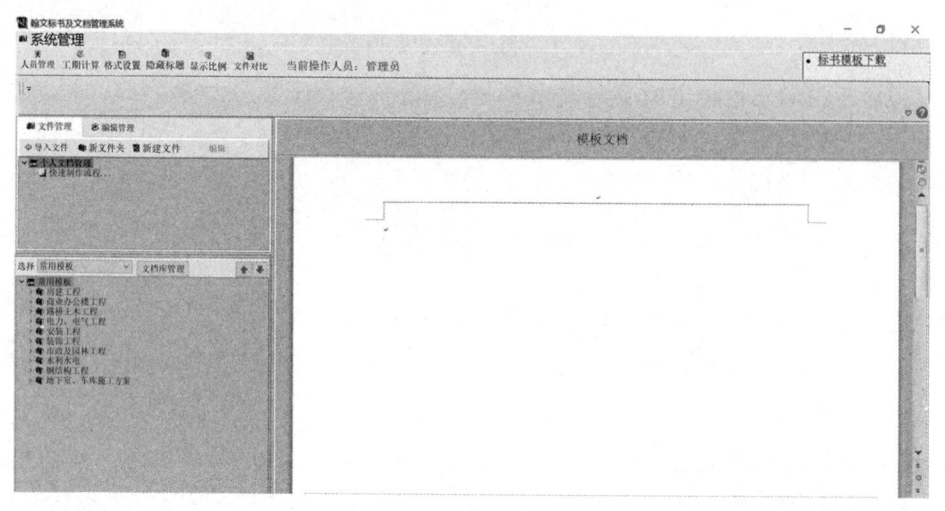

图 5-7-2

第二步,在"系统管理"界面左侧,复制模板库中的样本,粘贴到"文件管理"中,如图 5-7-3~图 5-7-5 所示。

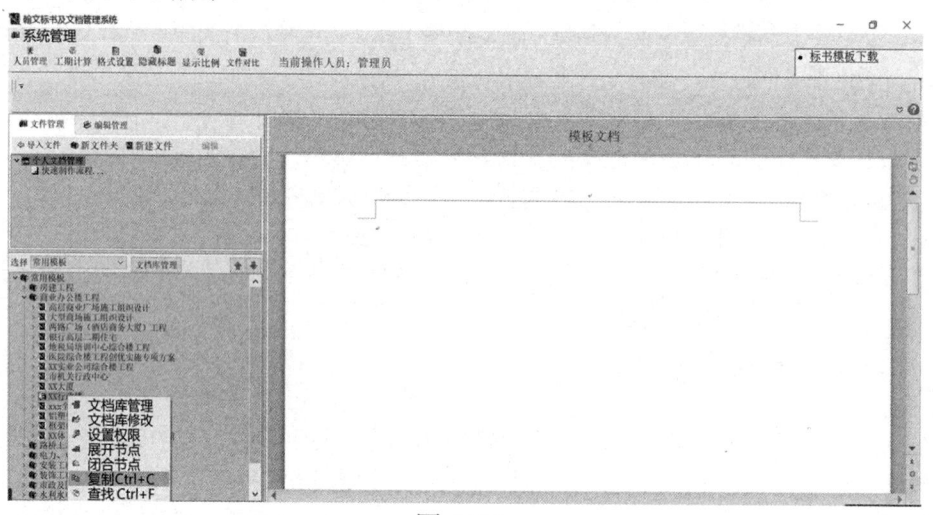

图 5-7-3

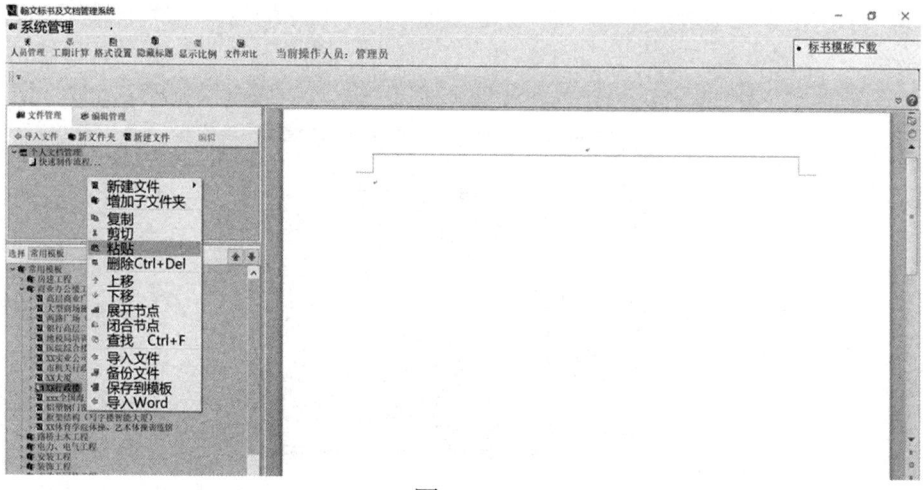

图 5-7-4

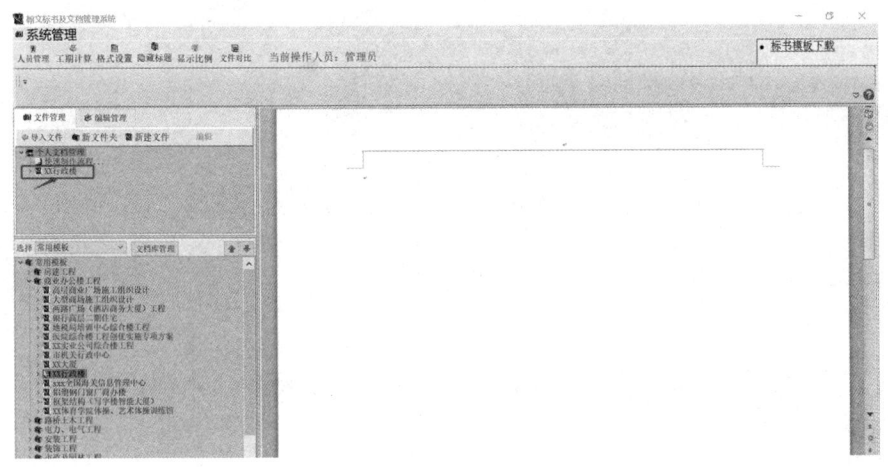

图 5-7-5

第三步，单击"编辑管理"进入文档编辑状态，如图 5-7-6 所示。

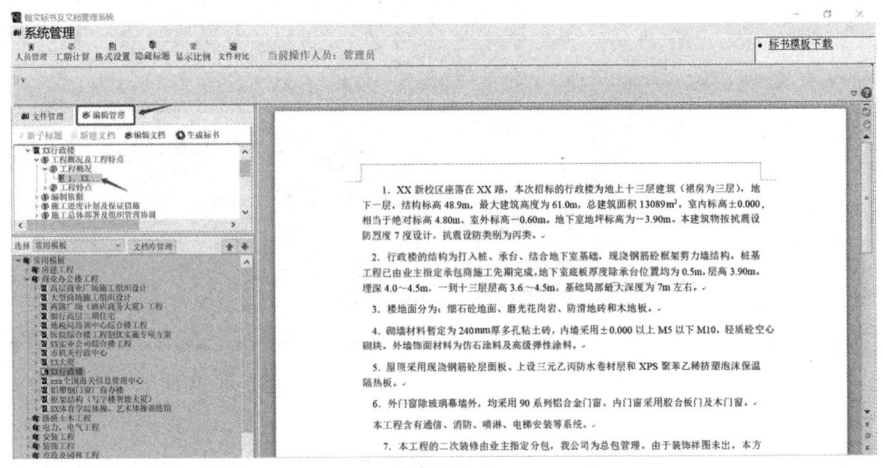

图 5-7-6

第四步，按照实际所需，将标书文档所有内容修改完毕后，单击"生成标书"即可弹出"格式设置"对话框，根据要求完成设置后，单击"确定"便可生成标书文档。再次检查整份标书的内容和格式，若无误，则可直接打印文档或先将文档保存至电脑，如图 5-7-7～图 5-7-10 所示。

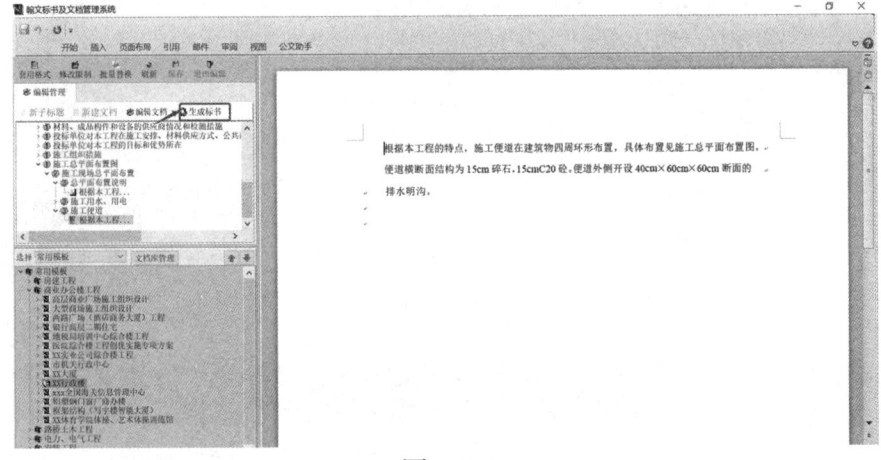

图 5-7-7

图 5-7-8

图 5-7-9

图 5-7-10

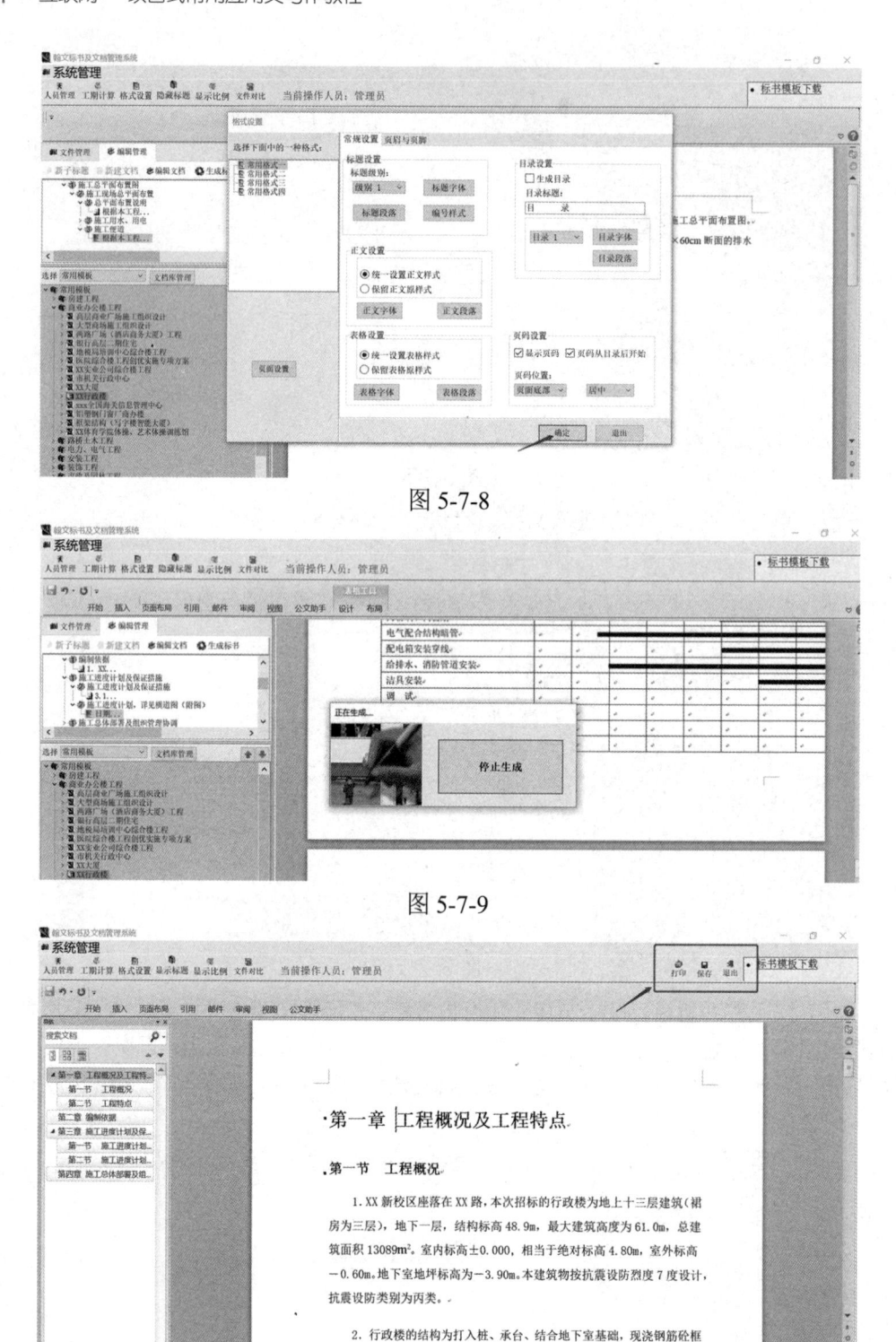

## 5.7.6 总结提升

招标与投标是一种现代贸易活动形式,是在法律的监督和保护下进行的。招标与投标制度的意义和作用在于打破垄断，开展公平竞争，促进企业的改革和管理，增强企业的活力，提高企业的经济效益，从而保护国家和社会的公共利益，也保护招标单位和投标单位的利益。在写作招标书、投标书时，需要注意以下几点。

（1）慎重严肃。写作招标书和投标书必须有法的观念、科学的态度，因为它们直接关系到招标单位和投标单位的经济利益，在写作时不能掉以轻心，或以哗众取宠的态度为之。

（2）有的放矢。由于不同的招标项目在具体内容、使用范围、场合等方面的不同，因此招标书、投标书的内容和形式也不尽相同，在写作时要根据招标项目的具体内容来写。

（3）具体明确。招标书、投标书是实践性很强的文书，在实际应用中必须写得具体、规范，用语也要明确、无歧义，各种数据更要准确无误，这样才能保证招标和投标工作顺利进行，为中标后订立和执行合同打下牢固的基础。

### 课外任务

1. ××职业技术学院对南校区学生公寓物业管理权进行公开招标，选定物业管理公司对该公寓进行管理。招标内容按招标单位提供的招标文件拟制。凡达到××市物业管理三级以上资质的物业管理公司或高校后勤服务公司均可参加投标。请代该学校招标办公室拟写一份招标书。

2. ××物业管理公司看到××职业技术学院的招标公告后，经公司研究决定投标，请代该物业管理公司拟写一份投标书。

## 任务 8　合法规范，细致严谨——经济合同

### 知识目标

1. 了解经济合同的定义和作用。
2. 理解经济合同的种类。
3. 掌握经济合同的结构与写法。

### 能力目标

1. 能熟悉订立经济合同的程序。
2. 能根据需求撰写合法规范的经济合同。

### 素质目标

1. 培养严谨细致的写作态度。
2. 培养严密的逻辑经济思维能力。
3. 培养信息化素养。

## 5.8.1 情景导入

情景描述：

熙心贸易有限公司于 2019 年 11 月 20 日收到××农村商业银行招标委员会送达的中标通知书，并得知拟于 2019 年 12 月 1 日签订合同。该招标单位已将合同文本以电子邮件的形式发到公司法务部，由法务部负责签订合同的相关事宜。法务部主任是祁泉，助理是陈茜。

情景导入小视频观赏

祁泉：陈茜，你根据招标文件的要求和公司实际情况，提出合同文本的修改意见，周三带去董事会审议会议讨论。

陈茜：收到，主任。

## 5.8.2 任务分析

根据情景内容，陈茜负责的工作是经济合同文本的修改。关于经济合同，首先要了解经济合同的定义和作用，理解经济合同的种类，其次要掌握经济合同的结构与写法，能根据需求撰写合法规范的经济合同。

## 5.8.3 知识准备

合同是经济生活中耳熟能详的一个词语，在人们的工作、生活中经常遇到。经济合同是合同的一种，它是人们在经济交往中，为了保证信守所议定的事项，以法定形式拟定的、对双方都有约束力的文书。

### 一、经济合同的定义和作用

经济合同是指经济活动双方（或多方）当事人（法人）之间为实现一定的经济目的，依法在地位平等、充分协商一致的基础上签订的明确相互权利和义务关系的书面协议。

经济合同以经济利益为纽带，把社会经济活动有机地联系起来，是一种对合同双方（或多方）当事人具有同等约束力的文书。它具有以下作用。

（1）有利于保护合同当事人的合法权益。
（2）有利于维护社会经济秩序。
（3）有利于加强专业化生产协作。
（4）有利于加强企业的经营管理。
（5）有利于发展对外贸易和开展经济技术交流。

### 二、经济合同的种类

经济合同种类繁多，可以从不同的角度进行划分。

按业务性质划分，有购销（包括供应、采购、购销结合、协作、调剂等）、建设工程承包、加工承揽、货物运输、供用电、仓储保管、财产租赁、借贷、财产保险、科技协作等经济合同。

按有效期限划分，有长期经济合同（有效期限为一年及一年以上）和短期经济合同（有效期限不足一年)。

按与国家计划的关系划分,有指令性计划的经济合同、指导性计划的经济合同和非计划性的经济合同。

按合同的标的划分,有转移财产的经济合同和提供劳务的经济合同。

按合同当事人的国际关系划分,有国内经济合同和涉外经济合同。

### 三、经济合同的结构与写法

#### (一)经济合同的结构

经济合同的结构包括以下四个部分。

1. 标题

经济合同的标题应明确标出合同的性质,如《购销合同》《预购合同》《供应合同》等;也可以在合同的性质前面加经营范围、签约年限等限定语,如《商品房买卖合同》《2018年运输合同》。

2. 当事人的名称、姓名和住所

当事人的名称是指法人的名称,也就是签订合同单位的法定名称(要使用全称);当事人的姓名是指自然人的姓名;当事人的住所是指法人或自然人真实的住址。双方当事人通常分别称为"甲方、乙方"或"买方、卖方"。

例如:

甲方:××××××××××

乙方:××××××××××

3. 正文

正文是经济合同的主体,一般包括引言和主体两部分。

(1)引言,即订立合同的目的或根据。常用引言有以下两种。

"根据《中华人民共和国合同法》有关规定,经双方协商一致,签订本合同,以资共同遵守。"

"为了……目的,经双方充分协商,特订立本合同,以便共同遵守。"

(2)主体,即逐条写明当事人协议定妥的条款。这部分应注意条款要完备、齐全,表述要准确、具体。其主要条款有以下几种。

① 标的。标的是经济合同中确定当事人权利和义务共同指向的对象。标的可以是商品,也可以是劳务或工程项目,而借款合同的标的是货币。商品的标的包括商品的名称、规格、型号或代号、版号、商标等。任何合同都必须有标的,没有标的,当事人的权利和义务就不能落实,合同就无法履行。

② 数量。经济合同的数量指的是标的数量,它是衡量当事人权利和义务大小的尺度。它是用数字和计量单位来表示的。需要注意的是,数量要使用通用标准的计量单位。在写明计量方法和计量单位的同时,还要写明交货数量的正负尾差和合理磅差。

③ 质量。质量是指当事人在合同中约定的标的质量及要达到的标准。质量有两个方面的要求:一方面是商品的外观形态,如造型、结构、色泽、味觉等;另一方面是商品的内在成分、物理和机械性能、生物的特征等。经济合同标的质量标准,力求详细、具体、明确。一般情况下,有国家标准或部颁标准的,按国家标准或部颁标准签约;没有国家标准或部颁标准的,由双方协议定一个标准;有的质量一下定不了标准的,可以拿样品,交货时凭样品交货。这些在合同中都要写清楚。需要注意的是,样品必须在订立合同时由双方封存,作为今后验收的依据。

④ 价款或酬金（合称价金）。价款或酬金是取得经济合同标的一方向另一方支付的以货币数量表示的代价。取得对方商品而支付的代价叫价款，获得对方劳务或智力成果的代价叫酬金。价金一般包括商品的价格组成、作价方法、作价标准、调价处理办法等。在确定这项条款时，凡国家规定了价格或作价方法的商品，应遵守国家的规定；而国家没有规定价格或作价方法的商品，双方可以议价商定。

⑤ 履行期限。经济合同的履行期限，即当事人议定的履行时间，是负有义务的双方按议定的时间履行合同的条款。它是确定经济合同按时履行或迟延履行的标准。

履行期限可以按季、按月定，有条件的可按旬、按日定。少数商品有连续供应关系的，可按生产周期定。但不能把类似"年内交货"等含糊词句写进合同。履行期限的计算方法如下：送货制以需方收货戳记日期为准；提货制以供方通知提货日期为准；代运制以发运货物时承运部门的戳记日期为准。

⑥ 履行地点。履行地点是指履行合同的具体地点，这是分清双方责任的依据之一。在书写这项条款时，必须写明交（提）货、付款、验收或劳务的具体地点，注意表述确切。

⑦ 履行方式。履行方式是指采用什么方式来实现经济合同所规定的当事人的义务，如运输合同中的运输方式、购销合同中的提货方式、借贷合同中的还贷方式等。

⑧ 结算方式。经济合同用货币履行义务时，除法律另有规定外，必须用人民币计算并通过银行转账结算。允许预付货款的商品，在订立合同时，必须注意写清开户银行、开户账号及结算日期、结算方式，并注明是先付款后交货，还是先交货后付款。

⑨ 违约责任。经济合同中的这项条款，是对不履行合同规定义务的一方的制裁措施。它是督促当事人自觉履行合同的一种手段，是实现合同的一种担保形式。合同中的违约责任是通过违约金反映的。违约金的数额可依据法律规定，也可由当事人依法商定，并在经济合同中具体写明。

除上述主要条款外，商品的包装方法、要求，商品的验收方法，签约的时间、地点，解决争议的办法等也要在经济合同中写明。

4．结尾

结尾共有四项内容：一是注明合同附件；二是注明合同的有效期限；三是注明合同一式几份，交由谁保管；四是由订立合同的当事人签名盖章并写上签订的日期，如需签证机关签证，还应有签证机关的签名盖章。

（二）经济合同的写法

经济合同的写法有两种：一种是条文式，另一种是表格式。除特殊情况外，一般用工商行政管理机关监制的合同纸书写，如例文1。

例文 1

建设工程承包项目合同

合同编号：××××

发包方：××市××公司

承包方：××市第×建筑工程公司

根据《中华人民共和国合同法》等有关法律的规定，发包方与承包方就建筑工程项目，经双方协商，签订本合同，以资共同遵守。

一、工程名称

××市××公司宿舍工程。

二、工程地点

××市××区××街××号。

三、工程面积

工程面积共计____平方米（包括土建工程、水暖工程、电气工程）。

四、承包内容

承包内容为包工、包料、包定额。

五、建筑安装工程造价

建筑安装工程造价共计人民币____元。

六、工程价款和费用的结算依据和付款办法

1．按照我省基本建设委员会有关收费规定执行。

2．工程付款办法按中央和省市有关规定办理。

七、工程开工日期

开工日期：____年____月____日。

八、工程竣工日期

竣工日期：____年____月____日。

九、工程质量

工程质量以施工图纸及说明书、国家颁发的施工验收规范和质量检验标准为依据。

十、物资和材料供应

所有物资和材料均由承包方负责。

十一、工程技术资料供应

土建、水暖、电气施工图（包括说明书、设备概算）在开工前30天内由发包方交给承包方各10份。

十二、违约责任

1．发包方由于资金不足或其他原因延付工程价款时，每逾期1天，按应付款额____‰计算违约金。

2．承包方未按合同规定的时间竣工，每逾期1天，按未竣工工程造价____‰计算违约金。

3．承包方除遇第1项原因外，不得顺延工程日期。如验收不合格，竣工日期应按最后验收合格的日期为准。

4．工程竣工后保修期1年。采暖工程保修期为一个采暖期。在保修期内，属承包方施工责任造成的损失，如屋内漏雨、暖气不热、管道漏水等，承包方负责免费维修；属发包方或设计责任造成的损失，由发包方自理。

十三、本合同附件

附件共____份。

十四、合同有效期

本合同经双方签订盖章后生效，至工程竣工办理交工验收和款项结清时为止。但保修一条除外。

十五、本合同正本2份，双方各执1份。副本15份，承包方7份，发包方7份，由发包方送建设银行1份。

发包方：（公章） 　　　　　　　　　　　　　承包方：（公章）

代表人：（签字） 　　　　　　　　　　　　　代表人：（签字）

　　　　年　　月　　日 　　　　　　　　　　　　　年　　月　　日

## 5.8.4 任务实施

陈茜按照上级祁主任的指示,查阅招标文件关于合同部分的规定,再结合公司的相关情况,列出了合同文本修改意见,经过董事会审议会议的讨论,陈茜记录已确定的修改意见,并将之写入合同文本中。陈茜拟写的文稿如下。

××农村商业银行服装定制项目合同

甲方：××农村商业银行　　　　　　　签订地点：××××××××
乙方：熙心贸易有限公司　　　　　　　签订日期：2019 年 12 月 1 日

根据《中华人民共和国合同法》有关规定,依照招标文件、投标文件及相关文件的内容,经双方协商一致,签订本合同,以资共同遵守。

一、合同标的和合同价格

| 类型 | 序号 | 产品名称 | 技 术 要 求 | 数量 | 单价 | 备注 |
|---|---|---|---|---|---|---|
| 秋冬装（男装） | 1 | 职业西服 | 面料：90%毛、5%绒、4.5%涤、0.5%导电纤维,100 支纱、双经双纬、重 280g；款式：平驳头、三粒扣、翻袋盖、圆角下摆；颜色：深藏青色、蓝条纹；其他：每人一套,每套西服含两条西裤 | 320 套 | ××× | |
| | 2 | 长袖衬衫 | 面料：80%棉；款式：常规翻领、明门襟；颜色：蓝白相间条纹；其他：每人两件 | 640 件 | ××× | |
| | 3 | 领带 | 面料：进口涤丝成分；款式：标有农行 Logo,总长度为 145cm；颜色：藏青色底；其他：每人两条 | 640 条 | ××× | |
| | 4 | 马甲 | 面料：前面面料为 90%毛、5%绒、4.5%涤、0.5%导电纤维,100 支纱、双经双纬、重 280g；后面面料为光泽里布；款式：标有农行 Logo；颜色：深藏青色；其他：每人两件 | 640 件 | ××× | |
| 夏装（男装） | 1 | 男短袖衬衫 | 面料：80%棉；款式：常规翻领、明门襟；颜色：蓝白相间条纹；其他：每人两件 | 640 件 | ××× | |
| | 2 | 男裤 | 面料：薄毛料、70%羊毛、20%涤丝、10%桑蚕丝；重 230g；颜色：以藏青或深蓝色基调为主；其他：每人两条 | 640 件 | ××× | |
| 秋冬装（女装） | 1 | 职业西服 | 面料：90%毛、5%绒、4.5%涤、0.5%导电纤维,100 支纱、双经双纬、重 280g；款式：以二粒扣、平驳头为主,圆角下摆、公主分割加腰身修饰、合体收腰加攻针；颜色：深藏青色、蓝条纹；其他：每人一套,每套西服含两条西裤 | 350 套 | ××× | |
| | 2 | 长袖衬衫 | 面料：80%棉；款式：常规翻领、明门襟；颜色：蓝白相间条纹；其他：每人两件 | 700 件 | ××× | |
| | 3 | 领带 | 面料：进口涤丝成分；款式：标有农行 Logo,总长度为 145cm；颜色：藏青色底、蓝白相间条纹；其他：每人一条 | 350 条 | ××× | |
| | 4 | 丝巾 | 面料：100%真丝；款式：图案中的农行 Logo 为主要纹样,尺寸为 50cm×50cm 正方巾；颜色：粉红色；其他：每人一条 | 350 条 | ××× | |
| | 5 | 马甲 | 面料：前面面料为 90%毛、5%绒、4.5%涤、0.5%导电纤维,100 支纱、双经双纬、重 280g；后面面料为光泽里布；款式：标有农行 Logo；颜色：深藏青色；其他：每人两件 | 700 件 | ××× | |

续表

| 类型 | 序号 | 产品名称 | 技术要求 | 数量 | 单价 | 备注 |
|---|---|---|---|---|---|---|
| 夏装（女装） | 1 | 女短袖衬衫 | 面料：80%棉；款式：尖角V领、常规翻领、明门襟；颜色：蓝白相间条纹；其他：每人两件 | 700件 | ××× | |
| | 2 | 女士短裙 | 面料：70%毛、20%涤丝、10%桑蚕丝；颜色：以藏青或深蓝色基调为主；其他：每人一条 | 350条 | ××× | |
| | 3 | 女裤 | 面料：薄毛料、70%毛、20%涤丝、10%桑蚕丝，重230g；颜色：以藏青或深蓝色基调为主；其他：每人一条 | 350条 | ××× | |
| | 4 | 领带夹 | — | 2000个 | ××× | |
| 合同总金额：人民币（大写）×××××元（¥×××××） ||||||||

二、交货方式和交货地点

1．交货方式：＿＿＿＿＿＿＿＿＿＿＿＿＿＿

2．交货地点：＿＿＿＿＿＿＿＿＿＿＿＿＿＿

三、供货清单

供货清单：＿＿＿＿＿＿＿＿＿（甲方对包装及运输有特别要求的，应进行具体约定。）

四、付款方式与条件

（一）货物交货付款

货物交货完成并验收合格后，甲方凭收讫货物的验收凭证和货物验收合格文件等材料向乙方一次性支付60%的货物价款。（若乙方有支付履约保证金的，可在支付货款时一并返回。）

在现场交货条件下，乙方要求付款应提交下列单证和文件。

1．金额为有关合同货物价格＿＿＿%的正式发票。

2．制造厂商出具的货物质量合格证书。

3．甲方已收讫货物的验收凭证。

4．甲方签发的验收合格文件。

（二）分期付款

分期支付货款的，余下的货款应于＿＿＿（时间）支付。

五、质量要求和技术标准

乙方应按投标文件承诺的产品质量和技术标准供货，该货物必须是原厂、原包装，质量符合国家标准或行业标准及原厂出厂标准（以说明书为准）。如货物不符合本合同中约定的要求，甲方有权拒绝接受。

乙方不得向用户提供本合同第一条约定的货物清单所列以外的任何货物，也不得随意更换任何本合同约定以外的配置。不按本条约定所产生的任何费用由乙方自己负责，甲方对由此引起的变动不予确认。

六、交货

乙方应负责将货物免费运至合同规定的现场，无条件接受甲方委托质量监督管理部门进行的质量检查和管理。

乙方还应提供货物制造商的出厂检验报告和质量合格证书。

七、验收

验收结果经双方确认后，双方代表必须按规定的验收交接单上的项目对照本合同填好验收结果并签名盖章。

八、质量保证

本合同对货物质保期的要求均为货物经最终验收合格后1年。

九、知识产权

乙方必须保证甲方在使用该货物或其任何一部分时不受到第三方关于侵犯专利权、商标权或工业设计权等知识产权的指控。如果任何第三方提出侵权指控与甲方无关，乙方必须与第三方交涉并承担可能发生的责任与一切费用。如甲方因此而遭受损失，乙方应赔偿该损失。

十、违约责任

1．未按期交货的违约责任。

（1）如果乙方未能按合同规定的时间按时足额交货（不可抗力除外），在乙方书面同意支付延期交货违约金的条件下，甲方有权选择是否同意延长交货期，若甲方同意延长交货期，延期交货的时间由双方另行确定。对于延期交货的违约金，甲方有权从未付的合同货款中予以扣除。每延期1天，乙方应按迟交货物金额的___%向甲方支付延期交货的违约金。但是，延期交货违约金的支付总额不得超过迟交货物部分合同金额的___%。

（2）如果乙方未能按合同规定的时间或双方另行确定的延期交货时间按时足额交货（不可抗力除外），每延期1天，乙方应按迟交货物金额的___%向甲方支付延期交货的违约金。对于延期交货的违约金，甲方有权从未付的合同货款中予以扣除。若乙方延期交货达30天（含30天）以上，甲方有权单方解除本合同，乙方仍应按上述约定支付延期交货的违约金。若因此给甲方造成损失，还应赔偿甲方所遭受的损失。

2．若乙方不能交货（延期15个工作日视为不能交货，不可抗力除外）或交货不合格从而影响甲方的正常使用，乙方应向甲方偿付不能交货部分货款___%的违约金。违约金不足以补偿损失的，甲方有权要求乙方赔偿损失。

3．如果乙方未能按照合同约定的时间为甲方提供服务，每延期____天，乙方应向甲方支付____元违约金，若因此给甲方造成损失，乙方还应赔偿甲方所遭受的损失。

4．甲方逾期付款的（有正当拒付理由的除外）应按照延期金额的每日___%支付延期付款违约金。

十一、违约终止合同

1．在为补救违约而采取的任何其他措施未能实现的情况下，即在甲方发出违约通知后30天内（或经甲方书面确认的更长时间内），乙方仍未纠正其下述任何一项违约行为，甲方有权向乙方发出书面违约通知，终止本合同：

（1）乙方未能在合同规定的时间或双方另行确定的延期交货时间内交付合同约定的货物。

（2）乙方未能履行合同项下的任何其他义务。

十二、不可抗力

因不可抗力造成违约的，遭受不可抗力的一方应及时向对方通报不能履行或不能完全履行的理由，并在随后取得有关主管机关证明后的15日内向另一方提供不可抗力发生及持续期间的充分证据。基于以上行为，允许遭受不可抗力的一方延期履行、部分履行或者不履行合同，并根据情况可部分或全部免于承担违约责任。

本合同中的不可抗力是指不能预见的、不能避免的、不能克服的客观情况，包括但不限于：自然灾害，如地震、台风、洪水、火灾；政府行为、法律规定或其适用的变化或其他任何无法预见、避免或控制的事件。

十三、合同纠纷处理方式

因本合同或与本合同有关的一切事项发生争议的，由双方友好协商解决。协商不成的，任何一方均可选择以下方式解决：

1．向 ___（甲方所在地）仲裁委员会申请仲裁。

2．向有管辖权的人民法院提起诉讼。

十四、其他约定

1．本项目的招标文件、中标单位的报价文件及相关的澄清确认函（如果有的话）均为本合同不可分割的一部分，与本合同具有同等的法律效力。

2．合同如有未尽事宜，必须通过甲乙双方友好协商解决，协商结果以"补充协议"的形式作为合同附件，与本合同具有同等的法律效力。

3．本合同一式三份，经双方授权代表签字并盖章后生效。甲方、乙方各执一份。
4．本合同自签字之日起生效，甲乙双方均不得随意变更或解除合同。

| | |
|---|---|
| 甲方：（公章） | 乙方：（公章） |
| 代表人：（签字） | 代表人：（签字） |
| 地址： | 地址： |
| 开户银行： | 开户银行： |
| 账号： | 账号： |
| 电话： | 电话： |
| 　　年　月　日 | 　　年　月　日 |

陈茜将修改好的合同文本反馈给招标单位，并与之就条款细节进行反复磋商，最终确定合同文本，按约定时间双方签字生效。

## 5.8.5 知识拓展

订立经济合同的程序如下。

第一，准备阶段。准备阶段包括两项工作：一是可行性研究，如通过市场调查了解供求情况，了解有关法律法规和政策，以确定该不该签约，与谁签约效益更好；二是资信审查，从资格和信用两方面，深入细致地了解对方是否为合法经营者，能否作为《中华人民共和国合同法》中所认定的主体，以及其支付能力、生产能力、守信程度等。

第二，洽谈阶段。洽谈阶段包两项工作。一是要约，即订立合同的提议，是一方当事人向对方提出签订合同的建议和要求。提出要约的一方为要约人，对方为受约人。要约到达受约人时生效。二是承诺，即接受要约，指受约人表示完全接受要约中的条款，并向要约人表示同意按要约签订合同。承诺必须由承诺人或其法定代表人在要约的有效期内做出。要约、承诺的过程是双方当事人洽谈协商、取得一致意见的过程。当双方取得一致意见时，即可进入拟定阶段。

第三，拟定阶段。在拟定合同文本时，应按照双方当事人洽谈协商取得的一致意见，尽可能采用现行示范文本或国家有关政府部门拟定的种类合同参考文本的条款内容拟定。如无现行示范文本，又无参考文本，则按照合同的基本格式自拟合同条款。

第四，生效阶段。生效阶段就是办理合同生效手续的过程，主要包括双方签名、盖章、鉴证或公证等。签名，双方法定代表人或委托代理人在合同文书上签名；盖章，一般情况下，合同在加盖双方公章或合同专用章后才算生效；鉴证或公证，根据国家规定必须经过鉴证或公证的合同，在鉴证或公证后才能生效，合同的鉴证或公证实行自愿原则。鉴证由合同主管机关负责；公证由司法部门的公证机关负责。

## 5.8.6 总结提升

经济合同是民事主体之间为实现一定的经济目的而签订的，明确相互权利与义务关系的协议。签订经济合同是一种法律行为，必须遵循合法原则、平等互利原则、协商一致原则和等价有偿原则。经济合同依法订立，具有法律约束力，当事人必须全面履行合同规定的义务，任何一方不得擅自变更或解除合同。违反合同要追究责任，赔偿损失，甚至接受法律制裁。经济合同的内容也必须符合国家的法律、行政法规，不得损害国家利益或者社会公共利益；合同当事人必须平等自愿，协商一致，意思表示真实；合同的形式和主要条款必须完备。为了订立好经济合同，以保证经济合同的顺利履行，实现各自预期的经济目的，获得一定的经济效益，其在写作上的要求有三点。

（1）内容规范合法。合同的内容必须遵循平等互利、协商一致、等价有偿的原则，遵照国家的法律法规，依法进行合同的签署、履行及纠纷的调解、仲裁。

（2）条款完备清楚。在合同中，当事人的权利、义务要分别写清楚，任何一种可能出现的情况都要有所顾忌。条款要完备、周详，不能遗漏，除要写明主要条款外，还要根据不同的标的内容尽可能具体列出。

（3）措辞准确严密。合同的语言应准确、严密，不能有模棱两可或含糊不清的话语，否则在履行合同时会产生不可避免的纠纷或留下漏洞，让别有用心者钻空子。

### 课外任务

请指出下列合同语言中不确切的地方，并加以修改。

（1）某公司从国外进口原木，合同中规定的质量标准为"直径 30 厘米以上"。

（2）某合同中规定"交货地点：北京"。

（3）某技术合同中的"成交金额与付款时间、付款方式"条款规定："项目开发经费 10 万元。甲方在合同签订后向乙方汇出 3 万元；乙方交付开发成果鉴定证书后，甲方付清全部余款并汇入乙方开户的银行账号。逾期不付，将按加息 20%收取滞纳金。"

## 任务 9  依法诉讼，保护权益——经济纠纷起诉状

### 知识目标

1. 理解经济纠纷起诉状的定义。
2. 熟悉经济纠纷起诉状的特点和种类。
3. 掌握经济纠纷起诉状的结构与写法。

### 能力目标

能撰写格式规范、结构完整、内容完备、表述正确、要素齐全的经济纠纷起诉状。

### 素质目标

1. 培养严谨细致的写作态度。
2. 培养一定的法律法规意识。

## 5.9.1 情景导入

**情景描述：**

熙心贸易有限公司于2019年9月投标凯程酒店服装定制项目并中标，于是公司委派设计研发中心总监朱怡为该酒店提供定制服装设计效果图，后又制作了多款样衣，并按照该酒店提供的人员编制表重新报价。正在此时，公司业务员周冬发现该酒店有另一家服装厂提供的与公司设计相同的样衣，并在交涉中发现其泄露商业秘密和侵犯知识产权的行为，而且凯程酒店肆意违约，至今未与熙心贸易有限公司签订任何服装定制协议或合同。

祁泉：陈茜，鉴于凯程酒店的侵权行为，董事会决定通过法律途径维护公司的合法权益。你负责联络律师处理此事。

陈茜：好的，主任，我先拟定经济纠纷起诉状。

情景导入小视频观赏

## 5.9.2 任务分析

陈茜作为法务部的助理，所学的专业就是法学，所以她非常清楚要通过法律的途径维护公司的合法权益。要完成这项工作，首先要启动法律程序，向司法机关递交起诉状。而此事涉及知识产权侵权纠纷，因此应写作经济纠纷起诉状。关于经济纠纷起诉状，首先要理解其定义、特点和种类，其次要掌握经济纠纷起诉状的结构与写法，能撰写格式规范、结构完整、内容完备、表述正确、要素齐全的经济纠纷起诉状。

## 5.9.3 知识准备

### 一、经济纠纷起诉状的定义

经济纠纷起诉状又称经济诉状，是经济纠纷案件中原告认为自己的权益受到侵犯而向法院陈述纠纷事实、阐明起诉理由、提出诉讼请求的书状。经济纠纷起诉状是民事起诉状的一种，其写法和格式都遵循民事起诉状的写法和格式。

### 二、经济纠纷起诉状的特点

#### （一）合法性

原告的起诉要受到法院的受理，就必须符合法律规定的要求，包括实质要求和形式要求。实质要求包括四个实质条件：有合格的原告，即原告必须是与本案有直接利害关系的公民、法人或其他组织；有明确具体的被告，即在向人民法院起诉时，必须明确指明具体的被告；有具体的请求和事实、理由；属于人民法院受理经济纠纷案件的范围并受受诉人民法院的管辖。原告向人民法院提起诉讼必须同时具备以上四个实质条件，否则起诉不成立。而形式要求主要是指起诉的方式，即起诉应向人民法院提交起诉状，并按被告人数提交起诉状副本。这是起诉方式的原则规定。

### （二）规范性

经济纠纷起诉状有规范的格式，全国各地通用。

### （三）参政性

合法规范的经济纠纷起诉状可以启动诉讼程序，使原告通过法律途径来维护国家、集体或其自身的利益，这也体现了我国社会主义民主法制的原则。事实上，诉状本身就是一种处理案件时的证据，因为诉状的提交有利于人民法院了解原告的情况、请求事项和诉讼目的。

## 三、经济纠纷起诉状的种类

根据经济纠纷的实质内容划分，有经济合同纠纷起诉状和财产权益纠纷起诉状。

根据经济纠纷的实质内容是否具有涉外因素划分，有涉外经济合同纠纷起诉状和涉外财产权益纠纷起诉状。所谓涉外因素是指诉讼一方或双方当事人是外国人、无国籍人或外国企业和组织；或者当事人之间民事法律关系发生、变更、消灭的事实发生在国外；或者当事人之间争议的标的物在国外。

## 四、经济纠纷起诉状的结构与写法

### （一）经济纠纷起诉状的结构

经济纠纷起诉状的结构包括标题、当事人的基本情况、案由、诉讼请求、事实和理由、证据和证据来源、尾部等。

1. 标题

标题一般标明"经济纠纷起诉状"或"案由+起诉状"。

2. 当事人的基本情况

当事人的基本情况包括原告和被告的基本情况。原告与被告如果是自然人，就要列出姓名、性别、出生年月、民族、工作单位、职业、住址等；如果是法人或其他组织，就要列出名称、地址、法定代表人或负责人姓名及职务。这部分内容要填写准确，特别是姓名（名称）栏不能有任何错字，地址要尽量翔实，具体到门牌号，最好注明邮编及联系方式。

3. 案由

这部分主要写明当事人之间讼争的法律关系及其争议。这部分可省略。

4. 诉讼请求

这部分主要概括写明请求人民法院依法裁决的具体事项，或诉讼要达到的最终目的。这部分内容要写得言简意赅、合理合法、切实可行。

5. 事实和理由

事实和理由是经济纠纷起诉状的核心部分，它关系到人民法院是否受理此案。这部分内容主要包括事实、理由和法律依据。尤其是事实部分，要全面反映案件事实的客观、真实的情况；理由部分则要求依事论理、依法论理，理由必须与事实、诉讼请求相一致；援引法律条款要全面、准确、规范。

6. 证据和证据来源

证据是人民法院审理案件时认定事实的基础。原告对于在诉讼中提出的请求，必须提供充分的证据作为证明。证据一般包括书证、物证、证人证词，说明书证、物证的来源及证实其可靠的有关材料等。如果有相关证人，应写明证人姓名、职业、住址等。这部分也可省略。

7. 尾部

这部分主要交代致送人民法院的名称、起诉人名称、起诉日期及附件内容。起诉人是自然人的，由本人签字；起诉人是法人或其他组织的，由法定代表人或负责人签字并加盖单位公章。起诉日期要填写准确。附件内容包括本状及副本份数、物证件数、书证件数等。需要注意的是，不需要在经济纠纷起诉状的正文标识附件说明，直接将附件内容附在其后面即可。

（二）经济纠纷起诉状的写法

1. 原告与被告为自然人时起诉状的写法

经济纠纷起诉状

原告：姓名、性别、出生年月、民族、工作单位、职业、住址、联系方式。

被告：姓名、性别、出生年月、民族、工作单位、职业、住址、联系方式。

诉讼请求：（写明向人民法院起诉所要达到的目的）

事实和理由：（写明起诉或提出主张的事实依据和法律依据，包括证据情况和证人姓名及联系地址）

此致

××××人民法院

具状人：（签名或盖章）

××××年××月××日

附件：1. 本诉状副本××份（按被告人数确定）

   2. 证据××份

   3. 其他材料××份

2. 原告与被告为法人或其他组织时起诉状的写法

经济纠纷起诉状

原告：名称、地址、联系方式。

法定代表人：姓名、职务。

委托代理人：姓名、性别、出生年月、民族、工作单位、职业、住址、联系方式。

被告：名称、地址、联系方式。

法定代表人：姓名、职务。

诉讼请求：（写明向人民法院起诉所要达到的目的）

事实和理由：（写明起诉或提出主张的事实依据和法律依据，包括证据情况和证人姓名及联系地址）

此致

××××人民法院

具状人：（签名或盖章）

法定代表人：（签名）

××××年××月××日

附件：1. 本诉状副本××份（按被告人数确定）

   2. 证据××份

   3. 其他材料××份

综上,经济纠纷起诉状的写法范例如下。

**经济纠纷起诉状**

原告:××市××区××公司
地址:××市××区××路×号
法定代表人:×××,系公司经理
被告:××市××区××商店
地址:××市××区××大街×号
法定代表人:×××,系商店经理
案由:追索货款,赔偿损失
诉讼请求:
1.责令被告偿还原告货款3万元。
2.责令被告赔偿拖欠原告货款3个月的利息损失。
3.责令被告赔偿原告提起诉讼而产生的一切损失,诉讼费、律师费等包括在内。
事实和理由:
原告和被告于20××年10月18日商定,被告从原告处购进西凤酒200箱,价值人民币3万元。原告于当年10月19日将200箱西凤酒用车送至被告处,被告随即开出3万元的转账支票交付原告,原告在收到支票的第二天去银行转账时,被告开户银行告知原告,被告账户上的存款只有1.2万余元,不足清偿货款。由于被告账户透支,支票被银行退还给原告。当原告再次找被告索要货款时,被告无理拒付。后来,原告多次找被告交涉,均被拒之门外,理由是经理不在。根据《中华人民共和国民法通则》第一百零六条第一款和第一百三十四条第一款第七项的规定,被告应当承担民事责任,原告有权要求被告支付其货款,并赔偿因为被告拖欠贷款给原告带来的一切经济损失。
证据和证据来源:
1.被告收到货后签收的收条1份。
2.银行退回的被告方开的支票1张。
3.法院和律师事务所的收费收据×张。
此致
××区人民法院

起诉人:××市××区××公司(公章)
20××年11月20日

附件:1.本状副本××份
　　　2.书证××份

## 5.9.4 任务实施

陈茜先掌握事件的全部事实,梳理清楚公司与凯程酒店存在的知识产权侵权纠纷问题,然后拟出经济纠纷起诉状文稿。

## 知识产权侵权纠纷起诉状

原告：熙心贸易有限公司
住所：××市××区××××工业园
法定代表人：蔡××
被告：凯程酒店
地址：××市××区××街××号
法定代表人：石××

诉讼请求：
1. 责令被告对于其肆意违约及泄露商业秘密和侵犯知识产权的行为，依法承担侵权责任。
2. 责令被告赔偿原告经济损失3万元。
3. 责令被告承担本案全部诉讼费用。

事实和理由：

2019年9月5日，凯程酒店公布服装定制招标公告，熙心贸易有限公司按照招标文件要求提交投标书并成功中标。当熙心贸易有限公司提出签订合同时，凯程酒店以该服装定制项目负责人公派外出为由暂缓签订合同，并要求熙心贸易有限公司先提交定制服装设计效果图。熙心贸易有限公司设计研发中心总监朱怡应酒店的意愿与要求，于2019年10月8日提供了定制服装设计效果图初稿。10月15日，朱怡接到该酒店筹备部负责人电话，确定选用"轻·时尚"服饰的设计方案。其后，朱怡针对该酒店提出的修改意见，分别对部分设计方案做出修改。11月上旬，朱怡又按照该酒店的定制要求，分别制作了多款样衣，并按照该酒店提供的人员编制表重新报价。11月16日，熙心贸易有限公司业务员周冬在凯程酒店重新报价时，在其筹备部发现了另一家服装厂的定制样衣，其款式和面料与熙心贸易有限公司制作的样衣完全相同，周冬马上将此情况报公司有关领导和决策部门。为此，熙心贸易有限公司设计研发中心总监朱怡多次向凯程酒店严正交涉，而凯程酒店至今未对此事做出任何解释，也未与熙心贸易有限公司签订任何服装定制协议或合同。

根据《中华人民共和国合同法》的规定，凯程酒店与熙心贸易有限公司之间已经存在服装定制合同法律关系，凯程酒店如果肆意违约，应依法承担违约责任，并赔偿熙心贸易有限公司的经济损失。凯程酒店的行为不仅构成了违约，而且违背了诚实守信的原则，构成恶意欺诈行为，应该承担相应的法律责任。同时，凯程酒店未经熙心贸易有限公司及其设计研发中心总监朱怡的许可，擅自将朱怡的设计图和样衣交给他人仿制，违反了法律规定，构成了泄露商业秘密和侵犯知识产权的行为，应依法承担侵权责任。

鉴于上述理由，为了维护原告的合法权益，请求人民法院支持原告的诉讼请求，判令凯程酒店依法承担侵权责任，并赔偿原告所遭受的经济损失。

此致
××市中级人民法院

具状人：熙心贸易有限公司（公章）
法定代表人：蔡××（签名或盖章）
2019年12月10日

陈茜紧接着联系律师，委托律师事务所按照法律流程递交了经济纠纷起诉状，启动法律程序以维护本公司的合法权益。

## 5.9.5 知识拓展

### 一、法律文书的概念

广义上的法律文书是指在司法程序中，司法、公证、仲裁机关在办理各类诉讼案件时使用或制作及案件当事人、律师自书或代书的具有法律效力或法律意义的文书总称。

狭义上的法律文书仅指司法机关在办理各类诉讼案件时依法制作的各类文书。

### 二、法律文书常见的诉状

起诉状是指原告依据事实和法律向人民法院提起诉讼而写的书面材料。

上诉状是指刑事、民事或行政案件中的当事人或其法定代表人，不服一审人民法院的判决或裁定，在法定的上诉期限内，向原审法院的上级人民法院递交的要求撤销变更一审判决、裁定的书面请求。

申诉状是指刑事、民事、行政案件中的当事人或法律规定的其他人，对已经发生法律效力的判决、裁定、不起诉决定等不服，按照审判监督程序提出申诉，要求人民法院或者人民检察院重新处理的诉讼文书。

答辩状是指在刑事、民事和行政诉讼活动中，被告或被上诉人针对原告、上诉人的诉状内容做出的一种答复和辩解的诉状。

### 三、经济纠纷起诉流程

很多时候，经济纠纷涉及的数额是比较大的，为了能够很好地解决纠纷，最好的办法就是向人民法院提起诉讼。那么，经济纠纷起诉流程具体是怎样的呢？

第一审普通程序是最初受理民事案件的人民法院在审理案件时所适用的审判程序，它是审理民事案件的基本程序，经济案件适用最多的就是第一审普通程序。

#### （一）起诉和受理

起诉是当事人请求人民法院保护其合法权益，要求人民法院依法审理案件的行为。起诉是当事人的一项重要诉讼权利，只有有效行使起诉权，才能使人民法院启动诉讼程序。

受理是人民法院接到原告的起诉后，决定接受原告的起诉并启动诉讼程序的行为。人民法院经过审查，认为原告的起诉符合法律规定的条件，必须受理案件；对不符合法律规定条件的起诉裁定不予受理。

#### （二）审理前的准备

人民法院受理案件后应当进行审理前的准备。审理前的准备包括在立案之日起 5 日内将起诉状副本发送给被告，被告应在收到之日起 15 日内提交答辩状；告知当事人有关的诉讼权利与义务；组成合议庭并在 3 日内告知当事人；核对诉讼材料或进行必要的调查，收集必要的证据。

#### （三）开庭审理

人民法院审理民事案件，应当在开庭 3 日前通知当事人和其他诉讼参与人，审判一般应当公开进行。审理过程包括法庭调查，法庭辩论，征询原告、被告、第三人意见，能够调解的进行调解，判决。人民法院适用第一审普通程序审理的案件，应当在立案之日起 6 个月内审结；有特殊情况需要延长的，经本院院长批准，可以延长 6 个月；还需要延长的，报上级人民法院批准。

### （四）判决和裁定

法庭辩论结束后，人民法院应当依法做出判决。判决前能够调解的，还可以进行调解，调解不成的，应当及时判决，判决一律公开宣告。

判决书应当写明以下内容。

（1）案由、诉讼请求、争议的事实和理由。

（2）判决认定的事实、理由和适用的法律依据。

（3）判决结果和诉讼费用的负担。

（4）上诉期限和上诉的法院。

判决书由审判人员、书记员署名，加盖人民法院印章。

最高人民法院的判决、裁定及依法不准上诉或上诉期满没有上诉的判决、裁定，是具有法律效力的判决、裁定。

## 5.9.6 总结提升

在当今的商务活动中，由于经济往来频繁，不可避免会产生经济纠纷，经济纠纷起诉状就是原告或其法定代表人为维护其经济权益依法向人民法院提出诉讼请求的诉状。因此，在写作时还应注意以下几点。

（1）提出的诉讼请求要具体、全面，不能笼统或含糊不清，要经得起核实、查对，数字必须准确无误。

（2）事实和理由要建立在确实充分的证据和明确清楚的事实基础之上，说清楚案件事实与理由之间存在的因果关系，引用的法律条文要准确、完备。

（3）注意人称的一致性。在陈述事实与理由时，叙述的人称要前后一致，如用第三人称时就要称原告与被告。

（4）语言要准确、严谨，表达要有逻辑性。

**课外任务**

郑州××有限公司侵犯了广东××股份有限公司"玩具斧头"和"玩具爪"外观设计的专利权，广东××股份有限公司决定通过法律途径维护自己的专利权，于是向当地人民法院起诉。请代该公司拟写一份经济纠纷起诉状。

# 参考文献

[1] 周宏，卢凤荣．管理与沟通文书写作［M］．北京：北京大学出版社，2013．
[2] 傅春丹．样板式常用应用文写作［M］．北京：水利水电出版社，2004．
[3] 袁雪良，刘静，等．新编应用文写作实用教程［M］．北京：北京邮电大学出版社，2012．
[4] 郭冬．秘书写作［M］．北京：高等教育出版社，2000．
[5] 邱宣煌．财经应用文写作［M］．5版．大连：东北财经大学出版社有限公司，2016．

欢迎广大院校师生**免费**注册应用

华信SPOC官方公众号

www.hxspoc.cn

# 华信SPOC在线学习平台
专注教学

- 数百门精品课
- 数万种教学资源
- 教学课件 师生实时同步
- 多种在线工具 轻松翻转课堂
- 电脑端和手机端（微信）使用
- 测试、讨论、投票、弹幕…… 互动手段多样
- 一键引用，快捷开课 自主上传，个性建课
- 教学数据全记录 专业分析，便捷导出

登录 www.hxspoc.cn 检索 华信SPOC 使用教程 获取更多

华信SPOC宣传片

教学服务QQ群：1042940196
教学服务电话：010-88254578/010-88254481
教学服务邮箱：hxspoc@phei.com.cn

电子工业出版社
PUBLISHING HOUSE OF ELECTRONICS INDUSTRY
华信教育研究所